法律硕士专业学位研究生案例教程系列丛书

主　编◎苗连营

副主编◎王玉辉　李建新

行政法学

案例教程

主　编◎王红建

知识产权出版社

全国百佳图书出版单位

——北京——

图书在版编目（CIP）数据

行政法学案例教程/王红建主编.—北京：知识产权出版社，2023.4
（法律硕士专业学位研究生案例教程系列丛书/苗连营主编）
ISBN 978-7-5130-8706-3

Ⅰ.①行…　Ⅱ.①王…　Ⅲ.①行政法学—案例—研究生—入学考试—自学参考资料
Ⅳ.①D912.105

中国国家版本馆 CIP 数据核字（2023）第 048771 号

内容提要

行政法学是一门兼具理论性和实践性的应用型学科，案例研究方法也是行政法学研究的重要方法之一。除基本的行政法学理论学习之外，关联领域法学人才的培养同样需要注重司法实务能力的培育。通过行政法典型案例的研究与学习，可以提高学生运用行政法学基本理论和基本知识分析、解决法律实务问题的能力，同时，关注和研究司法实务中的典型案例，可以达到发展行政法学基本理论的目的。

读者对象：法律硕士专业学位研究生，相关专业师生。

责任编辑：黄清明　　　　　　　　　　**责任校对**：王　岩
执行编辑：刘林波　　　　　　　　　　**责任印制**：刘译文
封面设计：杨杨工作室·张冀

法律硕士专业学位研究生案例教程系列丛书

行政法学案例教程

主　编◎王红建

出版发行：知识产权出版社 有限责任公司　　　网　　址：http://www.ipph.cn
社　　址：北京市海淀区气象路 50 号院　　　邮　　编：100081
责编电话：010-82000860 转 8117　　　　　　责编邮箱：hqm@ cnipr.com
发行电话：010-82000860 转 8101/8102　　　发行传真：010-82000893/82005070/82000270
印　　刷：天津嘉恒印务有限公司　　　　　　经　　销：新华书店、各大网上书店及相关专业书店
开　　本：720mm×1000mm　1/16　　　　　印　　张：17
版　　次：2023 年 4 月第 1 版　　　　　　　印　　次：2023 年 4 月第 1 次印刷
字　　数：372 千字　　　　　　　　　　　　定　　价：86.00 元

ISBN 978-7-5130-8706-3

编　委　会

丛 书 主 编　苗连营

丛书副主编　王玉辉　李建新

本 书 主 编　王红建

本 书 编 委　杨会永　郑　磊　李永超　方　洞

　　　　　　卢　瑜　马　磊　刘太键　魏丽平

　　　　　　耿　立　吕亚满　赵　琼

本书审稿人　王红建

本书统稿人　赵　琼

本 书 校 对　赵　琼

总　序

高等院校是培养法治人才的第一阵地，高校法学教育在法治人才的培养中发挥着基础性作用。中共中央印发的《法治中国建设规划（2020—2025 年）》明确提出：深化高等法学教育改革，优化法学课程体系，强化法学实践教学，培养信念坚定、德法兼修、明法笃行的高素质法治人才。法学学科是实践性极强的学科，法学实践教学改革是促进法学理论与法学实践有机融合、推动法学高等教育改革的重要路径和抓手。

案例教学是法学实践教学的重要组成部分，以学生为中心，通过典型案例的情境呈现、深度评析，将理论与实践紧密结合，引导学生发现问题、分析问题、解决问题，进而掌握理论、形成观点、提高能力。强化案例教学是培养法律硕士专业学位研究生实践能力的重要方式，也是促进教学与实践有机融合、推动高等院校法学实践教学模式改革、提高法治人才培养质量的重要突破点。《教育部关于加强专业学位研究生案例教学和联合培养基地建设的意见》（教研〔2015〕1 号）明确指出，重视案例编写，提高案例质量。通过撰写案例教程，开发和形成一大批基于真实情境、符合案例教学要求、与国际接轨的高质量教学案例，是推进案例教学的重要基础，对法学理论及各部门法的学习与知识创新具有重要意义。

作为国内较早招收法律硕士专业学位研究生的高等院校之一，郑州大学法学院始终致力于培养复合型、应用型专门法律人才，高度重视法律硕士实践教学与案例教学改革，先后组织编写了"卓越法治人才教育培养系列教材""高等法学教育案例教学系列教材"等系列高水平教材。为进一步深化新时代法律硕士专业学位研究生培养模式改革，培养德法兼修、明法笃行的高素质法治人才，我院组织相关学科骨干教师编写了这套"法律硕士专业学位研究生案例教程系列丛书"。

本套丛书内容全面、体系完备，涵盖了《法理学案例教程》《行政法学案例教程》《刑法学案例教程》《民法学案例教程》《商法学案例教程》《经济法学案例教程》《诉讼法学案例教程》《环境法学案例教程》《国际法学案例教程》《知识产权法学案例教程》《法律职业伦理案例教程》《卫生法学案例教程》等法律硕士专业学位教育教学基础课程教学用书。

丛书具有四个特点：其一，坚持思想引领。各学科团队始终以习近平法治思想为指导，努力推动习近平法治思想进教材、进课堂、进头脑，充分保证系列教材坚持正确的政治方向、学术导向、价值取向。其二，理论与实践紧密结合。各教程所涉案例的编写立足真实案情，关注社会热点、知识重点和理论难点，引导学生运用法学理论，分析现实问题，着力培养和训练学生的法学思维能力。其三，知识讲授与案例评析有机统一。各教程既整体反映了各学科知识体系，又重点解读了相关案例所涉及的理论问题，真正做到以案释法、以案说理，着力实现理论知识与典型案例的有机互动。其四，多元结合的编写团队。案例教程的编写广泛吸纳实务部门专家参与，真正实现高等院校与法律实务部门的深度合作，保证了案例的时效性、针对性、专业性。

衷心希望本套丛书能够切实推进法律硕士专业学位研究生教学模式、培养方式的改革，为培养具有坚定的中国特色社会主义法治理念，以及坚持中国特色社会主义法治道路的复合型、应用型高素质法治人才发挥积极作用。

本套丛书的出版得到了知识产权出版社总编及相关编辑的鼎力支持，在此深表感谢！

郑州大学法学院编委会
2022 年 3 月 9 日

前 言

本书由王红建教授带领一批行政法学研究领域的中青年学者、实务专家以及博士研究生共同编写完成，以"以案讲法、以案学法、以案用法"为目的，将行政法典型案例作为研究和学习对象，阐述行政法所蕴含的基本法学原理，描述我国行政法与行政诉讼法的法律制度，力图夯实学生行政法学的理论基础，帮助学生理解行政法律规范相关规定，提高学生思考和解决实际问题的能力。在编写内容上，本书共包括十章，分别是行政法的基本概念、行政法的一般原则、行政行为、行政程序、受案范围、当事人、起诉与受理、证据、审理与判决、赔偿与补偿。在编写体例上，本书脉络清晰，以行政法学基本理论为主线，就每个理论问题结合具体案例，介绍基本案情、剖析主要法律问题、列举主要法律依据、阐述分析相关理论、延伸设置思考问题，实现理论、规范、实践的融会贯通。在语言表述上，力求以简洁规范、风格统一的言语释法明理、解析实例，便于学生理解。编者希望通过丰富的内容和新颖的形式，给学生提供更大的学习和思考空间。

本书编写分工如下：

王红建（郑州大学法学院）：第二章、第十章。

杨会永（郑州大学法学院）：第三章。

郑　磊（郑州大学法学院）：第一章。

李永超（郑州大学法学院）：第四章。

方　涧（浙江工商大学法学院）：第四章。

卢　瑜（河南省高级人民法院）：第六章。

马　磊（河南省高级人民法院）：第七章。

刘太键（河南省高级人民法院）：第九章。

魏丽平（郑州市中级人民法院）：第五章。

耿　立（郑州市中级人民法院）：第八章。

吕亚满（郑州大学法学院）：第七章、第十章。

赵　琼（郑州大学法学院）：第二章。

本书在编写过程中，择取、参考了部分已经出版、发布的行政法与行政诉讼法典型案例，对这些案例的收集者、编研者表示衷心的感谢！

编著者
2022 年 7 月

绪　论

　本章知识要点

（1）行政法意义上的"行政"，是一个相对于立法、司法的概念，专指公共行政或公行政。（2）行政法是有关行政的法，是调整行政关系的法律规范的总称，包括行政实体法、行政程序法和行政救济法。（3）行政法的法律渊源即行政法的表现形式，可以分为成文法源和不成文法源。（4）行政法律关系，是指以行政法规范为依据、产生于具体事件的、两个或多个法律主体之间的法律上的关系。

第一节　行　政

认识"行政"是认识行政法的起点。"行政"一词含有经营、管理和执行之意，既可指私人企业的管理（business administration），也可指国家的公共行政（public administration）。行政法意义上的"行政"指后一种活动，是相对于立法、司法的一个概念。对行政的范围应从"实质意义上的行政"角度来把握，不能将行政机关实施的所有活动都归入行政的范畴，也不能将所有非行政机关实施的活动都排除在行政范畴之外。

案例一　崔某诉青岛市公安局市南分局、青岛市市南区人民政府不履行法定职责及行政复议案❶

【基本案情】

2016 年 8 月，崔某三次到青岛市公安局市南分局八大峡派出所报案，称其居住处的电闸及防盗门锁眼被人故意毁坏。市南分局依据《治安管理处罚法》《公安机关办理行政案件

---

❶　山东省青岛市中级人民法院（2016）鲁 02 行初 253 号行政判决书；山东省高级人民法院（2017）鲁行终 809 号行政判决书；最高人民法院（2018）最高法行申 11105 号行政裁定书。

程序规定》的规定，将三次报案作为三起行政案件予以立案，但未依法送达受案回执单。崔某认为市南分局未履行法定职责构成行政不作为，要求其对刑事和行政报案立案侦查，给出是否立案通知书未果，遂向市南区人民政府申请行政复议。市南区政府作出行政复议决定：一、确认市南分局未向崔某送达受案回执单的行为程序违法，责令其向崔某送达受案回执单；二、驳回申崔某其他复议请求。理由是：市南分局对刑事报案是否立案侦查，是否作出立案通知书不属于行政复议受案范围，依法不予受理。崔某不服，向青岛市中级人民法院提起行政诉讼，请求撤销市南区政府的行政复议决定，要求市南区政府责令市南分局受理其刑事报案。

【主要法律问题】

1. 市南分局将崔某的三次报案作为三起行政案件予以立案，属于履行何种法定职责？

2. 市南分局对崔某的报案行为予以刑事立案问题，属于履行何种法定职责？

3. 市南分局以不符合刑事案件立案标准为由不予刑事立案的行为，是否属于行政复议及行政诉讼受案范围？

【主要法律依据】

1. 《治安管理处罚法》第 77 条；

2. 《公安机关办理行政案件程序规定》第 60 条、第 61 条；

3. 《刑事诉讼法》第 112 条；

4. 《公安机关办理刑事案件程序规定》第 175 条；

5. 《最高人民法院关于适用〈中华人民共和国行政诉讼法〉的解释》第 1 条第 2 款第 1 项。

【理论分析】

1. 行政的概念。行政的概念具有多义性，迄今尚无定论。大体上可以从两个方向切入，一是从事行政活动的"组织"，另一则是行政"行为（活动）"本身。❶ 沿着上述思路，学者对于行政概念的界定，习惯分为：（1）组织意义上的行政，指行政组织，由行政主体、行政机关和其他行政设施构成。（2）实质意义上的行政，指行政活动，即以执行行政事务为目标的国家活动。（3）形式意义上的行政，是指行政机关所实施活动的总称，而不考虑其是否符合实质意义上的行政的特征。❷ 组织意义上的行政虽能呈现出行政组织的形态，但不涉及行政活动的层面，用来把握行政的概念存在明显不足。形式意义上的行政虽然简单明了，但不免以偏概全，因为并非只有行政机关的行为才是行政，在立法机关或司法机关中亦有行政作用的存在。因此，必须从实质意义上界定行政的内涵。"实质意义上的行政"又存

---

❶ 李建良. 行政法基本十讲［M］. 4 版. 台北：元照出版有限公司，2019：51.

❷ 毛雷尔. 行政法学总论［M］. 高家伟，译. 北京：法律出版社，2000：4.

在两种学说。"消极说"认为，行政是指国家职能中除了立法和司法以外的全部职能的总称；"积极说"则尝试从正面定义，将行政的含义概括为"在法的总体支配下，现实具体地以积极实现国家目的为目标而进行的整体具有统一性的、连续的形成性的国家活动"。❶ 总体来看，"消极说"暂为通说。本案中，三级法院的裁判思路均未采纳"形式意义上的行政"的观点，而是从"实质意义上的行政"出发，将"公安机关同时具有刑事司法和行政管理职责"作为论证之前提与基础。

2. 行政与司法的异同。立法是制定有关公民权利义务的一般性、抽象性规范的国家活动，行政和司法都是执行法律的国家活动，这一点上二者无差异。其区别在于，行政是以实现公共利益为目的，积极能动地实施国家政策和进行社会塑造的活动；司法因限于裁决纠纷，具有消极性、被动性。公安机关办理行政案件受《治安管理处罚法》《公安机关办理行政案件程序规定》《行政复议法》《行政诉讼法》调整；办理刑事案件受《刑法》《刑事诉讼法》《公安机关办理刑事案件程序规定》调整。本案中，对市南分局不予刑事立案决定不服的，崔某应当依据《刑事诉讼法》《公安机关办理刑事案件程序规定》向作出决定的公安机关申请复议、向上一级公安机关申请复核、请求人民检察院进行立案监督、提起自诉的途径进行救济，而不是依据《行政复议法》《行政诉讼法》申请行政复议或提起行政诉讼。因为无论是《行政复议法》中的"具体行政行为"，还是《行政诉讼法》中的"行政行为"，都要求纳入行政救济受案范围的（具体）行政行为应当是在履行行政法律规范授予的行政管理或公共服务职责中作出的，即首先是行政。

3. 进一步展开。区分了行政管理职能和刑事司法职能之后，还必须从"实质意义上的行政"角度出发进一步框定行政概念的边界。例如，在"蒋某诉国务院国有资产监督管理委员会履行行政复议职责案"中，蒋某对重庆市国有资产监督管理委员会《关于重庆建峰化工股份有限公司重大资产出售及发行股份购买资产有关事宜的批复》（渝国资〔2016〕670号）不服，向国务院国有资产监督管理委员会（以下简称国资委）申请行政复议。最高人民法院经审查认为，根据《企业国有资产监督管理暂行条例》第7条第2款"国有资产监督管理机构不行使政府的社会公共管理职能，政府其他机构、部门不履行企业国有资产出资人职责"之规定，参照原《对国务院国有资产监督管理委员会〈关于请明确国有资产监督管理机构是否具有行政复议职能的函〉的答复》中"国有资产监督管理机构依法履行出资人职责的行为不具有具体行政行为的性质，不属于行政复议受理范围"之行政解释，判定国资委履行"出资人职责"不属于行政法意义上的"行政"。同样是国资委，《最高人民法院关于国有资产产权管理行政案件管辖问题的解释》（法释〔2001〕6号）认为，国资委的国有资产产权界定行为属于行政法意义上的"行政"。由此可见，关于行政的定义还是应坚持"是否属于依据行政法律规范实施行政管理或者提供公共服务"这一实质行政观，具体问题具体分析。

---

❶ 中西又三. 日本行政法 [M]. 江利红，译. 北京：北京大学出版社，2020：5.

【思考题】

1. 已经退出历史舞台的收容审查、收容遣送、劳动教养、收容教育、收容教养，属于行政还是司法？

2. 高等学校依据《普通高等学校学生管理规定》作出的开除学籍决定是行政法意义上的行政吗？

现代公共行政的种类具有多样性，为在多样性中找到共通性原理，就需要按照特定的标准加以归整。以行政任务或行政活动的目的为标准，可以分为秩序行政和服务行政：前者以维护公共安全和公共秩序为目的，典型领域如治安管理、道路秩序维护、食品药品安全监管；后者以提供给付的方式为社会成员提供公共服务，典型领域如社会保障、义务教育、营建公共文化设施等。若以行政活动方式对公民的法律效果为标准，则可分为干预行政和给付行政。行政机关限制或剥夺公民的自由和财产，或者给公民施加义务或者负担的，构成干预行政。干预行政的外部形态通常是负担性行政行为，例如行政拘留、土地征收、罚款、执业禁止。行政机关为公民提供给付或者其他利益的，构成给付行政。给付行政的外部形态通常是授益性行政行为，例如颁发许可证、发放抚恤金、提供创业补贴（补助）。此外还有公权力行政与私经济行政、权力行政与非权力行政等多种划分方法。不同的行政种类源于各自追求的不同目的，也因此受到不同程度的法律拘束。

案例二　池某诉江苏省人力资源和社会保障厅劳动保障行政审批案●

【基本案情】

1990 年 11 月，江苏省响水县委组织部经审核，确定池某参加工作时间为 1975 年 9 月。同年 12 月，江苏省响水县工资改革领导小组办公室在《关于更正参加工作时间的通知》中明确池某参加工作的时间为 1975 年 9 月。2014 年 8 月，江苏省人力资源和社会保障厅（以下简称江苏省人社厅）在履行退休审批职责之时，向池某发放核定其参加工作时间为 1977 年 8 月的《退休证》。因对核定的参加工作时间不服，池某提起本案诉讼。一审法院认为，按照信赖利益保护原则，江苏省人社厅不得随意变更、撤销或者废止响水县委组织部的核定，遂以"证据不足"为由，判决撤销江苏省人社厅核发的池某《退休证》中关于其参加工作时间为 1977 年 8 月的认定，责令江苏省人社厅在该判决生效之日起十五日内重新认定池某参加工作时间。江苏省人社厅不服提起上诉，二审法院撤销了一审判决，驳回池某的诉讼请求。

● 江苏省南京市中级人民法院（2015）宁行初字第 105 号行政判决书；江苏省高级人民法院（2015）苏行终字第 00715 号行政判决书；最高人民法院（2017）最高法行申 5895 号行政裁定书。

池某不服，向最高人民法院申请再审。最高人民法院认为，"响水县委组织部作出的池某参加工作时间认定具有一定授益性质。基于法的安定性原则要求，对于授益行政行为，一经作出，即使事后发现违法，除非行政相对人具有重大过错，抑或该行政行为严重损害国家利益和社会公共利益，否则不得随意撤销或者变更。"本案中，"江苏省人社厅并无充分证据足以推翻响水县委组织部作出的池某参加工作时间认定，其在退休审批环节作出的核定行为既不利于维护法的安定性，亦有悖于信赖利益保护。鉴于池某按照响水县委组织部作出的相关认定已实际享受各项工资福利待遇长达 24 年，从维护法秩序稳定和向劳动者权益保护适度倾斜等价值角度衡量，江苏省人社厅并无改变上述认定之必要。"裁定指令江苏省高级人民法院再审。

【主要法律问题】

1. 江苏省人社厅不认同响水县委组织部、响水县工资改革领导小组办公室 1990 年作出的关于池某参加工作时间为 1975 年 9 月的认定，在退休审批环节作出核定其参加工作时间为 1977 年 8 月的行政行为是否合法？

2. 行政机关撤销授益性行政行为应受何种限制？

【主要法律依据】

1. 国务院《关于印发〈国务院关于安置老弱病残干部的暂行办法〉和〈国务院关于工人退休、退职的暂行办法〉的通知》（国办发〔1978〕104 号）；

2. 原国家教育委员会《关于民办教师工龄计算问题的复函》（教计字〔1986〕179 号）。

【理论分析】

1. 劳动和社会保障行政确认属于给付行政的范畴。行政的种类不同，对应的行政行为应受法律及一般法律原则的拘束也不同。"行政法学上重要的原理原则，诸如法律保留原则、信赖保护原则、权利救济制度、司法审查密度等问题，莫不与行政的种类与形态互有关联。""干预行政与给付行政的概念区分在行政受法拘束程度的问题上，甚具重要性。"[1] 本案中争议的"参加工作时间"，是指工作人员专职从事革命工作的起始时间，和工龄既有区别又有联系。《退休证》上核定的参加工作时间早晚，可能影响工龄的计算，进而影响池某的退休待遇发放标准。从行政的种类上看，社会保障属于一种典型的给付行政，响水县委组织部、响水县工资改革领导小组办公室核定池某参加工作时间的行政确认行为属于授益性行政行为。

2. 干预行政和给付行政的区别。首先，一般而言，基于人权保障的理念，行政机关实施干预行政应受更为严格的法律拘束，须有法律、法规和规章的明确依据，而给付行政的法律保留，通说认为属低密度法律保留，应允许行政机关参酌当时的社会经济状况、财政收支

---

[1] 李建良. 行政法基本十讲［M］. 4 版. 台北：元照出版公司，2019：63.

情形等，而保有自由裁量的空间。其次，就是否遵守信赖保护原则而言，干预行政因往往表现为负担性行政行为，对于违法的负担性行政行为，行政机关可基于职权自行撤销，通常少有限制。但对违法的授益性行政行为，行政机关不得随意撤销或变更，而应当充分考虑行政相对人的信赖利益，在充分进行利益衡量后作出是否撤销的决定。再次，就是否遵守正当程序原则而言，尽管现代行政法改变了早期行政法将残疾抚恤金、福利补助等福利权视为"特权"而排除在正当程序保护范围之外的做法，但干预行政仍较给付行政受到更为严格的法定程序和正当程序约束。最后，对于负担性行政行为，对应的行政诉讼类型一般是撤销之诉，而授益性行政行为，对应的行政诉讼类型一般是履行法定职责之诉或给付之诉。

3. 本案的学理展开。本案中存在两个参加工作时间核定行为，第一个是响水县委组织部、响水县工资改革领导小组办公室 1990 年关于池某参加工作时间为 1975 年 9 月的认定，第二个是江苏省人社厅在退休审批环节作出核定池某参加工作时间为 1977 年 8 月的认定。响水县委组织部、响水县工资改革领导小组办公室核定行为的意思表示构成信赖基础，池某借此业已实际享受 24 年的信赖利益，而且没有证据表明响水县委组织部在核定其参加工作时间时，存在可归责于池某的重大过错，或变更的公共利益明显大于私人利益，不应使个人遭受不可预期的损失。因此，相对于第一个核定行为，江苏省人社厅对池某参加工作时间的变更，具有负担性行政行为的性质。

【思考题】

1. 有数量限制的行政许可，两个或者两个以上申请人申请，对获得许可者是授益性行政行为，而对没有获得许可的竞争对手则是负担性行政行为，如何撤销、变更或废止这种复效行政行为？

2. 依法行政原则要求行政行为应当合法，那么，行政机关撤销违法的授益性行政行为时，应当优先适用依法行政原则还是信赖保护原则呢？

第二节　行政法

关于行政法的定义，也存在多种观点。从法律与行政的关系出发，有学者认为，"所谓行政法，就是有关行政的法。"❶ "行政法是有关行政以及与行政有关的法律规范的总称。"❷ 从行政法与行政权的关系出发，有学者认为 "行政法是规范行政权的法规范的总称"❸。从行政法的内容角度出发，有学者认为 "行政法，乃指规范行政权之组织、作用、程序、救济暨规范行政权与人民间法律关系之国内公法"❹。从上述定义中可以看出：(1) 行政法是

❶ 南博方. 行政法 [M]. 6 版中文修订版. 杨建顺，译. 北京：商务印书馆，2020：7.
❷ 应松年，姜明安，马怀德，等. 行政法与行政诉讼法学 [M]. 2 版. 北京：高等教育出版社，2018：8.
❸ 章剑生. 现代行政法总论 [M]. 2 版. 北京：法律出版社，2019：22.
❹ 李建良. 行政法基本十讲 [M]. 4 版. 台北：元照出版公司，2019：96.

有关行政的法，而非关于民事、商事、刑事的法；（2）行政法是规范行政权的法，而非规范立法权、司法权、监察权的法；（3）行政法是公法，而不是私法；（4）行政法包括行政组织法、行政行为法、行政程序法、行政监督与救济法等几大板块；（5）行政法是国内法，而非国际法。当然，不宜对上述定义采取绝对化理解，随着公法和私法的融合、全球化和行政法的扩张，也出现了关于"全球行政法"的讨论，《民法典》中也有数量可观的行政法规范。围绕行政法的分类与体系，也存在着以行政法的规范对象为标准的内部行政法与外部行政法之分、以行政法的适用领域为标准的一般行政法与特别行政法之分等多种划分方法。同时，作为一个法律部门，行政法在整个法律体系之中，也不可避免地同宪法、民商法、经济法、社会法、刑法、诉讼及非诉讼程序法等其他六大法律部门存在着紧密联系。

案例一 茅某、某实业有限公司、甘肃有色地质勘查局106队、某矿业有限公司与某有色金属公司采矿权纠纷案❶

【基本案情】

1998年9月2日，某有色金属公司取得案涉矿区的《采矿许可证》。2006年10月22日，某有色金属公司在进行矿区巡查监测时，发现某实业有限公司正在进行越界开采。当日，某有色金属公司即向有关行政主管部门予以汇报。2007年9月13日，陇南市国土资源局经过调查取证，以某实业有限公司越界采矿违法为由，对其作出行政处罚：（1）没收越界开采的矿石量4907吨，折合人民币1048135元；（2）处以违法所得5%的罚款52407元。2008年10月27日，因越界开采造成损失，某有色金属公司向甘肃省高级人民法院提起民事诉讼，请求判令某实业有限公司等四被告共同赔偿某有色金属公司损失5234.85万元。某实业有限公司辩称，盗采事件已经行政主管部门处罚过，根据一事不二罚的原则，某有色金属公司无权提出民事赔偿诉求。甘肃省高级人民法院认为，某有色金属公司提出的民事侵权赔偿诉讼，与行政处罚是两个不同的法律关系，判决支持某有色金属公司的诉讼请求。四被告不服提起上诉。最高人民法院亦认为，"本案作为侵权损害赔偿纠纷，侵权事实客观存在，其与陇南市国土资源局就该事件作出行政处罚，属于民事与行政两个不同性质的法律关系，二者在认定事实、适用法律政策方面的依据均有所不同。"遂判决驳回上诉，维持原判。

【主要法律问题】

1. 行为人因越界开采行为已受到行政处罚，是否影响民事责任的承担？
2. 行政责任和民事责任的功能有何不同？

---

❶ 最高人民法院. 茅德贤、成县茨坝弥山实业有限公司、甘肃有色地质勘查局106队、成县恒兴矿业有限公司与白银有色金属公司采矿权纠纷案［J/OL］. 中华人民共和国最高人民法院公报，2012（03）. http://gongbao.court.gov.cn/Details/c0e99a7bdcc5692c86904d59bfcc76.html.

【主要法律依据】

1. 《矿产资源法》第40条；
2. 《行政处罚法》第8条；
3. 《民法典》第187条。

【理论分析】

1. 行政法与民法的关系。大陆法系一直有公、私法二元划分的传统，行政法属于公法，民法属于私法，二者之间存在诸多差异：（1）从当事人主体地位看，行政法调整行政主体与相对人之间因行政管理或服务活动而发生的社会关系，《民法典》第2条规定"民法调整平等主体的自然人、法人和非法人组织之间的人身关系和财产关系"。区分公法与私法的"支配说"即认为，前者为不平等的法律关系，后者为平等的法律关系。（2）从法的理念上看，行政法坚持"法无授权不可为、法定职责必须为"，而民法奉行意思自治和契约自由理念，坚持"法无禁止即自由"。（3）从救济途径上看，行政纠纷主要通过行政和解、行政调解、行政复议、行政诉讼来化解，而民事纠纷主要通过和解、调解、仲裁、民事诉讼来化解。（4）从赔偿责任来看，民事赔偿适用《民法典》及相关民事法律规范，行政赔偿适用《国家赔偿法》。当然，纵有万般差异，行政法与民法仍存在着千丝万缕的联系。"民法中的一般法律原则、一般法律制度以及法律技术性规定等通常可以直接适用于行政法领域。其他民法规范虽然未必直接适用，但仍可能根据平等原则的要求，进行类推适用。"❶

2. 行政处罚和民事侵权损害赔偿的目的和功能不同。《行政处罚法》第2条规定："行政处罚是指行政机关依法对违反行政管理秩序的公民、法人或者其他组织，以减损权益或者增加义务的方式予以惩戒的行为。"由此可见，本案中陇南市国土资源局作出的行政处罚，系依据《矿产资源法》第40条对超越批准的矿区范围采矿的违法行为进行惩戒，目的在于维护行政管理秩序，侧重保护公共利益；民事侵权损害赔偿的目的在于填补某有色金属公司遭受的财产损失，侧重对民事权利的保护。两项法律责任的功能具有本质上的不同。《民法典》第187条规定："民事主体因同一行为应当承担民事责任、行政责任和刑事责任的，承担行政责任或者刑事责任不影响承担民事责任；民事主体的财产不足以支付的，优先用于承担民事责任。"《行政处罚法》第8条第1款规定："公民、法人或者其他组织因违法行为受到行政处罚，其违法行为对他人造成损害的，应当依法承担民事责任。"因此，行政处罚仅是某实业有限公司因违反行政法所承担的行政责任，并不能据此免除其应当承担的民事法律责任。

【思考题】

《民法典》中有百余条行政法规范或者与行政权有关的民事法规范，如何看待行政法与

---

❶ 王贵松. 民法规范在行政法中的适用 [J]. 法学家，2012 (04)：40-53，177.

民法相互影响与融合的现象？

既然行政法是有关行政的法律规范的总称，那么，行政法律规范包括哪些类型呢？在理论上，按照功能和领域的标准，可将行政法律规范分为组织法规范、行为法规范和程序法规范三种。

（1）组织法规范是指国家将权限或任务分配给不同行政机关的法律规范。这是调整行政机关内部关系的法律规范，行政组织法即是适例。

（2）行为法规范即授权行政机关作出某种行为的法律规范。这是调整行政机关与相对人之间关系的法律规范，如《土地管理法》第 76 条授权县级以上人民政府自然资源主管部门对拒不履行土地复垦义务的责任人进行处罚。

（3）程序法规范即规定行政机关在行使职权履行职责时应遵循的条件、程序等的法律规范，如《行政处罚法》第 63 条至第 65 条关于"听证程序"的规定。

对行政机关而言，这三种法律规范的逻辑关系是：法律确定行政机关负有一定的权限和任务；为了完成其任务，由特别的法律授权行政机关处理某项具体事务；在得到法律授权后，行政机关实施行政行为还需要遵守一定的法律条件和约束。❶ 实践中，准确识别行政法律规范的类型对于正确适用法律具有重要意义。

案例二 叶某等诉湖北省武汉市武昌区人民政府不履行法定职责案❷

【基本案情】

2010 年 11 月 29 日，武汉市国土资源和规划局为武汉市武昌土地储备整理中心颁发《房屋拆迁许可证》，叶某、龚某、林某的房屋在拆迁红线范围内。2012 年，三人的房屋被武昌土地储备整理中心强制拆除。2019 年 6 月 24 日，三人向武昌区政府邮寄了保护申请书，请求武昌区政府依据《地方各级人民代表大会和地方各级人民政府组织法》第 59 条第 6 项的规定，保护申请人的合法物权，将已被非法强拆的房屋恢复原状。后因武昌区政府未予答复，三人向法院提起行政诉讼，请求确认武昌区政府不作为行为违法。一、二审法院均以"市、县人民政府是否受理当事人的反映、是否启动层级监督程序、是否改变或者撤销所属各工作部门及下级人民政府的决定、命令等，不属司法监督范畴，叶某三人的起诉不符合法定的起诉条件"为由裁定驳回起诉。最高人民法院经审查认为，"笼统的根据《地方各级人民代表大会和地方各级人民政府组织法》第 59 条第 6 项的规定要求人民政府履行特定职责，不符合行政诉讼起诉条件。"裁定驳回三人的再审申请。

---

❶ 王贵松. 行政强制执行的法律保留［N］. 中国工商报. 2012-2-16（3）.

❷ 湖北省武汉市中级人民法院（2019）鄂 01 行初 659 号行政裁定书；湖北省高级人民法院（2019）鄂行终 1058 号行政裁定书；最高人民法院（2020）最高法行申 9586 号行政裁定书。

【主要法律问题】

当事人能否依据《中华人民共和国地方各级人民代表大会和地方各级人民政府组织法》（2015 年）第 59 条第 6 项，申请县级以上地方人民政府履行保护人身权、财产权等合法权益的法定职责？

【主要法律依据】

1. 《地方各级人民代表大会和地方各级人民政府组织法》（2015 年）第 59 条；
2. 《行政诉讼法》第 12 条第 1 款第 6 项、第 73 条。

【理论分析】

《地方各级人民代表大会和地方各级人民政府组织法》不能作为申请行政机关履行法定职责的依据。《地方各级人民代表大会和地方各级人民政府组织法》（2015 年）第 59 条规定："县级以上的地方各级人民政府行使下列职权：……（六）保护社会主义的全民所有的财产和劳动群众集体所有的财产，保护公民私人所有的合法财产，维护社会秩序，保障公民的人身权利、民主权利和其他权利。"《行政诉讼法》第 12 条第 1 款第 6 项规定，申请行政机关履行保护人身权、财产权等合法权益的法定职责，行政机关拒绝履行或者不予答复的，属于行政诉讼受案范围。本案中，叶某等申请武昌区政府保护个人所有的房屋，为什么不属于行政诉讼受案范围呢？

这就需要运用行政法律、法规类型理论进行解释。《地方各级人民代表大会和地方各级人民政府组织法》（2015 年）第 59 条第 6 项是一个组织法规范，它为县级以上地方人民政府设定了一项行政任务或职责，却没有为如何完成该任务作出具体的授权安排。正如最高人民法院在裁判说理部分所言，"该项规定的地方人民政府职权是宏观意义上的管理职权，不针对具体的行政领域，由哪一级政府履行、如何履行相应职责，亦需要法律、法规或规章的具体规定"。同样地，"属于行政诉讼受案范围的不履行法定职责行为，是指行政主体在行政管理活动中，基于特定的事实和条件应为一定行为的具体法律义务，行政主体不履行相应义务的，将直接导致特定相对人合法权益受到损害。针对此类具体职责，法律、法规或规章一般均明确规定了具体履行职责的内容及方式"。《行政诉讼法》第 49 条规定："提起诉讼应当符合下列条件：……（四）属于人民法院受案范围和受诉人民法院管辖。"在没有相关具体规定的情况下，笼统地根据《地方各级人民代表大会和地方各级人民政府组织法》（2015 年）第 59 条第 6 项的规定要求人民政府履行特定职责，不属于人民法院受案范围，自然就不符合行政诉讼起诉条件。

【思考题】

有观点认为仅有侵益性行政行为需要同时具有组织法依据和行为法依据，而授益性行政行为则只要求有组织法依据。对此，您是否赞同？

第三节 行政法的法源

　　法律渊源，简称法源，即有效力的法律表现形式。就行政法而言，在成文法源层面，行政法是宪法的具体化，宪法当然构成行政法的法源。由于有《中华人民共和国立法法》（2015 年，以下简称《立法法》）的明确规定，法律、行政法规、地方性法规、自治条例、单行条例、经济特区法规、部门规章、地方政府规章、法律解释作为行政法的成文法源，通常没有争议。全国人大常委会批准加入的国际条约，在坚持对等原则前提下，通常也无争议。唯国务院部门和地方人民政府及其部门制定的规范性文件能否作为行政法的法源，理论和实践上不无争议。在不成文法源层面，法的一般原则、习惯法作为行政法的法源一般也无争议，但指导性案例、公共政策则不无争议。

案例一　贾某诉济南市历城区食品药品监督管理局行政奖励案❶

【基本案情】

　　2017 年 3 月 13 日，贾某向济南市历城区食品药品监督管理局（以下简称历城区食药局）举报济南历城区某大型超市销售过期食品，并申请奖励。同年 9 月 4 日，历城区食药局作出行政处罚决定书，认定贾某举报事项属实，并对历城区某大型超市作出以下处罚：1. 没收违法所得 2.02 元；2. 罚款 5 万元。2017 年 10 月 24 日，历城区食药局依据《济南市食品药品违法行为举报奖励办法》（以下简称《济南市奖励办法》）第 10 条第 1 款第 1 项"属于一级举报奖励的，按案件货值金额的 10% 给予奖励；……"之规定，向贾某支付奖励款 0.2 元。贾某认为，依据国家食品药品监督管理局、财政部《食品药品违法行为举报奖励办法》（食药监稽〔2017〕67 号）（以下简称 67 号《奖励办法》）第 10 条第 1 项"属于一级举报奖励的，一般按涉案货值金额或者罚没款金额的 4%~6%（含）给予奖励。按此计算不足 2000 元的，给予 2000 元奖励"之规定，其至少应获得 2000 元奖励。济南市历城区人民法院认为，历城区食药局适用《济南市奖励办法》正确，判决驳回贾某的诉讼请求。济南市中级人民法院认为，从上下级部门规范性文件适用的一般标准出发，遵循诚信原则和对相对人有利的角度，以及综合权衡当前社会形势、在营造营商环境、鼓励投诉举报和抑制"职业打假人"之间进行兼顾和平衡的角度，应当优先适用 67 号《奖励办法》对贾某予以奖励，判决撤销原审判决，责令历城区食药局重新作出奖励行为。

---

❶ 济南市历城区人民法院（2018）鲁 0112 行初 91 号行政判决书；山东省济南市中级人民法院（2018）鲁 01 行终 441 号行政判决书。

【主要法律问题】

1. 《济南市奖励办法》、67 号《奖励办法》可否作为人民法院审查行政行为合法性的依据？

2. 《济南市奖励办法》和 67 号《奖励办法》规定存在冲突时如何选择适用？

【主要法律依据】

1. 《行政诉讼法》第 63 条；

2. 《最高人民法院关于适用〈中华人民共和国行政诉讼法〉的解释》第 100 条；

3. 《食品药品违法行为举报奖励办法》（食药监稽〔2017〕67 号）第 10 条；

4. 《济南市食品药品违法行为举报奖励办法》（济食药监稽〔2015〕142 号）❶ 第 10 条。

【理论分析】

1. 国务院部门和地方人民政府及其部门制定的规范性文件是行政法的法源。《立法法》将规章纳入立法的范畴，承认其属于法律规范，具有法源地位。但和规章不同，部分学者认为行政规范性文件不属于法律规范，它是行政机关的自我拘束，对公民和法院没有普遍约束力，因此不是"法"。《最高人民法院关于审理行政案件适用法律规范问题的座谈会纪要》亦认为，"规范性文件不是正式的法律渊源，对人民法院不具有法律规范意义上的约束力"。实践中，基于平等原则和行政自我拘束原则，人民法院经审查认为合法有效的规范性文件又可以作为判断被诉行政行为是否合法的根据。那么，行政规范性文件到底是不是行政法的法源呢？应从实质上把握法源的概念，只要能够作为法院的裁判基准，都可以作为法源予以承认。本案中，67 号《奖励办法》和《济南市奖励办法》均满足合法性的要求，可以作为审查被诉行政行为合法性的依据。

2. 当上下级规范性文件因具体事项规定不一致使得行政行为结果出现较大差别时，应当优先适用上级规范性文件的规定。本案中，在两个规范性文件均合法有效的情况下，适用《济南市奖励办法》的结果是奖励贾某 0.2 元，而适用 67 号《奖励办法》的结果则是奖励 2000 元。那么，应当优先适用哪一个呢？法律、法规并无明确规定。对此，可参照《立法法》规定的上位法优于下位法的法律适用规则。因为，基于行政科层制和行政一体性原则，当需判断不同的规范性文件彼此之间的效力等级地位时，只有将其还原到制定主体，方能维持整个行政法制的统一。

---

❶ 自 2019 年 1 月 1 日起，《济南市食品药品违法行为举报奖励实施办法》（济食药监发〔2018〕43 号）施行。2015 年 12 月 4 日原济南市药品监督管理局、济南市财政局《关于印发济南市食品药品违法行为举报奖励办法的通知》（济食药监稽〔2015〕142 号）同时废止。

【思考题】

1. 《济南市奖励办法》可否比 67 号《奖励办法》设置更高的奖励额度？

2. 如果适用《济南市奖励办法》可以获得比适用 67 号《奖励办法》更多的奖励，应当适用哪一个规范性文件？

行政法法源的多级性和多样性，需要确立同位法律冲突、异位法律冲突、新旧法律冲突等法律冲突的解决方案和适用规则。一般来说，同位法律冲突要遵循特别法优于一般法的原则；异位法律冲突要遵循上位法优于下位法的原则；新旧法律冲突要遵循新法优于旧法的原则。当然，也允许存在例外。例如，《立法法》第 93 条规定："法律、行政法规、地方性法规、自治条例和单行条例、规章不溯及既往，但为了更好地保护公民、法人和其他组织的权利和利益而作的特别规定除外。"《立法法》第 87~95 条、《最高人民法院关于审理行政案件适用法律规范问题的座谈会纪要》（法〔2004〕96 号）规定了行政法律规范冲突、选择与适用的一般规则。

案例二 廖某诉重庆市公安局交通管理局第二支队道路交通管理行政处罚案❶

【基本案情】

2005 年 7 月 26 日 8 时 30 分，廖某驾驶车牌号为渝 AA××××的小轿车，沿滨江路向上清寺方向行驶。在大溪沟滨江路口，重庆市公安局交通管理局第二支队（以下简称交警二支队）的执勤交通警察陶某示意原告靠边停车。陶某向廖某敬礼后，请廖某出示驾驶执照，指出廖某在大溪沟嘉陵江滨江路加油（气）站的道路隔离带缺口处，无视禁止左转弯交通标志违规左转弯。廖某申辩自己未左转弯，警察未看清楚。陶某认为廖某违反禁令标志行车的事实是清楚的，其行为已违反道路交通安全法的规定，依法应受处罚，遂向廖某出具《处罚决定书》，罚款 200 元。廖某拒不承认违法事实，拒绝在处罚决定书上签字，陶某在《处罚决定书》上注明廖某未签字，并将该处罚决定书的当事人联交给廖某。廖某不服《处罚决定书》，向重庆市公安局申请行政复议。2005 年 9 月 13 日，重庆市公安局作出行政复议决定，维持了《处罚决定书》。廖某仍不服，遂提起本案行政诉讼。

【主要法律问题】

1. 交通警察一人执法时的证据效力如何认定？

---

❶ 最高人民法院. 廖宗荣诉重庆市公安局交通管理局第二支队道路交通管理行政处罚案［J/OL］. 中华人民共和国最高人民法院公报，2007（01）. http://gongbao.court.gov.cn/Details/965221df729519aba611aa7ce30ed5.html.

2. 交通警察一人执法时当场给予行政相对人罚款 200 元的行政处罚，是否合法？

【主要法律依据】

1. 《行政处罚法》（1996 年）第 33 条、第 37 条；
2. 《道路交通安全法》（2003 年）第 107 条；
3. 《道路交通安全违法行为处理程序规定》（2004 年）第 8 条。

【理论分析】

1. 一对一证据的审查与认定。本案中，仅有原告和被告针锋相对的两个证据，即一对一的证据，二者证明效力如何认定呢？基于对公职人员执法的基本信任和交通管理的效率性要求，在执法目的正当的前提下，法院对执法交警现场目击的交通违法事实应当予以认定。易言之，"如果没有相反的可佐证的证据否定其客观真实性，且没有证据证明执法的交通警察与违法行为人之间存在个人的利害关系，行政处罚决定书对违法行为所做的记载应当作为证明违法行为存在的优势证据。"❶

2. 《道路交通安全法》和《行政处罚法》关于"简易程序"的规定是新法与旧法、特别法与一般法的关系。首先，《行政处罚法》（1996 年）由全国人大于 1996 年制定，《道路交通安全法》（1996 年）由全国人大常委会于 2003 年制定，除了全国人大制定的法律的基本原则高于全国人大常委会制定的法律外，其他部分不应有位阶的差异。因此，虽然《行政处罚法》第 33 条规定"对公民处以五十元以下罚款的，可以当场作出行政处罚决定"，但是按照新法优于旧法、特别法优于一般法的法律适用规则，依据《道路交通安全法》第 107 条，对道路交通违法行为人处以 200 元罚款，可以适用简易程序，由交通警察当场作出处罚决定。其次，由于《行政处罚法》（2003 年）第 37 条将"行政机关在调查或者进行检查时，执法人员不得少于两人"规定在第五章第二节"一般程序"之下，并未明确适用简易程序时亦不得少于两人，有观点认为《道路交通安全违法行为处理程序规定》（2004 年）第 8 条第 2 款"公安机关交通管理部门按照简易程序作出处罚决定的，可以由一名交通警察实施"的规定并不违反《行政处罚法》。然而，这种观点并不能得到体系解释的支持。尤其是《行政处罚法》（2021 年）第 42 条将"执法人员不得少于两人，法律另有规定的除外"调整到第五章第一节"一般规定"之下后，明确其总则性条款地位，在《道路交通安全法》没有特别规定的情况下，《道路交通安全违法行为处理程序规定》（2020 年）第 44 条仍然规定"适用简易程序处罚的，可以由一名交通警察作出"显然不具有合法性。考虑到道路交通执法的高频性，如果立法机关认为公安交通管理部门对轻微违法行为适用简易程序处罚时，可以由一名交警实施，则应在修改《道路交通安全法》时予以明确规定，

---

❶ 王贵松. 一对一证据的审查与认定——廖宗荣诉重庆市交警二支队行政处罚决定案评析 [J]. 华东政法大学学报，2012（03）：64-74.

而不应允许部门规章违反《行政处罚法》的情形长期存在。

【思考题】

1. 一对一证据情形下，如何保证证据收集程序的合法性？

2. 法律之间对同一事项的新的一般规定与旧的特别规定不一致，不能确定如何适用时，应当如何解决？

第四节　行政法律关系

法律关系是一般法理概念，指以特定法律为依据、产生于具体事件的、两个或者多个法律主体之间的法律上的关系。如果作为依据的法律规范是行政法，该关系就是行政法律关系。[1] 行政法律关系的成立，绝大部分基于具体行政行为、行政协议或行政事实行为，极少数情况下也可直接依据法律规定。

除一般行政法律关系外，行政法上还存在一类特别权力关系。特别权力关系理论认为，行政主体和特定公民之间，如学校和学生、行政机关和公务员、监狱和犯人、军队和军人等之间的关系，不同于行政主体和一般公民之间的外部行政关系，而是一种行政内部关系，行政主体于此行政领域内享有特殊的支配地位，而无法律保留、司法审查适用的空间。"二战"后，该理论因与基本权利保护理念相冲突而广受诟病，并逐步瓦解以至殆尽。在我国，随着教育行政诉讼的确立、军事行政诉讼试点的展开，特别权力关系理论也正在逐步消解。

案例一　田某诉某科技大学拒绝颁发毕业证、学位证案[2]

【基本案情】

田某于 1994 年 9 月考取某科技大学，取得本科生的学籍。1996 年 2 月 29 日，田某在电磁学课程补考过程中，随身携带写有电磁学公式的纸条，被监考教师发现。监考教师虽未发现其有偷看纸条的行为，但某科技大学还是认定田某的行为属作弊行为，作出退学处理决定，但未直接向田某宣布、送达退学处理决定和变更学籍的通知，也未给田某办理退学手续，田某继续以该校大学生的身份参加正常学习及学校组织的活动。1996 年 9 月，某科技大学为田某补办了学生证，之后每学年均收取田某交纳的教

---

[1] 毛雷尔. 行政法学总论［M］. 高家伟，译. 北京：法律出版社，2000：163.

[2] 最高人民法院. 指导案例 38 号：田永诉北京科技大学拒绝颁发毕业证、学位证案［EB/OL］.（2014-12-25）［2021-10-06］. https://www.court.gov.cn/shenpan-xiangqing-13222.html.

育费，并为田某进行注册、发放大学生补助津贴，安排田某参加了大学生毕业实习设计，向其论文指导教师发放了学校的毕业设计结业费。田某还以该校大学生的名义参加考试，先后取得了大学英语四级、计算机应用水平测试 BASIC 语言成绩合格证书。某科技大学对田某在该校的四年学习中成绩全部合格，通过毕业实习、毕业设计及论文答辩，获得优秀毕业论文及毕业总成绩为全班第九名的事实无争议。

1998 年 6 月，田某所在院系向某科技大学报送田某所在班级授予学士学位表时，被告知有关部门以田某已按退学处理、不具备某科技大学学籍为由，拒绝为其颁发毕业证书。田某所在院系认为田某符合大学毕业和授予学士学位的条件，但当时田某因毕业问题正在与学校交涉，未在授予学位表中签字，欲待学籍问题解决后再签，导致某科技大学未将田某列入授予学士学位资格的名单交该校学位评定委员会审核。田某认为自己符合大学毕业生的法定条件，某科技大学拒绝给其颁发毕业证、学位证的行为是违法的，遂向北京市海淀区人民法院提起行政诉讼。

北京市海淀区人民法院作出一审行政判决：某科技大学在判决生效之日起 30 日内向田某颁发大学本科毕业证书；某科技大学在判决生效之日起 60 日内组织本校有关院、系及学位评定委员会对田某的学士学位资格进行审核；某科技大学在本判决生效后 30 日内履行向当地教育行政部门上报有关田某毕业派遣的有关手续的职责；驳回田某的其他诉讼请求。某科技大学提出上诉，北京市第一中级人民法院作出判决，驳回上诉，维持原判。

【主要法律问题】

1. 高等学校是否属于行政诉讼的适格被告？
2. 高等学校拒绝颁发学历证书、学位证书的行为是否属于行政诉讼受案范围？

【主要法律依据】

1.《行政诉讼法》第 25 条；
2.《教育法》第 21 条、第 22 条；
3.《学位条例》第 8 条；
4.《最高人民法院关于适用〈中华人民共和国行政诉讼法〉的解释》第 24 条第 3 款。

【理论分析】

1. 高等学校与受教育者之间属于教育行政管理关系。"田某案"前后，有不少案例认为高校是事业单位，非行政机关，不具备行政管理职能，高校和学生之间不是行政法律关系，高校不是适格的行政诉讼被告。高校对学生作出的处分，其性质是学校对其成员的内部管理行为，不属于行政诉讼受案范围。经过法院的不懈努力，"学生告母校"逐渐为社会所接受。高校虽然是事业单位，但根据《教育法》《高等教育法》

《学位条例》的授权，其有对受教育者进行学籍管理、奖励或处分的权力，有代表国家对受教育者颁发学历证书、学位证书的职责，属于行政法上的"法律、法规授权组织"，具有行政主体资格，其因拒绝颁发学历证书、学位证书的行为和学生之间形成的法律关系属于行政法律关系而非民事合同关系，应当纳入行政诉讼加以救济。

2. 延伸性思考。高等学校对违反校规、校纪的受教育者作出影响其合法权益的决定时，是否都应纳入行政诉讼受案范围呢？按照基本权利重要性理论，应当视其对受教育者基本权利的影响程度而有差异。例如，学生因违纪而受到警告、记过处分，因不涉及学生身份的丧失而较少具备可诉性。基于保障大学自治的考量，司法介入高校和学生之间的纠纷时，应首先判断其是行政法律关系还是民事法律关系；若属行政法律关系，其次应审查是否严重影响学生的基本权利；如果法律规定校内救济前置，最后还应判断是否已经穷尽校内救济途径。

【思考题】

1.《义务教育法》规定不得开除小学生和初中生，高校开除学生已纳入行政诉讼渠道，那么，高中作出的开除学籍处分决定可诉吗？

2. 若高校开除学生的处分决定可诉，那么，高校开除教师的处分决定可诉吗？

行政法律关系主体是行政法上权利义务的归属主体，包括行政主体、行政相对人和行政第三人。其中，行政主体是指依法享有行政职权或负担行政职责，能够以自己的名义对外行使行政职权且能够对外独立承担法律责任的公共行政组织。我国的行政主体包括两大类。一类是国家行政机关，主要包括：（1）各级人民政府及其派出机关；（2）县级以上各级人民政府的组成部门。另一类是法律、法规授权组织。例如，法律、法规或者规章授权行使行政职权的行政机关内设机构、派出机构、高等学校等事业单位以及律师协会、注册会计师协会等行业协会。行政相对人是指行政主体在行使行政职权或履行行政职责作出行政行为时所直接针对的公民、法人或其他组织。例如，行政处罚法律关系中的违法行为人、行政征收补偿关系中的被征收人。行政第三人是指与行政主体针对行政相对人作出的行政行为有利害关系的其他公民、法人或组织。例如，治安处罚中的受害人、行政特许法律关系中的公平竞争权人。

案例二　徐某甲、徐某乙诉安庆市人民政府等房屋强制拆迁案❶

【基本案情】

二十世纪九十年代初徐某甲、徐某乙因开发区建设征地，按照当时政府的统一规

---

❶ 安徽省池州市中级人民法院（2017）皖17行初15号行政判决书；安徽省高级人民法院（2018）皖行终228号行政判决书；最高人民法院（2019）最高法行申1381号行政裁定书。

划被安置在开发区菱北居委会二次还建点，自筹资金建设了房屋。2015 年 12 月 21 日，安庆市政府发出《关于 485 厂棚户区改造项目（第二还建点片区）建设的通告》（以下简称《通告》），徐某甲、徐某乙的房屋位于改造范围内。《通告》第 2 条规定"棚户区改造项目在依法办理有关手续后，范围内涉及的征迁、清障工作由安庆开发区管委会组织实施"。因双方就补偿安置协议未能达成一致意见，2016 年 8 月 14 日，安庆开发区管委会组织安庆市菱北办事处、安庆市城市管理行政执法局经济技术开发区分局等部门将徐某甲、徐某乙户房屋强制拆除。徐某甲、徐某乙不服，请求确认安庆市人民政府、安庆经济技术开发区管理委员会、安庆市菱北办事处、安庆市城市管理行政执法局经济技术开发区分局强制拆除其位于宜秀区第二还建区的房屋及其他附属物、附属设施的行为违法。

【主要法律问题】

1. 安庆经济技术开发区管理委员会及安庆市城市管理行政执法局经济技术开发区分局是否具有行政主体资格？
2. 安庆市菱北办事处是否具有行政主体资格？
3. 安庆市人民政府是否系本案适格被告？

【主要法律依据】

1.《地方各级人民代表大会和地方各级人民政府组织法》（2015 年）第 68 条第 3 款；
2.《行政诉讼法》第 2 条第 2 款；
3.《最高人民法院关于适用〈中华人民共和国行政诉讼法〉的解释》第 21 条。

【理论分析】

1. 开发区管委会及其所属职能部门具有行政主体资格。我国行政法理论与实务的主流观点认为，行政诉讼被告和行政复议被申请人都必须是行政主体。相应地，围绕开发区管理机构的法律性质就形成了"派出机关说""派出机构说""法律、法规授权组织说""公法人说"等观点。《最高人民法院关于适用〈中华人民共和国行政诉讼法〉的解释》第 21 条明确了开发区管理机构及其所属职能部门的被告资格。本案中，最高人民法院的裁判逻辑是，参照《国家高新技术产业开发区管理暂行办法》第 8 条第 2 款，"国家级经济技术开发区管理委员会系人民政府的派出机构，有独立明确的管理权限和范围，有独立的财政预算和行政编制，能够独立承担法律责任，具有行政主体资格"。鉴于 2010 年 3 月 21 日国务院办公厅作出国办函〔2010〕51 号批复，批准安庆开发区为国家级经开区，故安庆经济技术开发区管理委员会可以视为规章授权组织，具有行政主体资格，是本案适格被告。

2. 派出机关具有行政主体资格。我国行政法理论通说认为，派出机关具有行政主体资格，可以作为行政诉讼的被告。《地方各级人民代表大会和地方各级人民政府组织法》（2015 年）第 68 条第 3 款规定："市辖区、不设区的市的人民政府，经上一级人民政府批准，可以设立若干街道办事处，作为它的派出机关。"安庆市菱北办事处，又称安庆经济技术开发区菱北办事处，原系安庆市宜秀区菱北街道办事处，是宜秀区的派出机关，由宜秀区人民政府委托市经济技术开发区管委会管辖。因此，从实质上看，具有行政主体资格，是本案适格被告。

3. 行政授权和行政委托的区别。行政授权是指法律、法规、规章直接将某项行政职权授予其他组织，或行政主体依据法律、法规、规章的授权性规定将自己的行政职权授予其他组织，由被授权的组织独立行使职权并承担相应责任的法律行为。行政委托是指行政机关依照法律、法规、规章的规定，在其法定权限内将自己的部分或全部管辖权委托给符合一定条件的组织实施，受委托者以委托机关的名义实施管理行为和行使职权，并由委托机关承担法律责任的法律行为。本案中，《安庆市市区集体土地与房屋征收补偿安置暂行办法》第 3 条第 2 款规定开发区管委会负责辖区内有关征收安置具体事宜，安庆市人民政府又作出《关于 485 厂棚户区改造项目（第二还建点片区）建设的通告》，规定开发区管委会组织实施 485 厂棚改项目，具有规章的授权。安庆开发区管委会行使相应职权不属于《行政诉讼法》第 26 条第 5 款规定的行政委托。故，安庆市政府不是本案适格被告。

【思考题】

1. 规章授权的组织是否具有行政主体资格？

2. 司法解释所明确的开发区管理机构及其所属职能部门的行政诉讼被告资格能否类推适用于行政复议被申请人资格的认定？

案例三 厦门市海沧区城市管理行政执法局与杨某行政非诉执行纠纷案[1]

【基本案情】

2010 年初厦门市海沧区文圃花园某室原业主在装修过程中，未经相关行政主管部门批准，在该室东南侧（小区公共部位）搭建构筑物一处，一层，铁皮结构，建筑面积 4m²；并安装卷帘门一处，面积 4m²。2013 年 9 月杨某购得该室产权，同年 10 月未经相关行政主管部门批准，在该室东南侧外墙破墙开门一处，拆除墙体面积 5m²。厦门市海沧区城市管理行政执法局发现后，依法进行调查，并进行了案件讨论，认为搭建雨棚、设置卷帘门虽为前任业主的违法建设行为，但杨某是现使用人和受益人，有责任和义务拆除违法构筑物，罚款金额应按杨某实施的破墙面积 5m² 确定，并于 2014 年

---

[1] 福建省厦门市海沧区人民法院（2014）海执审字第 47 号执行裁定书。

1月27日以杨某未经批准违法建设为由，作出了厦海城执罚字〔2014〕9号《行政处罚决定书》，责令被执行人于收到《行政处罚决定书》之日起15日内自行拆除上述违法构筑物，恢复房屋原貌；处以罚款人民币3万元，并限被执行人于收到处罚决定书之日起15日内缴纳，逾期缴纳的，每日按罚款数额的3%加处罚款。杨某在法定期限内未申请复议，亦未向法院提起行政诉讼。厦门市海沧区城市管理行政执法局以《行政处罚决定书》为执行名义向法院申请强制执行。

【主要法律问题】

违法建筑物的买受人是否可以作为行政处罚相对人？

【主要法律依据】

1.《行政处罚法》第4条；
2.《行政强制法》第53条。

【理论分析】

1. 行为责任与状态责任的区分。按照"谁行为，谁负责"原则，行政执法中的责任人认定似乎不是什么难题。但是，在违法建筑处置、环境污染处罚等行政执法领域，"责任人"认定时常遭遇难题。例如，在违法建筑的建造人和实际管理、使用人不一致的情况下，处罚谁便成为问题。行政法上的行为责任和状态责任区分理论为行政处罚相对人的认定提供了思考框架。其中，行为责任是指公民、法人或其他组织因其违法行为对公共秩序或公共安全造成危害而应负的责任，状态责任则指物的所有人或实际管理人、使用人，基于对物之事实上或法律上的支配力，就物之状态所产生的危害，所负有的防止或排除危害的义务。行为责任和状态责任虽然都以责任人与"危害源"之关系作为思考起点，但二者的法理基础存在显著差异，前者以"行为—后果"的因果关系作为归责的基础，后者以"物之支配—排除危害"作为责任的联结因素。行政处罚中，原则上应优先选择行为责任人为行政相对人，例外情况下可选择状态责任人作为行政相对人，以填补行为责任对危害防止的不足。

2.《行政处罚法》第4条的解释论。《行政处罚法》第4条规定："公民、法人或者其他组织违反行政管理秩序的行为，应当给予行政处罚的，依照本法由法律、法规、规章规定，并由行政机关依照本法规定的程序实施。"虽然该条并未将相对人限定为行为责任人，但实践中一般认为，行政处罚的相对人是违法行为人。若以行为责任和状态责任二分为思考框架，《行政处罚法》第4条中的"违反行政管理秩序的行为"存在解释的空间。本案中，违法建筑物的买受人（所有权人）虽不是违法建设行为人，但其是违法建筑的现有使用人、受益人，其所有、管理的房产具有违反规划、物业管理等行政管理秩序的状态，可认为其具有"违反行政管理秩序的行为"，执法部门可以将其作为行政处罚相对人，责令其限期拆除，这符合行政法的比例原则、效率原则。值得注意的是,《土壤污染防治法》《北京市禁止违法建设若干规定》等已经在单行法、地方性法规层面确立了"行为责任+状态责任"的二元模式。例如,《北京市禁止违法建设若干规定》第2条第2款明确规定:"本规定所称的违法建设当事人,包括违法建设的建设单位、施工单位、所有人或者管理人。"《建设用地土壤污染责任人认定暂行办法》和《农用地土壤污染责任人认定暂行办法》的出台,将为在土壤污染责任人不明确或者存在争议的情况下开展责任人认定提供依据。

【思考题】

实践中,各地法院对违法建筑的买受人、管理人能否作为行政处罚相对人的认识并不统一,应如何统一法律适用?

行政法的基本原则

 **本章知识要点**

（1）行政法的基本原则包括法律优先原则、法律保留原则、正当程序原则、行政比例原则、行政信赖保护原则等。（2）行政法的基本原则是行政主体实施行政行为时所应当遵循的基本准则，在缺少具体行政法律规范的情况下，行政主体应当以行政法的基本原则作为实施行政行为的准则。（3）在司法实践中，行政法的基本原则在诉讼程序中的适用效力和适用价值需结合个案分析加以证成。

第一节　法律优先原则

法律优先原则是指行政活动应当服从立法机关制定的法律，行政机关不能作出与法律相抵触的决定、不能实施与法律相抵触的行为，确定了"法律对于行政立法即行政法规和规章的优越地位"[1]。从具体行政行为来看，法律优先原则要求行政机关严格按照行政法律规范赋予行政机关的法定职权来实施具体行政行为，将行政机关的行为严格限定在法律规范的授权范围中，禁止行政机关实施与行政法律规范要求不一致的决定。从行政立法来看，法律优先原则要求行政机关制定出台的规范性文件不得与宪法、法律、行政法规、地方性法规、部门规章等法律规范相冲突；在行政法律规范体系内部，要遵照《立法法》确定的效力位阶施行，低位阶的法律规范不得与高位阶的法律规范相冲突。

---

❶ 周佑勇. 行政法中的法律优先原则研究 ［J］. 中国法学，2005（03）：49-55.

案例一　付某诉青岛市公安局交通警察支队不履行法定职责案❶

【基本案情】

涉案车辆鲁B×××××号机动车登记所有人为付某，2017年6月12日，付某通过网络向青岛市公安局交通警察支队传送机动车安全技术检验合格报告、机动车行驶证及机动车交通事故强制保险单，申请发放年检合格标志。青岛市公安局交通警察支队以付某车辆存在违章未处理为由不予发放。付某不服，提起行政诉讼，请求判令青岛市公安局交通警察支队为其车辆核发机动车检验合格标志。

【主要法律问题】

1.《机动车登记规定》（公安部制定的部门规章）能否作为公安机关发放或不发放机动车检验合格标志的法律依据？

2.《机动车登记规定》与《道路交通安全法》在发放机动车检验合格标志事项上存在不一致规定时，公安机关应当如何适用？

【主要法律依据】

1.《道路交通安全法》第13条；

2.《立法法》第80条、第88条、第96条；

3.《机动车登记规定》第49条；

4.《最高人民法院关于公安交警部门能否以交通违章行为未处理为由不予核发机动车检验合格标志问题的答复》（〔2017〕行他字第20号）。

【理论分析】

《宪法》《立法法》为维持法律秩序的统一，在行政立法领域确立了行政立法文件不得与宪法、法律相冲突的原则，这是法律优先原则在行政立法领域的规范依据。

第一，在法律对某一事项已有规定的情形下，行政立法可以为执行该法律制定行政法规、规章，这是国家权力分配的必然要求。从宪法层面看，立法权一般由国家权力机关所垄断，但是考虑到行政的复杂性和立法的滞后性，为使国家权力机关的意志能够更好地在社会实际中得以落实，国家权力机关将一定的立法权限赋予行政机关，以此为行政机关执行法律提供便利手段。此种情形下，行政机关执行法律所制定的立法文件不得与已有的法律相冲突。

本案所涉及的理论问题即是如此，在《道路交通安全法》已对申领机动车检验合

---

❶　山东省高级人民法院（2020）鲁行再29号行政判决书。

格标志条件作出明确规定的情形下，作为执行《道路交通安全法》的部门规章，《机动车登记规定》就不得在该事项上存在与《道路交通安全法》不一致的规定。

第二，在法律对某一事项没有规定的情形下，行政立法可以在不抵触上位法的情形下制定行政法规和规章。与前文行政立法执行法律的情形相比，此种情形下的行政立法有更多的自由空间，但在法律优先原则的约束下，要求行政立法在调整约束没有法律规定的事项时，既不得与宪法和法律的其他具体条款相抵触，也不得与宪法和法律的基本精神和基本原则相抵触，这其中就包括行政立法的过程要受到公民权利保护、行政机关职权范围等的限制。

当行政立法与上位法相冲突时该如何处理呢？在我国，对行政立法的监督分为三种情形。一是对国务院制定行政法规的监督，由全国人大常委会负责，根据《宪法》第 67 条第 7 项规定，全国人大常委会对与宪法、法律相抵触的行政法规有权撤销。《立法法》同时规定了全国人大常委会审查行政法规合宪性、合法性的具体程序。二是对部门规章的监督由国务院负责，对地方政府规章的监督由国务院、地方人大常委会和省级政府负责。国务院有权改变或撤销各部、各委员会发布的不适当的命令、指示和规章。国务院有权改变或撤销不适当的地方政府规章，地方人大常委会有权撤销本级政府制定的不适当规章，省级政府有权改变或撤销下一级政府制定的不适当的规章。三是各级法院在具体个案中所承担的司法审查职能是对行政立法监督的有力补充，根据《行政诉讼法》的规定，人民法院在审理行政案件中可以根据案件所涉及的行政法规和规章的合宪性、合法性进行选择适用，但并不能直接撤销、变更或废止。

【思考题】

规章以上效力位阶的行政立法文件如果损害行政相对人合法权利，行政相对人应如何对该文件申请救济？

案例二　陈某诉南京市江宁区住房和城乡建设局不履行房屋登记法定职责案❶

【基本案情】

南京市江宁区双龙大道×号某花园某室房屋所有权人为曹某。2011 年 5 月 23 日，曹某亲笔书写遗嘱，将该房产及一间储藏室（8 平方米）以及曹某名下所有存款、曹某住房中的全部用品无条件赠给陈某，后曹某去世。2011 年 7 月 22 日，陈某经南京公证处公证，声明接受曹某的全部遗赠。2011 年 8 月 3 日，陈某携带曹某遗嘱、房产证、

❶ 最高人民法院. 陈爱华诉南京市江宁区住房和城乡建设局不履行房屋登记法定职责案 [J/OL]. 中华人民共和国最高人民法院公报, 2014（08）. http://gongbao.court.gov.cn/Details/d9cda29f61d943d0bfd4b972e81440.html.

公证书等材料前往江宁区住房和城乡建设局（以下简称江宁区住建局）下设的房地产交易中心办理房屋所有权转移登记被拒绝。2011年10月10日，陈某向江宁区住建局提出书面申请，要求江宁区住建局依法为其办理房屋所有权转移登记，江宁区住建局根据司法部、原建设部《关于房产登记管理中加强公证的联合通知》于2011年10月27日书面回复，以"遗嘱未经公证，又无'遗嘱继承公证书'"为由不予办理遗产转移登记。综上，陈某认为江宁区住建局强制公证的做法，与我国现行的《继承法》《物权法》《公证法》等多部法律相抵触，故提起行政诉讼，要求法院确认江宁区住建局拒为其办理房屋所有权转移登记的行为违法，责令江宁区住建局就涉案房屋为其办理房屋所有权转移登记。

【主要法律问题】

1. 本案中所适用的《关于房产登记管理中加强公证的联合通知》属于部门规章还是属于行政规范性文件？

2.《关于房产登记管理中加强公证的联合通知》对遗嘱不动产转移登记设置强制性公证是否有效？

【主要法律依据】

1.《物权法》第10条；

2.《继承法》第16条、第17条；

3.《不动产登记条例》第14条、第16条；

4.《关于房产登记管理中加强公证的联合通知》（司公通字〔1991〕117号）第2条。

【理论分析】

对《关于房产登记管理中加强公证的联合通知》（以下简称《联合通知》）法律地位的讨论，其落脚点在于该文件如果属于部门规章，则法院在审理本案时应当予以参照；该文件如果属于规范性文件，则法院在审理本案时不能予以参照。规章作为我国行政立法体系中的重要组成部分，其自身所具有的法定特征是识别其法律地位的方式手段。国务院2001年出台的行政法规《法规规章备案条例》第2条第2款规定："本条例所称规章，包括部门规章和地方政府规章。部门规章，是指国务院各部、各委员会、中国人民银行、审计署和具有行政管理职能的直属机构（以下简称国务院部门）根据法律和国务院的行政法规、决定、命令，在本部门的职权范围内依照《规章制定程序条例》制定的规章。"据此，规章应当符合以下要件：一是有上位法依据，即规章是根据法律和国务院的行政法规、决定、命令制定的；二是规章内容符合制定机关的法定职权，不能超越职权范围制定规章；三是满足《规章制定程序条例》规定的程序要件，即部门规章应当经部务会议或者委员会会议决定，公布规章的命令应当载明该规章的制定机关、序号、规章名称、通过日期、施行日期、部门首长或者省长、自治区主席、市长署名以及公布日期。对照以上三个要件，《联合通知》作为司法部、原建设部自行在房产登记管理领域规范公证文书使用的文件，不属于规章的范畴，自然不具有为法院参照的法律效力。

根据法律优先原则的要求，行政机关制定的规范性文件不得与法律、行政法规、地方性法规、规章等上位法相冲突。《联合通知》为行政相对人办理房屋登记设定了限制条件，即接受遗赠的受遗赠人在办理房屋所有权变更登记时必须提供赠与公证书、接受赠与公证书或赠与合同公证书。行政机关能否以《联合通知》作为实施行政行为的合法依据，同样要看该通知的内容有无与上位法相冲突之处。从《继承法》的规定看，《继承法》第16条、第17条规定，公民可以以"公证遗嘱""自书遗嘱""代书遗嘱""录音遗嘱""口头遗嘱"的形式处分个人财产，而《联合通知》仅规定持有"公证遗嘱"方可办理房屋所有权移转登记，实际上是将《继承法》所规定的其他遗嘱形式的法定效力排除在了公民可以处分个人财产的范围以外，这一规定显然与《继承法》相抵触。从《公证法》的规定看，民事公证活动以民事主体自愿申请为前提，任何个人、单位和组织都无权强制申请公证。《联合通知》要求在办理房屋所有权移转登记时，必须提供所依据的遗嘱等材料的公证书，实际上就是强制遗嘱受益人必须办理公证才能实现房产所有权的移转，明显违反了《公证法》的立法宗旨。综上所述，《联合通知》的内容与多部法律相冲突，显然不具有法律效力，不应作为行政机关办理房屋所有权移转登记的法律依据。

【思考题】

行政诉讼中的原告提出附带审查规定性文件的申请后，法院应当如何处理？

第二节　法律保留原则

为区分国家立法权和行政立法权的权力范围，确保国家立法权的最高性，行政法确立了法律保留原则为行政法的基本原则。法律保留原则具体是指，在行政立法领域，凡属于宪法、法律规定只能由法律规定的事项，只能由法律规定，或者是必须在法律有明确授权的情况下才能由行政机关作出规定。[1] 在行政执法领域，行政机关实施限制行政相对人人身权利、财产权利等重要权利的行为，必须有狭义上的法律依据，即必须有全国人大或全国人大常委会的授权。

---

[1] 周佑勇. 行政法原论 [M]. 北京：北京大学出版社，2018：60.

案例一　孙某刚案●

【基本案情】

2003 年 3 月 17 日晚上，任职于广州某公司的湖北青年孙某刚在前往网吧的路上，因缺少暂住证，被警察送至广州市"三无"人员（即无身份证、无暂居证、无用工证明的外来人员）收容遣送中转站收容。次日，孙某刚被收容站送往一家收容人员救治站。在这里，孙某刚受到工作人员以及其他收容人员的野蛮殴打，于 3 月 20 日死于救治站。

2003 年 6 月 18 日，国务院常务会议审议并原则通过了《城市生活无着的流浪乞讨人员救助管理办法（草案）》。会议认为，二十多年来，我国经济社会发展和人口流动状况发生了很大变化，1982 年 5 月国务院发布施行的《城市流浪乞讨人员收容遣送办法》，已经不适应新形势的需要。为从根本上解决城市生活无着的流浪乞讨人员的问题，完善社会救助制度和相关法规，会议审议并原则通过了《城市生活无着的流浪乞讨人员救助管理办法（草案）》。会议决定，该办法草案经进一步修改后，由国务院公布施行，同时废止 1982 年 5 月国务院发布的《城市流浪乞讨人员收容遣送办法》。

【主要法律问题】

国务院是否有权制定《城市流浪乞讨人员收容遣送办法》授权行政机关对公民实施限制其人身自由的收容遣送措施？

【主要法律依据】

1.《宪法》（1999 年）第 37 条；
2.《立法法》第 8 条、第 9 条；
3.《城市流浪乞讨人员收容遣送办法》；
4.《城市流浪乞讨人员收容遣送办法实施细则》（试行）。

【理论分析】

在行政法领域，法律保留原则被表述为"法无授权即禁止"或"法无明文规定不可为"。具体在行政立法方面，法律保留一般是指国家权力机关将对特定事项的立法权力排他性的占有，拒绝任何行政机关染指此类事项的立法权力。其基本内涵可理解为"将制定一国法律体系中某些特定事项的规范性文件的专属权力保留给立法部门，并且只能由立法部门对是否制定以及如何制定法律规范作出决定。在这些事项上，如果法

● 陈峰，王雷. 被收容者孙志刚之死［N］. 南方都市报. 2003-4-25（A06）.

律暂时没有作出规定或者没有授权行政机关制定立法性文件，行政机关既不能以不存在上位法约束为由作出任何具体行政行为，也不能以填补法律空白或细化行政措施为目的制定抽象性的行政立法文件，因为这些重要的事项已经被保留在立法部门的专属性立法之中。"❶

在我国，法律保留原则对行政立法的规制主要是通过《立法法》的规定得以实现。《立法法》第8条、第9条适用绝对法律保留原则和相对法律保留原则，明确行政机关与立法机关之间不同的立法权限，并规范立法机关授权行政机关立法的权限和程序，其中将"犯罪和刑罚""对公民政治权利的剥夺、限制人身自由的强制措施和处罚""国家司法制度"等事项规定为法律绝对保留的事项。应该看到，《立法法》的规定在规范行政立法活动、保障公民权利方面发挥了重要的作用，但以现有规定实现法律保留原则的内涵要求仍有不足。首先，在法律绝对保留方面，对《宪法》规定的公民基本权利保护不足，对一些《宪法》所明确列举的公民基本权利的限制，如通信自由权、住宅不受侵犯权、财产权等，没有纳入法律绝对保留事项中。其次，在法律相对保留方面，从立法实践中看，全国人大和全国人大常委会对国务院的授权立法，多为概括式的授权，在授权过程中对授权的条件、事项、内容和时限等没有进行明确规定，这就导致法律相对保留原则对行政立法的规范和约束功能易处于虚置状态。

法律保留原则在我国行政立法领域的贯彻正在走向全面深入。《行政处罚法》是我国最早引入法律保留原则的部门法，1996年颁布实施的《行政处罚法》在制定之初即规定"限制人身自由的行政处罚，只能由法律设定"。在随后《行政处罚法》的历次修改中，该法律条款都得到了完整的保留。随着行政法律规范体系的逐渐完备，与行政机关实施行政行为密切相关的《行政许可法》《行政强制法》等行政法律规范也都在具体的法律条款中体现着法律保留原则的基本要求。为了保证法律保留原则的落地，监督审查行政立法活动的相关法律规范也正逐渐完备，其中《立法法》《各级人民代表大会常务委员会监督法》《行政法规制定程序条例》《规章制定程序条例》等一系列法律规范通过对违反法律保留原则的行政立法活动的纠偏纠错，为监督行政立法活动提供着充分的制度供给。

【思考题】

当一部行政法规既违反宪法又违反法律时，对它的审查应当是违宪审查还是违法审查？

---

❶ 刘莘. 行政立法原理与实务 ［M］. 北京：中国法制出版社，2014：32.

第三节 正当程序原则

正当程序原则来源于自然正义的要求，是一种最低限度的程序公正。一般而言，正当程序要求行政机关在作出对行政相对人不利的行政行为之前，应说明作出行政行为的事实、理由、法律依据，并告知行政相对人其享有陈述、申辩的权利。同时，行政机关还应当通过一定的方式听取行政相对人的意见，具体而言，行政机关根据受行政行为所影响的相对人权利的重要性、案件事实的复杂性和行政成本等因素综合考虑决定采用正式听证还是非正式听证程序听取行政相对人的意见。

案例一 田某诉某科技大学拒绝颁发毕业证、学位证案[1]

【基本案情】

1994年9月，田某考入某科技大学应用科学学院物理化学系，取得本科生学籍。1996年2月29日，田某在参加电磁学课程补考过程中，随身携带写有电磁学公式的纸条，中途去厕所时，纸条掉出，被监考教师发现。监考教师虽未发现田某有偷看纸条的行为，但还是按照考场纪律，当即停止了田某的考试。某科技大学于同年3月5日按照《关于严格考试管理的紧急通知》第3条第5项关于"夹带者，包括写在手上等作弊行为者"的规定，认定田某的行为属于考试作弊，根据第1条"凡考试作弊者，一律按退学处理"的规定，决定对田某按退学处理，4月10日填发了学籍变动通知。但是，某科技大学没有直接向田某宣布处分决定和送达变更学籍通知，也未给田某办理退学手续，田某继续在该校以在校大学生的身份参加正常学习及学校组织的活动。

1996年3月，田某的学生证丢失，未进行1995—1996学年第二学期的注册。同年9月，某科技大学为田某补办了学生证。其后，某科技大学每学年均收取田某交纳的教育费，并为田某进行注册、发放大学生补助津贴，还安排田某参加了大学生毕业实习设计，并由论文指导教师领取了学校发放的毕业设计结业费。田某还以该校大学生的名义参加考试，先后取得了大学英语四级、计算机应用水平测试BASIC语言成绩合格证书。田某在该校学习的4年中，成绩全部合格，通过了毕业实习、设计及论文答辩，获得优秀毕业论文及毕业总成绩全班第九名。某科技大学对以上事实没有争议。

某科技大学部分教师曾经为田某的学籍一事向原国家教委申诉，原国家教委高校学生司于1998年5月18日致函某科技大学，认为该校对田某违反考场纪律一事处理过

---

[1] 田永诉北京科技大学拒绝颁发毕业证、学位证行政诉讼案 [J]. 中华人民共和国最高人民法院公报，1999（04）：139-143.

重，建议复查。同年 6 月 5 日，某科技大学复查后，仍然坚持原处理结论。

1998 年 6 月，某科技大学有关部门以田某不具有学籍为由，拒绝为其颁发毕业证，进而也未向教育行政部门呈报毕业派遣资格表。田某所在的应用科学学院物理化学系认为，田某符合准予大学毕业和授予学士学位的条件，由于学院正在与学校交涉田某的学籍问题，故在向学校报送田某所在班级的授予学士学位表时，暂时未给田某签字，准备等田某的学籍问题解决后再签，学校也因此没有将田某列入授予学士学位资格名单内交本校的学位评定委员会审核。

【主要法律问题】

1. 某科技大学是否有权拒绝为田某颁发毕业证和学位证？
2. 某科技大学对田某作出"退学处理"是否应当遵循一定的程序要求？

【主要法律依据】

1. 《教育法》（1995 年）第 21 条、第 22 条、第 28 条；
2. 《学位条例》（1980 年）第 8 条；
3. 《普通高等学校学生管理规定》（1990 年）第 12 条、第 35 条；
4. 《学位条例暂行实施办法》第 4 条、第 5 条。

【理论分析】

"田某案"是我国行政法治进程中的一个里程碑案件，此案的诉讼过程和结果推动了行政诉讼领域多项实务和理论问题的发展进程，其中较为突出的一点即是明确了正当程序原则的适用，特别是在一些没有法律规范明确规定的程序要求下，行政机关实施行政行为应遵循基本的程序要求，以实现对行政相对人权利的保护。法院在"田某案"中审理认为，"按退学处理，涉及被处理者的受教育权利，从充分保障当事人权益的原则出发，作出处理决定的单位应当将该处理决定直接向被处理者本人宣布、送达，允许被处理者本人提出申辩意见。某科技大学没有照此原则办理，忽视当事人的申辩权利，这样的行政管理行为不具有合法性"。司法审查通过以上论述清晰准确地表明了学校作出退学决定时应当遵循正当程序原则，并明确了违反这一原则的法律后果，即"不具有合法性"。该案例以《最高人民法院公报》的形式发布，无疑为正当程序原则在行政执法和司法审判中的适用注入了强音。

回溯法律规范，可以发现高等学校在作出退学处理时，没有任何一部法律、行政法规、规章等行政法律规范要求"向本人宣布送达"和"允许本人提出申辩意见"，但这并不影响司法和社会公众对这一程序要求的正当性判断。特别是对于退学处理决定这样直接左右学生人生轨迹的重大行政决定，其影响学生权益之深之广，多么严格的程序要求在该决定所可能产生的不利后果面前都显得那么微不足道。对于以法律规定为标准的法定程序来说，行政机关违反法定程序必然会产生相应的法定后果，这是没有争议的。例如"田某案"后制定或修改的《行政处罚法》《行政许可法》《行政强制法》等行政法律规范，以大量的篇幅浓墨重彩地勾画出行政机关作出行政行为时所必须遵循的程序规定，这些程序性规定的完善处处凸显着正当程序原则的基因。但是，"田某案"的重要突破则是为没有法定程序约束的行政行为确定了基本的程序底线，而这正是正当程序原则在具体个案中的适用空间：如果一个行政行为有法律规定的程序，那么对其程序的审查就要立足于法律规定；如果一个行政行为没有法律规定的程序，那么对其审查就要立足于正当程序原则。换句话说，违反正当程序，只能存在于行政行为的法定程序以外。

【思考题】

若学校的退学处理决定没有直接向被处理者本人宣布、送达，也没有允许被处理者提出申辩意见，属于程序上的瑕疵还是违法？

案例二　某建筑装修工程公司与海南省定安县人民政府等收回国有土地使用权及撤销土地证案❶

【基本案情】

因定安县建设委员会拖欠某建筑装修工程公司工程款80余万元，定安县人民政府（以下简称定安县政府）在该县某工业开发区划出10亩土地作为补偿。1995年10月27日，定安县政府根据该公司递交的《关于给人民北路东横街续建工程重新调整补偿用地问题的请示》，作出《关于重新调整某建筑装修工程公司补偿用地的批复》，决定在见龙路旁以每亩8万元的价格重新调整10亩土地给该公司。随后该公司与定安县土地管理局（以下简称定安县土地局）签订《国有土地使用权出让合同》。1995年12月28日，该公司就出让所得6706平方米土地申请登记发证，但填报申请土地登记时未写明土地用途，定安县土地局在审核过程中亦未在《地籍调查表》《土地登记审批表》等文书上载明土地用途。1996年1月22日，定安县政府根据该公司的申请和县土地局的审核，给该公司颁发了定安国用（96）字第6号《国有土地使用证》（以下简称6号土地证）。2007年11月5日，定安县政府为落实塔岭规划新区城市规划用地需要，作出《关于有偿收回国有土地使用权的通知》，决定按原登记成本价80.6072万元有偿收回该公司6号土地证项下的土地使用权，并于11月8日送达该公司。同年12月14日，定安县政府以该公司申请土地登记发证未填写土地用途、定安县土地局在审核过程中

---

❶　最高人民法院. 定安城东建筑装修工程公司与海南省定安县人民政府、第三人中国农业银行定安支行收回国有土地使用权及撤销土地证案［J/OL］. 中华人民共和国最高人民法院公报，2015（02）. http://gongbao. court. gov. cn/Details/131b2c29b7622428e16b45e6cee854. html.

亦未在有关文书上载明土地用途导致错误登记发证为由，告知该公司拟撤销 6 号土地证。同年 12 月 29 日，定安县政府作出《关于撤销定安国用（96）字第 6 号〈国有土地使用证〉的决定》，撤销 6 号土地证。该公司不服该决定，提起行政诉讼。

【主要法律问题】

1. 行政行为违反法定程序是否必须被撤销？
2. 行政程序违法如何影响行政行为的效力？

【主要法律依据】

1.《行政诉讼法》（1989 年）第 54 条；
2.《最高人民法院关于适用〈中华人民共和国行政诉讼法〉若干问题的解释》第 10 条；
3.《最高人民法院关于适用〈中华人民共和国行政诉讼法〉的解释》第 43 条；
4.《最高人民法院关于审理商标授权确权行政案件若干问题的规定》第 27 条。

【理论分析】

正当程序原则为行政行为的程序合法性提出了要求，也即行政机关作出行政行为时除需满足实体法上的合法性要件，还需满足程序正义的要求。《行政诉讼法》（1989 年）第 54 条规定，违反法定程序的具体行政行为，判决撤销或者部分撤销，并可以判决被告重新作出具体行政行为。但困于我国尚无统一的行政程序法，何为法定程序、何为违反法定程序，在立法和司法实践中并未形成统一的标准。少有部门法或司法解释对违反法定程序的情形作出清晰列举，如《最高人民法院关于审理商标授权确权行政案件若干问题的规定》第 27 条规定，遗漏当事人提出的评审理由，对当事人权利产生实际影响的；评审程序中未告知合议组成员，经审查确有应当回避事由而未回避的；未通知适格当事人参加评审，该方当事人明确提出异议的，属于《行政诉讼法》（1989 年）所定义的"违反法定程序"。在司法实践中，特别是在没有法律明确规定作出行政行为的法定程序中，行政审判对行政行为是否违反法定程序的认定亦存在不同标准，有裁判认为，"一次性补正告知是行政机关在履行政府信息公开职责过程中应尽的合理注意义务。多次补正告知属于滥用程序裁量，当事人因此主张信息公开违反法定程序的，应予支持"。[1] 也有裁判认为"被上诉人执法期限超过法律规定的一般履职期限，属于轻微违法，对上诉人某公司的权利义务不产生实际影响"，[2] 此情形不属于违反法定程序。

《行政诉讼法》（1989 年）将"违反法定程序"作为判决撤销行政行为的法定理由

---

[1] 天津市河北区人民法院（2016）北行初字第 149 号行政判决书。
[2] 江苏省南通市中级人民法院（2019）苏 06 行终 704 号行政判决书。

之一，对其赋予了正当程序独立的价值，这也意味着程序规则同样应当受到行政主体的重视和遵守。但是，随着经济社会的飞速发展，行政管理日渐复杂精密，并非全部的行政管理活动都能够在程序上做到尽善尽美。同时，从行政诉讼的功能视角来看，追求程序正义和维护行政管理秩序的安定，同样需要得到司法审判的重视。因此，司法实践并非对全部违反法定程序的行政行为均一撤了之，而是根据程序违法的严重程度，区分了行政行为违反法定程序的不同法律后果，《行政诉讼法》（2017 年）在第 70 条和第 74 条的规定中，就对违反程序的行政行为进行了区分，对违反法定程序的行政行为，人民法院可以判决撤销或者部分撤销，并可以判决被告重新作出行政行为；对行政行为程序轻微违法，但对原告权利不产生实际影响的，人民法院可以判决确认违法，但不撤销行政行为。这一规定实际上就是以程序违法行为是否对行政相对人权利产生实际影响为标准，给行政机关的程序违法行为赋予了不同的法律后果。

【思考题】

程序违法达到何种程度才属于对行政相对人的权利产生实际影响？

第四节　行政比例原则

行政比例原则是指行政机关在实现行政管理目标的同时应尽量不对行政相对人的权益造成过度的负面影响，如果为了实现行政管理目标必须影响行政相对人权益，应将这种影响限制在尽可能小的范围内。行政比例原则包括三项子原则：一是妥当性原则，要求行政行为的目的正当、手段正当，手段与目的间存在正当联系；二是损害最小原则或必要性原则，要求行政主体在各种能够实现行政管理目的的手段中选择对行政相对人损害最小的手段；三是均衡性原则，要求行政机关对行政行为的目的和相对人的利益进行权衡后作出相应的决定，不得为了一个较小的公共利益给行政相对人的利益造成较大的损害。

案例一　刘某诉山西省太原市公安局交通警察支队晋源一大队道路交通管理行政强制案❶

【基本案情】

2001 年 7 月，刘某以分期付款方式在山西省某汽车租赁有限公司购买了一辆东风

---

❶　最高人民法院. 刘云务诉山西省太原市公安局交通警察支队晋源一大队道路交通管理行政强制案 [J/OL]. 中华人民共和国最高人民法院公报, 2017（02）. http://gongbao.court.gov.cn/Details/c72c4afe656b3cc9c00be8f8168ec9.html.

某型运输汽车。刘某依约付清车款后，车辆仍登记挂靠在该公司名下。2006年12月12日，刘某雇用的司机任某驾驶该车辆行驶至太原市某路口时，太原市公安局交通警察支队晋源一大队（以下简称晋源交警一大队）执勤民警以该车未经年审为由将该车扣留并于当日存入存车场。2006年12月14日，刘某携带该车审验日期为2006年12月13日的行驶证去处理该起违法行为。晋源交警一大队执勤民警在核实过程中发现该车的发动机号码和车架号码看不到，遂以该车涉嫌套牌及发动机号码和车架号码无法查对为由继续扣留该车，并口头告知刘某提供其他合法有效手续。刘某虽多次托人交涉并提供相关材料，但晋源交警一大队一直以其不能提供车辆合法来历证明为由扣留该车。刘某不服，提起行政诉讼，请求法院撤销晋源交警一大队的扣留行为并返还该车。

【主要法律问题】

1. 公安交管部门决定扣留涉案车辆的行政行为在程序上是否合法？
2. 公安交管部门认定涉案车辆涉嫌"套牌"而持续扣留的证据是否充分？
3. 公安交管部门既不调查核实又长期扣留涉案车辆是否构成滥用职权？

【主要法律依据】

1.《行政诉讼法》（1989年）第74条、第89条；
2.《道路交通安全法》（2003年）第96条、第112条；
3.《道路交通安全违法行为处理程序规定》（2004年）第11条、第13条、第15条；
4.《机动车登记规定》（2004年）第9条、第10条。

【理论分析】

行政行为与行政目的间具有正当的、合理的联系是比例原则对行政行为合理性的重要要求。为维护道路交通秩序，保证交通参与人的人身和财产安全，《道路交通安全法》赋予了公安交管部门对违法机动车进行扣押的行政强制措施。但是，这一行政强制措施的实施要以符合行政执法目的为限，尽可能减少对行政相对人合法权益的减损。本案中，刘某作为车辆的所有人，已竭尽所能向行政机关提供证据材料佐证车辆的合法来源，排除了车辆为套牌车的合理怀疑，在此情况下该行政机关继续对刘某车辆实施扣押，已经失去了查明违法事实的意义。正如最高人民法院在审理该案中所述"在刘某提交相关材料后，晋源交警一大队既不返还，又不积极调查核实，反复要求刘某提供客观上已无法提供的其他合法来历证明，长期扣留涉案车辆不予处理，构成滥用职权"。此时，行政机关虽在法律授权的范围内实施扣押行为，但这一行为与行政目的并不相符，因而失去了其合理性基础。

法治不仅是社会治理的手段，更是社会治理的目的，人们追求法治、向往法治、参与法治是因为法治能让人们的生活更加安定、权利更有保障、生存更有尊严。正因如此，当行政执法活动背离这一目标，而走向限制人们权利的方向时，法律将不再被人们信仰，而沦为让人们无所适从的吹毛求疵的工具。行政执法不仅是惩治违法者的过程，更是服务和保护公民权利的过程，在这两种价值追求中，惩治应当是手段，保护应当是目的。这也是为什么在国家民主程度不断提升、社会法治水平不断提高的时代背景下，以人为本的"柔性执法"会成为当前行政执法的主色调。在本案中，公安交管部门在执法过程中发现车架信息缺失，以怀疑车辆涉嫌套牌为由进行查扣并无不妥，但在行政相对人已经充分举证证明车架信息缺失的原因是车辆正当维修加装，且证明车辆的来源合法时，公安交管部门对车辆来源合法性的调查久拖不决就背离了行政法律规范赋予其实施扣押行为的目的。此案中，行政机关不当行使职权，既切断了行政相对人赖以生存的经济来源，也致使国家不可避免地承担了相应的赔偿责任，其中的教训可谓深刻。

比例原则中的适当性原则或是妥当性原则所要求的手段与目的间的合理联系，实际上为实施行政行为划定了特定的路径，即通过该行政行为必然能实现预期的行政目的。行政行为意味着对公民个人权利的限制和行政成本的投入，若行政行为不能实现预期目的，就是对公民权利的不当侵害抑或是对行政资源的无故浪费。手段和目的的合理联系对行政机关实施行政行为提出了更高的要求，行政机关不但要保证手段的合法性和目的的合法性，更要以最直接有效的手段来实现预期的行政目的。❶

【思考题】

司法实践中认定滥用职权和违反比例原则的标准存在一定的重叠关系，两者在司法适用中存在着哪些联系与区别？

案例二　陈某诉济南市城市公共客运管理服务中心客运管理行政处罚案❷

【基本案情】

2015 年 1 月 7 日，某乘客通过网络召车软件与陈某取得联系，约定陈某驾车将乘客由某地送至济南西站，由乘客支付车费。当日 11 时许，陈某驾驶私人小汽车（车号鲁 AV××××号）行至济南西站送客平台时，济南市城市公共客运管理服务中心（以下简称济南客运管理中心）工作人员对其进行调查，查明其未取得出租汽车客运资格证，驾驶的车辆未取得车辆运营证。济南客运管理中心认为陈某涉嫌未经许可擅自从事出

---

❶ 王红建. 从典型案例看行政机关在行政诉讼中败诉风险的防范 [M]. 北京：法律出版社，2019：63.

❷ 最高人民法院. 陈超济诉济南市公共客运管理服务中心客运管理行政处罚案 [J/OL]. 中华人民共和国最高人民法院公报，2018（02）. http://gongbao.court.gov.cn/Details/d4571e7df9a37baabdd092afae274d.html.

租汽车客运经营，对其下达《行政强制措施决定书》，暂扣其车辆。济南客运管理中心于2015年1月26日向陈某送达《违法行为通知书》，认为其未经许可擅自从事出租汽车客运经营，拟处二万元罚款，没收违法所得。陈某要求听证。在听证过程中，济南客运管理中心办案人员陈述了陈某的违法事实、有关证据、处理意见等，陈某对事实认定、法律适用和执法程序均予质疑。2015年2月13日，济南客运管理中心作出《行政处罚决定书》并送达陈某，以其非法经营客运出租汽车，违反《山东省道路运输条例》第69条第2款之规定为由，责令其停止违法行为，对其处二万元罚款并没收非法所得。陈某不服，提起行政诉讼。

【主要法律问题】

1. 原告陈某的行为是否构成非法经营客运出租汽车？
2. 济南客运管理中心所作的行政处罚决定的处罚幅度是否畸重？

【主要法律依据】

1. 《行政诉讼法》（2014年）第70条、第89条；
2. 《行政处罚法》（2009年）第39条；
3. 《山东省道路运输条例》（2010年）第8条；
4. 《济南市城市客运出租汽车管理条例》第16条。

【理论分析】

现代行政尊重并保护行政主体的裁量权，"法治应允许执法人员发挥创造性、主动性和积极性，根据选择判断以最佳的方式达到法律目的的实现。"❶ 在行政主体的裁量权行使过程中，特别是行政机关在实施对行政相对人有不利影响的行政行为时，比例原则中的必要性原则或损害最小原则就显得尤为重要。首先，行政管理的最终目的是实现社会公共利益，但整体的社会公共利益是由部分的公民个人权利组成的，行政管理过程中注重对公民个人权利的保护是实现行政管理目的中的应有之义。因此，行政管理活动，特别是行政处罚、行政强制等限制公民个人权利的行政行为不应当以惩戒行政相对人作为行政管理的最终目的。其次，公民个人为实现行政管理目标支出的成本应当计入行政管理的总成本当中，因此，在追求行政效益的要求下，行政机关在行政管理活动中投入的成本与其产生的社会收益相比应当小得多，即行政机关要确保所选择的行政手段是损害最小的。

就本案而言，法院审理认为，网约车作为客运服务的新业态和分享经济的产物，有助于缓解客运服务的供需矛盾，满足公众多样化出行需求，符合社会发展趋势和创新需求，对其应当保持适度宽容。当一种新生事物在满足社会需求、促进创新创业方

---

❶ 周佑勇. 行政法基本原则研究［M］. 2版. 北京：法律出版社，2019：177.

面起到积极推动作用时，对其所带来的社会危害的评判不仅要遵从现行法律、法规的规定，亦应充分考虑是否符合社会公众感受。陈某通过网络约车软件进行道路运输经营的行为，社会危害性较小，符合一般社会认知。行政机关在依据现行法律、法规对其进行处罚时，应当尽可能将对当事人的不利影响控制在最小范围和限度内，以达到实现行政管理目标和保护新生事物之间的平衡。❶

网约车作为互联网经济和共享经济发展带来的新生事物，对社会的创新发展有推动促进作用。但是，由于法律的相对滞后性，与这一发展现象相适应的法律还不甚完善。通过网约车软件进行道路运输经营的行为与一般的违法营运行为存在着差别，其社会危险性较小。行政机关在实施行政行为、维护道路交通运输秩序的过程中，应当兼顾到网约车对社会发展的促进作用和行为人违法行为的社会危害性，用对行政相对人损害最小的管理手段来实现对道路交通运输秩序的维护。❷

【思考题】

2021 年新修订的《行政处罚法》新增了"首违不罚"的规定，该规定体现了比例原则中的哪项子原则？

第五节 行政信赖保护原则

"人无信不立，政无信必颓。"党的十八大以来，以习近平同志为核心的党中央高度重视诚信政府建设，始终把政务诚信放在社会信用体系建设的突出位置。诚信政府的建设要求反映在行政法律关系中，就是要行政机关对行政相对人基于对行政行为合法性所期望得到的利益受到行政机关的承认和保护，这也是行政法基本原则——行政信赖保护原则的具体内涵。目前，在我国行政法律规范体系中，确立形成了对行政相对人信赖利益保护的三种基本模式。一是存续保护，行政行为作出后，如果行政相对人已经产生了对该行为值得保护的信赖利益，则要求行政机关不得随意改变、撤销该行政行为。二是信赖补偿，行政机关因法定事由并经法定程序改变、撤销行政行为时，应当对给行政相对人造成的财产损失予以合理补偿。三是信赖赔偿，即违法的行政行为被依法撤销时，因行政相对人对于该违法行政行为的存在没有过错，且不应承担责任，此时行政机关应当给予行政相对人赔偿。

---

❶ 山东省济南市市中区人民法院（2015）市行初字第 29 号行政判决书。
❷ 王红建. 从典型案例看行政机关在行政诉讼中败诉风险的防范 [M]. 北京：法律出版社，2019：72.

案例一　崔某诉丰县人民政府行政允诺案 [1]

【基本案情】

2001 年 6 月 28 日，丰县县委和丰县人民政府印发丰委发〔2001〕23 号《关于印发丰县招商引资优惠政策的通知》（以下简称《23 号通知》），其中第 25 条规定，对引进外资项目实行分类奖励，引进资金用于工业生产和农业综合开发项目的，五年内，按纳税额的 5% 奖励引资人；引进资金用于高新技术项目或对本县经济发展有较大带动作用的项目，五年内，按纳税额的 10% 奖励给引资人；引进资金用于社会公益事业项目的，竣工后按引资额的 1% 奖励引资人。其中附则规定，本县新增固定资产投入 300 万元人民币以上者，可参照此政策执行。

2001 年至 2003 年期间，丰县污染处理厂厂区工程在丰县建设落地。2003 年 10 月 13 日丰县人民代表大会常务委员会出具证明，该证明称："丰县污水处理厂建设项目由宋楼镇砖瓦厂厂长崔某同志引进。"2003 年 10 月 13 日丰县人民代表大会常务委员会作出致李某的函，该函称："今派崔某同志前去接洽，请您代表康达环保有限公司速来我县洽谈投资地面水厂建设事宜。"2005 年 6 月 18 日丰县建设局出具证明，该证明称："丰县污水处理厂建设项目由宋楼镇砖瓦厂厂长崔某、李某夫妻二人引进。"崔某以《23 号通知》为依据向丰县人民政府主张兑现其中提出的招商引资奖励，双方遂发生争议。

案件审理过程中，丰县发展改革与经济委员会出具《关于对〈关于印发丰县招商引资优惠政策的通知〉部分条款的解释》，对《23 号通知》中的部分条款及概念作如下说明："1. 外资：是指其他国家地区（包括中国港澳台地区）来中国大陆以从事经济社会活动为主要目的，在遵守中国法律、法规前提下，遵循市场机制法则，本着互利互惠的原则进行的独资、合资、参股等市场流入的资金。2. 外资项目：是指利用外资建设的项目。3. 本县新增固定资产投入 300 万元人民币以上者，可参照此政策执行。本条款是为了鼓励本县原有企业，增加固定资产投入，扩大产能，为我县税收作出新的贡献，可参照本优惠政策执行。"丰县人民政府据此认为崔某不符合获得招商引资奖励的条件。

【主要法律问题】

丰县人民政府是否有权对行政相对人获得行政奖励的条件进行限缩解释？

---

[1] 最高人民法院. 崔龙书诉丰县人民政府行政允诺案［J/OL］. 中华人民共和国最高人民法院公报, 2017 (11). http://gongbao.court.gov.cn/Details/fef80ba50cdc1027257bddbf62c606.html.

【主要法律依据】

1. 《行政诉讼法》第 34 条、第 78 条、第 89 条;

2. 《最高人民法院关于适用〈中华人民共和国行政诉讼法〉若干问题的解释》第 14 条。

【理论分析】

社会治理目标的复杂性决定了社会治理手段的多元化。当前,在全面优化营商环境的社会背景下,"柔性执法"成为释放"法治温度"的明确信号,以行政承诺为代表的授益性行政行为被运用在了行政管理的各个领域。于行政承诺而言,诚信是其生命力所在。正如法院在审理崔某诉丰县人民政府行政允诺案中指出的那样,"诚实信用原则是行政允诺各方当事人应当共同遵守的基本行为准则。在行政允诺的订立和履行过程中,基于公共利益保护的需要,赋予行政主体在解除和变更中的相应的优益权固然必要,但行政主体不能滥用优益权。优益权的行使既不得与法律规定相抵触,也不能与诚实信用原则相违背。行政机关作出行政允诺后,在与相对人发生行政争议时,对行政允诺关键内容作出无事实根据和法律依据的随意解释的,人民法院不予支持。"

行政承诺得到全面、准确的履行是诚信政府建设的应有之义,也是依法行政的必然要求。首先,作为一方行政法律关系的主体,行政主体向行政相对人单方作出的行政承诺会产生或变更行政主体与行政相对人间的权利义务关系。行政相对人基于对行政承诺的信赖,安排自身的生产和生活,应当得到尊重和保护。这也意味着行政承诺一经作出,就具有行政法上的约束力,行政主体和行政相对人都应当受到承诺内容的约束。其次,诚实信用原则已从民事法律领域向行政法律领域延伸适用,对民事法律主体的诚实信用要求,在行政法律主体中显得更为突出。德国民法学界的通说也认为,"行政承诺应当受诚实信用这一法律帝王原则的约束。"❶ 也就是说,行政主体作出了承诺,就应当遵循诚实守信原则的约束,言而有信,信而有行。

从行政信赖保护原则的视角来看,行政承诺同样应当得到全面履行。信赖保护所保护的是行政相对人对行政行为所产生的正当期待,也有学者将其称为信赖利益,具体是指"行政相对人在行政法的运作中能够根据先前的经验和行政实在法的规定对自己未来所能获得的权利和取得的利益作出正确预测,并根据这种预测决定自己行为的质和量"。相较于民事法律关系中的当事人,行政相对人基于对行政机关的权威性信赖,会更加相信行政行为不会朝令夕改,进而对自己的生产生活进行安排。从行政管理的最终目的看,行政主体如果忽视行政相对人的这种信赖利益,那么损害的不仅仅是具体的行政相对人的个别权利,损害更为深远的是行政机关的社会信用,信用基础一旦受到威胁和损害,行政

---

❶ 叶姗. 地方政府以税抵债承诺的法律约束力——基于"汇林置业逃税案"的分析 [J]. 法学,2011 (10):138-145.

机关的公信力自然无从谈起，行政管理目标的实现更是无法实现。

【思考题】

违法的行政承诺是否应当受到法律承认并被全面履行？

案例二　某房地产开发有限公司诉萍乡市国土资源局不履行行政协议案❶

【基本案情】

2004 年 1 月 13 日，萍乡市土地收购储备中心受萍乡市肉类联合加工厂委托，经萍乡市国土资源局（以下简称萍乡市国土局）批准，在《萍乡日报》上刊登了国有土地使用权公开挂牌出让公告，定于 2004 年 1 月 30 日至 2004 年 2 月 12 日在土地交易大厅公开挂牌出让某号国有土地使用权，地块位于萍乡市安源区后埠街万公塘，土地出让面积为 23173.3 平方米，开发用地为商住综合用地，冷藏车间维持现状，容积率 2.6，土地使用年限为 50 年。萍乡市某房地产开发有限公司（以下简称某公司）于 2006 年 2 月 12 日通过投标竞拍方式以人民币 768 万元取得了某号国有土地使用权，并于 2006 年 2 月 21 日与被告萍乡市国土局签订了《国有土地使用权出让合同》。合同约定出让宗地的用途为商住综合用地，冷藏车间维持现状。土地使用权出让金为每平方米 331.42 元，总额计人民币 768 万元。

2006 年 3 月 2 日，萍乡市国土局向某公司颁发 N1 号和 N2 号两本国有土地使用证，其中 N1 号土地证地类（用途）为工业，使用权类为出让，使用权面积为 8359 平方米；N2 号土地证地类为商住综合用地。对此，某公司认为约定的"冷藏车间维持现状"是维持冷藏库的使用功能，并非维持地类性质，要求将 N1 号土地证地类由"工业"更正为"商住综合"；但萍乡市国土局认为维持现状是指保留工业用地性质，且该公司也是按照将冷藏车间作为工业出让地缴纳的土地使用权出让金，故不同意更正土地用途。

2012 年 7 月 30 日，萍乡市规划局向萍乡市土地收购储备中心作出《关于要求解释〈关于萍乡市肉类联合加工厂地块的函〉》中有关问题的复函，主要内容是：我局在 2003 年 10 月 8 日出具的规划条件中已明确了该地块用地性质为商住综合用地（冷藏车间约 7300 平方米，下同）但冷藏车间维持现状。根据该地块控规，其用地性质为居住（兼容商业），但由于地块内的食品冷藏车间是目前我市唯一的农产品储备保鲜库，也是我市重要的民生工程项目，因此，暂时保留地块内约 7300 平方米的冷藏库的使用功能，未经政府或相关主管部门批准不得拆除。

2013 年 2 月 21 日，萍乡市国土局向某公司作出书面答复："一、根据市规划局出

---

❶ 最高人民法院. 指导案例 76 号：萍乡市亚鹏房地产开发有限公司诉萍乡市国土资源局不履行行政协议案 [EB/OL]. (2017-01-03) [2021-10-22]. https://www.court.gov.cn/shenpan-xiangqing-34332.html.

具的规划条件和宗地实际情况，同意贵公司申请某号地块中冷藏车间用地的土地用途由工业用地变更为商住用地。二、由于贵公司取得该宗地中冷藏车间用地使用权是按工业用地价格出让的，根据《城市房地产管理法》之规定，贵公司申请某号地块中冷藏车间用地的土地用途由工业用地变更为商住用地，应补交土地出让金。补交的土地出让金可按该宗地出让时的综合用地（住宅、办公）评估价值减去的同等比例计算，即 297.656 万元×70% = 208.36 万元。三、冷藏车间用地的土地用途调整后，其使用功能未经市政府批准不得改变。"

某公司于 2013 年 3 月 10 日向法院提起行政诉讼，要求判令萍乡市国土局将 N1 号国有土地使用证上的地类用途更正为商住综合用地（冷藏车间维持现状）。撤销萍乡市国土局"关于对市某房地产开发有限公司某号地块有关土地用途问题的答复"中第二项关于补交土地出让金 208.36 万元的决定。

【主要法律问题】

1. 市规划部门作出解释行为的法律性质是什么？
2. 市规划部门作出的解释行为是否具有法律效力？

【主要法律依据】

1.《行政诉讼法》（1989 年）第 12 条；
2.《最高人民法院关于审理行政协议案件若干问题的规定》第 9 条、第 16 条、第 22 条。

【理论分析】

与行政信赖保护原则相交织的另一个理论问题即是在行政协议履行过程中，行政主体行政优益权的行使。与民事合同不同，行政协议的目的是服务于行政管理目标，实现国家、社会公共利益。这也意味着在行政协议的履行过程中，赋予协议一方当事人的行政主体不经双方意思一致，单方变更、解除协议内容于公共利益的实现来说是必要的，这也是行政协议双重性质中行政性的具体体现。但是，意思自治是合同的灵魂，行政优益权的存在必然会严重侵袭行政相对人的意思自治，破坏行政相对人对协议履行的合理期待。而此时，行政信赖保护原则即成为行政法律规范限制行政优益权行使的法治底线。正如法院在审理萍乡市某房地产开发有限公司诉萍乡市国土资源局不履行行政协议案中所言，"行政协议强调诚实信用、平等自愿，一经签订，各方当事人必须严格遵守，行政机关无正当理由不得在约定之外附加另一方当事人义务或单方变更解除。"❶

规范层面上对行政主体能够行使行政优益权，单方变更、解除行政协议的条件规

---

❶ 江西省萍乡市中级人民法院（2014）萍行终字第 10 号行政判决书。

定并不明确，但《最高人民法院关于审理行政协议案件若干问题的规定》第16条规定了人民法院可以对"变更、解除协议的行政行为"进行合法性审查，至少为此类行为进入司法审查的视野提供了必要的规范依据。

在审查标准并不明确的情况下，行政信赖保护原则为司法审查提供了基本的价值取向。有裁判认为："行政机关因其权威性而为行政相对人所信赖，行政相对人因信赖行政机关而根据其政策指引或行政指导作出一定的行为，行政机关应当珍视并保护行政相对人对其的信赖，这便是信赖利益保护原则的价值。从监督行政权、保护行政相对人合法权益、维护国家政策和相关法律规定精神能够全面贯彻落实的需要以及信赖利益保护原则的要求考量，行政相对人基于对公权力的信任而作出一定的行为，此种行为所产生的正当利益应当予以保护。"[1] 在具体审查标准的建构上，有裁判认为行政机关行使行政优益权时必须满足以下条件，"首先，必须是为了防止或除去对于公共利益的重大危害；其次，当作出单方调整或者单方解除时，应当对公共利益的具体情形作出释明；再次，单方调整须符合比例原则，将由此带来的副作用降到最低；最后，应当对相对人由此造成的损失依法或者依约给予相应补偿。"[2] 这一观点实际上也是以对行政相对人信赖利益的保护为出发点的。

【思考题】

一般而言，行政机关行使行政优益权时需满足哪些条件？

---

[1] 最高人民法院（2018）最高法行申8435号行政裁定书。

[2] 最高人民法院（2017）最高法行申3564号行政裁定书。

行政行为

 本章知识要点

（1）行政行为是行政法的核心概念，是构建整个行政法律制度的基础。行政行为的类型多样，表现形式丰富，行政行为性质及类型的不同直接影响着行政诉讼的受案范围、法院对行政行为合法性审查的方式和内容。（2）行政行为一经作出并依法送达行政相对人，即发生法律效力。行政行为的法律效力包括公定力、确定力、约束力和执行力。（3）行政行为合法要件一般包括主体合法、权限合法、内容合法、程序合法四个方面，但针对抽象行政行为、具体行政行为、行政协议及行政事实行为等不同类型的行政行为，判定其合法性的内容重点有所差别。（4）根据违法的严重程度，存在确认行政行为无效、撤销、变更或者确认违法的形态，并且具有各自不同的法律后果。

第一节　行政行为的概念及类型

一、行政行为概念的界定

在法国行政法中"行政行为"（Acte Administratif）是学者用以说明行政机关在法律之下，与司法并行，类似法院之判决，为处理具体事件而逐渐形成的概念。❶ 德国行政法之父奥托·迈耶（Otto Mayer）在 1895 年出版的《德意志行政法》一书中，在借鉴民事法律行为理论的基础上，以法院的裁判为蓝本，对"行政行为"的概念予以界定。❷ 我国行政法学对行政行为的概念有最广义、广义、较广义、狭义、最狭义等认识。❸ 由于我国《行政诉讼法》并未对行政行为作出明确定义，理论与实务界的认识并

❶ 翁岳生. 论行政处分之概念 [M] //翁岳生. 行政法与现代法治国家. 台北：三民书局，2015：2.

❷ 迈耶. 德国行政法 [M]. 刘飞，译. 北京：商务印书馆，2002：98.

❸ 应松年，姜明安，马怀德，等. 行政法与行政诉讼法学 [M]. 2 版. 北京：高等教育出版社，2018：103.

不一致。在司法实践中，为合理限定行政诉讼受案范围，最高人民法院通常从广义上使用行政行为，以在具体行政行为之外能够涵盖行政协议和事实行为。本书一般也采用对行政行为的广义理解。

从广义上，行政行为是指行政主体为实现行政管理目的，运用行政职权对外实施的行政活动。根据《最高人民法院关于行政案件案由的暂行规定》（法发〔2020〕44号），行政行为是指行政机关与行政职权相关的所有作为和不作为。行政行为需要符合以下四项构成要件：第一，行政行为的作出主体是行政主体，而不是民事主体、立法机关或司法机关；第二，行政行为是一种公务行为，即为了实现行政管理目标，提供公共服务，维护社会公共利益，以排除行政主体实施的民事行为；第三，行政行为是行政主体代表国家行使行政权而实施的执法行为，排除行政主体实施的立法行为、刑事司法行为；第四，行政行为是行政主体对外部行政相对人实施的影响其行政法上权利义务的行为，不包括行政主体之间的内部行为，也排除信访机关作出的信访处理行为。只有当行政主体作出的行为是行政行为时，才属于行政诉讼的受案范围，行政相对人、利害关系人不服的才能对此提起行政诉讼。

案例一 刘某诉阜宁县人民政府等城建行政强制案[1]

【基本案情】

刘某系一村农民，其宅基地上建有房屋。2009年12月，刘某房屋被一群身份不明人员强制拆除。2010年阜宁县国土资源局发布《国有建设用地使用权挂牌出让公告》，载明：本次挂牌宗地以现状条件挂牌出让，宗地范围内杆线、建筑物等相关附着物由阜宁县城市资产经营公司负责在宗地挂牌成交后3个月内迁移、拆除结束。刘某房屋在此出让宗地范围内，遂据此以阜宁县人民政府、阜宁县国土资源局、阜宁县住房和城乡建设局为共同被告提起行政诉讼，诉请确认三被告共同拆除其房屋违法。三被告答辩称其从未对原告房屋实施过强拆行为，也未委托或授权任何单位或个人对其房屋进行拆除。阜宁县某房屋拆迁有限公司自认其受阜宁县城市资产经营公司委托，对刘某房屋组织拆除。阜宁县城市资产公司自认拆除案涉房屋前，未与刘某达成拆迁安置补偿协议。一、二审法院均以刘某未提供证明其符合起诉条件的初步证据，起诉缺乏事实根据为由，裁定驳回起诉。在诉讼过程中，刘某所使用的宅基地已被依法征收。刘某申请再审后，最高人民法院撤销一、二审裁定，指令一审法院继续审理。

【主要法律问题】

在土地房屋征收过程中实施的强制拆除行为性质如何认定，是行政行为还是民事

---

[1] 最高人民法院（2018）最高法行再119号行政裁定书。

行为？

【主要法律依据】

《行政诉讼法》第 2 条、第 26 条第 5 款。

【理论分析】

1. 行政行为的基本类型。

我国《民法典》第 129 规定："民事权利可以依据民事法律行为、事实行为、法律规定的事件或者法律规定的其他方式取得"；第 133 条规定："民事法律行为是民事主体通过意思表示设立、变更、终止民事法律关系的行为"；第 231 条规定："因合法建造、拆除房屋等事实行为设立或者消灭物权的，自事实行为成就时发生效力"。同理，以是否具有法效意思的意思表示内容为标准，行政行为可分为行政法律行为与行政事实行为。行政法律行为是指行政主体作出的具有创设、变更或者消灭行政法上权利义务关系意思表示的行为，如罚款、责令停产停业等行政处罚。行政事实行为是指行政主体作出的没有创设、变更或者消灭行政法上权利义务关系意思表示内容但事实上造成客观损害的行为，如警察在执法过程中使用警械造成公民身体伤害。

《民法典》第 134 条规定："民事法律行为可以基于双方或者多方的意思表示一致成立，也可以基于单方的意思表示成立。"根据意思表示的构成，行政法律行为又可分为单方行政法律行为和双方行政法律行为。单方行政法律行为是基于行政主体一方意思表示即可成立生效的行为，如行政强制。双方行政法律行为则是需要行政主体与行政相对人双方意思表示达成一致才能够成立生效的行为。行政主体原则上应依法作出单方行政法律行为，双方行政法律行为只有行政协议或行政合同。

以对象是否特定、内容是否具体为标准，行政法律行为可分为抽象行政行为与具体行政行为。抽象行政行为是指行政主体以不特定的人或事为管理对象，制定和发布具普遍性效力的行为。具体行政行为是指在行政主体针对特定的人或事单方所采取具体措施的行为。对于抽象行政行为中的行政规范性文件，不能直接单独提起行政诉讼，法院只能附带性审查其合法性。

2. 案涉强制拆除房屋行为性质的认定。

行政行为是指行政主体为实现行政管理目的而运用行政职权所实施的活动。农村集体土地征收过程中强制拆除合法建筑的法定职权问题，应当结合现行有效的土地管理法律、行政法规、司法解释等规定，依法加以判定。根据我国《宪法》和《土地管理法》等，国家基于公共利益需要可依法征收集体土地并应予以补偿，整个征收过程均系行政权行使的过程。案涉房屋系在农村集体土地征收过程中被拆除，拆除后由国土资源部门予以出让，实现的是行政管理目标，并非出于行政机关自身的民事利益，因此应将该强制拆除行为认定为行政行为。同时，因在实际拆除房屋时，相关行政主体尚未依法作出土地征收及补偿决定，也并未针对原告房屋作出影响其权益的其他行政处理决定，而是径行组织人员拆除，该强制拆除行为因不存在影响原告权益的意思表示内容，应认定为属于行政事实行为。

3. 能否通过将行政性质的征收法律关系转化为民事侵权法律关系而规避行政法对行政行为合法性的控制？

民事行为是民事主体设立、变更、终止民事权利和民事义务的行为。民事主体侵害他人权益的，可能构成民事侵权，达到一定严重程度的可能触及刑事犯罪。由于本案原告始终没有收到书面征收决定、限期拆除决定或者责令交出土地决定等行政法律文书，无法通过行政行为的署名认定强制拆除的责任主体。虽然阜宁县城市资产公司自认案涉房屋系由其委托某拆迁公司拆除，原告也陈述案涉房屋被强制拆除前，城市资产公司与某拆迁公司向其发出了《搬迁通知书》，但并不表明城市资产公司应当以民事主体身份承担强制拆除的法律责任，也不能因此就将行政性质的征收法律关系转化为民事侵权法律关系。根据《土地管理法》的规定，按照征地补偿安置方案组织实施的行为，均为有权行政机关行使行政职权的行为，而非用地单位等的民事行为。原告房屋被拆除，遭受了重大财产损失。如果将强制拆除造成的法律责任认定为城市资产公司的民事侵权责任，不但导致行政主体逃避了其应承担的行政法律责任，还会继续助长其违法行政，而且城市资产公司可能因违反《刑法》相关规定被追究故意毁坏财物罪，承担刑事法律责任。

考虑到征收与补偿程序的多阶段性、具体组织实施的多样性以及土地行政主管部门行政效能的有限性，市、县人民政府或土地行政主管部门可在规范性文件或者征地补偿安置方案等公告中规定，乡镇人民政府、基层群众自治组织以及相关建设单位等主体实际从事并分担土地行政主管部门的部分具体征收补偿事务。但并不能认为此类主体因此即取得了独立的实施征地补偿安置的行政主体资格，更不能认为此类主体因此还取得了以自己名义实施强制拆除的法定职权；而是应遵循职权法定原则，将此类主体视为接受土地行政主管部门委托，作为土地行政主管部门补偿安置过程中的行政助手与行政辅助者，犹如其"延长之手"。且不论此类主体在实际拆除中是否以土地行政主管部门的名义实施相应行为，法律责任仍应由拥有相应法定职权的土地行政主管部门承担。除非该土地行政主管部门能够提供证据证明当地征地组织实施工作、强制拆除工作依法系其他行政主体承担，其也不参与征地组织实施工作，或者有之前的生效裁判已经认定乡镇人民政府等主体实施了强制拆除行为。因此，考虑到案涉房屋是在农村集体土地征收过程中被拆除，无论是何主体实施的强制拆除，均宜首先推定系征收实施主体实施或者委托实施的拆除行为，而不应认定为民事主体等实施的拆除行为。本案被诉强制拆除行为应当视为阜宁县城市资产公司受阜宁县国土资源局委托实施，阜宁县国土资源局应当承担相应的法律责任，该强制拆除行为应认定为阜宁县国土资源局作出的行政行为。

【思考题】

1. 国务院制定行政法规行使的是行政权还是立法权，该行为是否属于行政行为？

2. 行政机关通过政府采购程序购买办公用品而签订买卖合同是否属于行政行为？

二、具体行政行为的构成要件

具体行政行为是指行政主体在行政管理活动中行使行政职权，针对特定的公民、法人或者其他组织，就特定的具体事项，作出的有关该公民、法人或者其他组织权利义务的单方行为。除需要满足一般行政行为的构成要件外，具体行政行为还需具备单方性、个别性和法效性等特征。单方性强调的是，法律效果系基于行政机关单方意思表示；个别性强调的是，行为的对象必须是特定之人和具体事件；法效性强调的则是，行为直接对行政主体之外的行政相对人、利害关系人等发生的能够创设、变更、消灭行政法上权利义务关系的法律效果。

案例二　某矸石厂等诉颍上县人民政府行政决定案❶

【基本案情】

2015 年 6 月，颍上县政府办公室印发《刘庄煤矿和谢桥煤矿周边区域环境综合治理方案》，要求取缔关闭刘庄和谢桥煤矿周边及其他区域的洗煤厂、煤矸石加工厂和煤泥晾晒厂，规定对未按期自行清理拆除的不合法洗煤厂、煤矸石加工厂和煤泥晾晒厂，政府将组织有关部门，按照部门职权依法取缔、关闭、吊销相关证照。之后，颍上县环保局、国土资源局、市场监督管理局等依据相关规定对某矸石厂作出行政处罚。该厂针对上述综合治理方案，以颍上县人民政府为被告提起行政诉讼，请求确认其中取缔关闭某矸石厂的决定无效。一、二审法院认为，该方案是对不符合法律规定的企业提出的总体治理要求，指向的对象不特定，未对特定企业作出具体的处理决定，不具有可诉性，而且颍上县有关职能部门已经作出了与取缔关闭相关的行政处罚等行政行为，据此裁定驳回起诉。某矸石厂不服，申请再审，最高人民法院裁定驳回再审申请。

【主要法律问题】

颍上县政府办公室印发的《刘庄煤矿和谢桥煤矿周边区域环境综合治理方案》是否属于可诉的具体行政行为？

【主要法律依据】

1.《行政诉讼法》第 2 条；

2.《最高人民法院关于适用〈中华人民共和国行政诉讼法〉的解释》第 1 条第 2 款第 6 项。

---

❶ 最高人民法院（2017）最高法行申 295 号行政裁定书。

【理论分析】

1. 具体行政行为与行政行为之间的关系。

《行政诉讼法》（1989 年）第 2 条规定："公民、法人或者其他组织认为行政机关和行政机关工作人员的具体行政行为侵犯其合法权益，有权依照本法向人民法院提起诉讼。"《行政诉讼法》（2014 年）第 2 条将"具体行政行为"修改为"行政行为"，导致"具体行政行为"概念存在的价值出现争议。最高人民法院在"金某、张某诉北京市海淀区人民政府履行法定职责案"❶ 中认为，修改后的《行政诉讼法》将原来的"具体行政行为"概念统一替换为"行政行为"，但不能认为"具体行政行为"的概念就从此寿终正寝。废除"具体行政行为"的概念，也不意味着抽象行政行为就此纳入了行政诉讼的受案范围。

同时，最高人民法院在本案例行政裁定书中强调，修改后的《行政诉讼法》将"具体行政行为"的概念修改为"行政行为"，目的是引入行政不作为、事实行为以及以行政协议为标志的双方行政行为，使行政诉讼法的适用范围具有更大的包容性。但除此之外，通常意义上的行政行为，仍需具有单方性、个别性和法效性等特征。行政机关之间或行政机关内部的意见交换等行政内部行为因欠缺对外性而不具有可诉性。

2. 具体行政行为与过程性行为、多阶段行为的关系。

行政机关为作出行政行为而实施的准备、论证、研究、层报、咨询等过程性行为不属于行政诉讼受案范围，是因为其具有内部性，尚未发展成熟为行政行为。此外，在存在多阶段行政行为的情况下，只有行政主体对行政相对人最后作出的直接影响其权利义务的行为，才属于具体行政行为。所谓多阶段行政行为，是指行政机关作出行政行为，须有其他行政机关批准、附和、参与始能完成之情形。各行政机关之间，既可能是平行关系，也可能是垂直关系。后者一般如下级机关的行政行为须经上级机关批准才能对外生效，或者上级机关指示其下级机关对外作出发生法律效果的行政行为。在存在复数行政行为的情况下，只有直接对外发生法律效果的那个行为，才是可诉的行政行为，其他阶段的行政行为只是行政机关的内部程序。

3. 颍上县政府《刘庄煤矿和谢桥煤矿周边区域环境综合治理方案》的可诉性问题。

从颍上县政府治理方案内容看，其主要是组织协调相关部门按照各自部门职权依法取缔、关闭、吊销相关证照，是为煤矿整治进行工作准备，并未在法律规定之外直接影响相关当事人行政法上的权利义务，而且有关职能部门依照相关法律规定在其法定职权范围内针对特定相对人作出相应处理决定，并没有将颍上县政府治理方案作为执法依据。因此，该治理方案目标是通过有关职能部门依法作出行政处罚等处理决定的情况下实现的，该方案属于不可诉的行政机关的内部工作安排。同时，根据多阶段

---

❶ 最高人民法院（2016）最高法行申 2856 号行政裁定书。

行政行为理论，如果一个行为只是多阶段行政行为当中的一个阶段，此时只能认定最后阶段直接对外生效的那个行为才属于可诉的行政行为。本案中，对原告权利义务直接产生影响的应当是颍上县有关职能部门作出的行政行为，被诉治理方案并非相关部门实际执法的依据，对其权利义务并不产生实际影响，不属于具体行政行为，不具有可诉性。

【思考题】

1. 如何准确理解内部行为、过程性行为、多阶段行为概念之间的关系？

2. 如果相关职能部门直接根据案涉治理方案作出处理，没有依法以其各自名义作出行政处理决定，相关当事人能否直接对该方案提起诉讼？

三、行政协议的识别要件

行政协议也称行政合同、行政契约，是指行政主体为了实现行政管理或者公共服务目标，与公民、法人或者其他组织协商订立的具有行政法上权利义务内容的协议。行政协议属于双方行政行为，是行政主体与行政相对人通过协商意思表示一致，在双方合意基础上达成的协议；是对传统单方行政行为的一种补充或者替代。需从以下四个方面要素界定行政协议：一是主体要素，即必须以一方当事人为行政主体，另一方为行政相对人；二是目的要素，即必须是为了实现行政管理或者公共服务目标；三是内容要素，协议内容必须具有行政法上的权利义务内容；四是意思要素，即协议双方当事人必须协商一致达成合意。

案例三　某纸业有限公司诉四川省大英县人民政府不履行行政协议案❶

【基本案情】

为加快县域经济转型升级、优化产业结构，释放全县环境容量，四川省遂宁市大英县委县政府召开会议，决定关闭某纸业有限公司并予以补偿，由大英县回马镇人民政府（以下简称回马镇政府）全权负责该公司关闭相关处置工作。经该公司与回马镇政府多次协商并报请大英县人民政府（以下简称大英县政府）同意，该公司与回马镇政府于2013年9月签订了《大英县某纸业有限公司资产转让协议书》，约定：该公司自愿关闭公司、退出造纸产业，将公司土地、房屋等资产在评估清算后转让给回马镇政府，转让费为1200余万元；若该公司逾期没有关闭企业，回马镇政府将强制依法关闭；双方如有违约，违约方支付300万元违约金。但在协议履行过程中，该公司没有按照约定时间办理，回马镇政府也没有按照约定时间支付完毕转让费。随后，该公司

---

❶ 最高人民法院（2017）最高法行申195号行政裁定书。

以不履行行政协议为由起诉大英县政府、回马镇政府，要求支付未实际支付的转让费及利息，并按协议赔付违约金。一、二审法院认为，从会议纪要和协议的内容来看，协议虽然载明是该公司主动关闭并退出造纸产业，但其实质是大英县政府为了履行职责，达到维护社会公共利益与实现节能减排和环境保护的行政管理目的，以会议纪要形式决定关闭企业，通过与作为行政管理相对人的某纸业公司协商一致的办法和途径，征收该公司使用的土地及厂房等资产，应认定为属于行政征收补偿协议。大英县政府、回马镇政府认为案涉《资产转让协议书》是民事合同，本案不属于行政诉讼的受案范围。

【主要法律问题】

1. 案涉《资产转让协议书》是否属于行政协议？

2. 相关纠纷是否属于行政诉讼的受案范围？

【主要法律依据】

1.《行政诉讼法》第 12 条第 1 款第 11 项；

2.《最高人民法院关于审理行政协议案件若干问题的规定》第 1 条、第 2 条、第 3 条、第 4 条。

【理论分析】

1. 行政协议与民事合同的联系与区分。

民事合同是平等主体当事人之间在自愿协商基础上达成的设立、变更、终止民事法律关系的协议。行政协议是行政主体为了执行公务，或为了实现社会公共利益的需要，与公民、法人或其他组织经协商一致后达成的以设立、变更、终止行政法上权利义务为内容的协议。行政协议是公法与私法相互渗透的产物，是"公法精神与契约自由的结合"。也有学者认为，行政协议应称为"协商性行政行为"或"协议性行政行为"。行政协议与民事合同均是双方当事人在自愿协商基础上达成的协议，属于双方法律行为，具有契约性，需要遵守合同法律规范中的契约自由、诚实信用、情势变更原则等相关的私法规则。

但本质上，行政协议与民事合同存在着较大区别。第一，主体不同。行政协议的当事人一方必定是行政主体，另一方是行政管理的相对人；行政协议中双方的权利地位是不平等的，是管理与被管理的关系，而民事合同的双方当事人的法律地位是平等的，一方不得将自己的意志强加给另一方。第二，目的不同。行政协议是行政主体在履行职责过程中，为了实现行政管理或者公共服务目标而与相对人签订的协议，涉及行使行政职权、履行行政职责，是为了执行公务而非实现行政主体自身的利益；而民事合同中合同主体主要是为了自身利益，并不存在执行公务问题。第三，协议成立的原则不同。行政协议的双方意思表示一致需要符合依法行政的要求，行政主体的处分权受到法律规定的限制，并不享有充分的契约自由；而民事合同充分保护契约自由，必须以当事人双方意思表示一致为前提。第四，合同的履行、变更或解除原则不同。由于行政协议双方当事人不具有完全平等的法律地位，行政机关享有行政优益权，行政机关可以在协议履行过程中出于国家利益、社会公共利益需要，单方依法变更或解除协议，不需要借助法院司法权。而民事合同中，守约一方当事人仅在对方严重违约无法实现合同目的等法律规定的情况下，才有权主张解除合同，且合同解除的效力需经法院审理确认。

因此，行政协议的识别可以从以下两方面标准进行：一是形式标准，即履职的行政机关与行政相对人之间的协商一致；二是实质标准，即协议的标的及内容有行政法上的权利义务，该权利义务取决于是否行使行政职权、履行行政职责；是否为实现行政管理目标和公共服务；行政机关是否具有优益权。其中，实现公共利益或者行政管理目标及行政机关的优益权，这两个要素为判断是否行使行政职权的辅助要素。

2. 案涉《资产转让协议书》的性质认定。

案涉《资产转让协议书》在内容上主要涉及资产转让，并不属于《行政诉讼法》明确规定的土地房屋征收补偿协议，从形式上尚无法准确判断是行政协议还是民事合同性质。一、二审法院将其认定为行政征收补偿协议并不准确。但根据上述行政协议与民事合同的区别及其识别标准，该协议仍然属于行政协议。首先，该协议是回马镇政府落实大英县政府会议决定与某纸业公司签订的，符合行政协议的主体要素，满足识别行政协议的形式标准。其次，依据《环境保护法》相关规定，大英县政府具有环境保护治理的法定职责，有权对涉污企业作出责令停业、关闭，限期治理等决定。该协议的签订系大英县政府履行法定职责的产物，其意在通过让回马镇政府受让涉污企业即某纸业公司的资产，让该公司退出造纸行业，以实现节能减排和环境保护的行政管理目标，维护公共利益。再次，该协议实质上系大英县政府为履行环境保护治理法定职责，通过委托回马镇政府与某纸业公司订立案涉协议替代作出单方行政决定，具有行政法上的权利义务关系。故案涉《资产转让协议书》亦符合识别行政协议的实质标准。

【思考题】

1. 如何理解行政协议中的行政优益权？

2. 政府国土资源部门与买受人签订的国有土地使用权出让合同属于行政协议还是民事合同？

四、行政事实行为的判断要件

行政事实行为是行政行为的一大类型，指行政主体作出的非直接以产生行政法上法律效力为目的，而发生事实上法律效果的行为。它没有产生、变更或消灭一个行政法上的权利或义务关系，而仅是可能产生相对人权利受损的"事实效果"。行政法律行为存在无效、撤销、变更等法律效力问题，但行政事实行为不存在无效或撤销、变更问题，仅存在确认违法的情况，并因此行政主体承担法律上的赔偿或补偿责任。

案例四　刘某诉山西省芮城县人民政府撤销房屋登记决定案●

【基本案情】

1997 年 9 月，芮城县房屋产权登记发证工作领导组将案涉房屋登记在刘某母亲名下。1998 年 1 月，刘某母亲及父亲立下遗嘱："经与子女协商同意，刘某出了建房总额的一半，该房由刘某作为唯一的继承人"，后刘某母亲去世。2001 年 12 月，该房屋转移登记至刘某名下。后该房屋产权证书遗失，2011 年 8 月芮城县人民政府（以下简称芮城县政府）为刘某补发了房屋所有权证。案涉房屋于 2014 年被拆除，刘某丈夫向芮城县公安局报案称其房屋被毁坏。2015 年 3 月，刘某父亲向芮城县政府申请撤销刘某持有的房屋所有权证。芮城县政府作出行政决定，撤销刘某的房屋转移登记。刘某不服，提起行政诉讼，要求撤销芮城县政府行政决定。一审法院以"本案涉及的房屋已被全部拆除，芮城县政府的行政行为不具有可撤销内容"为由判决确认行政行为违法。

【主要法律问题】

如何认定行政事实行为及处理其与行政法律行为的关系？

【主要法律依据】

1. 《行政诉讼法》第 74 条第 2 款第 1 项；
2. 《国家赔偿法》第 3 条。

【理论分析】

1. 行政事实行为与行政法律行为的区别。

所谓行政事实行为，是与法律行为相对的概念，是指行政主体作出的并非以发生法律效果为目的，而以发生事实效果为目的的行政措施。行政事实行为不会对当事人的权利义务产生创设、变更或消灭的法律效果，因而不能成为撤销判决的对象，在其违法时只能适用确认判决。例如，行政机关工作人员非法拘禁他人仅客观上侵害了其人身自由，殴打他人的行为仅单纯地损害了身体健康，并没有产生行政法上剥夺或限制他人人身自由等权利的法律效果。行政法律行为虽然需要实际执行才能落实其法律效力，但在未执行之前已在法律上对相对人的权利义务进行了处分。例如公安机关作出行政拘留处罚决定，即便该决定尚未实际执行，但法律上仍然构成对被处罚人人身

● 最高人民法院（2017）最高法行申 2930 号行政裁定书。

自由的剥夺。

2. 对行政事实行为的裁判方式。

《行政诉讼法》第 74 条第 2 款第 1 项所规定的确认违法判决，主要针对违法的事实行为。因为行政事实行为并不产生行政法律行为所具有的公定力、确定力、约束力、执行力等法律效力，并不存在可撤销之效力，只能判决确认违法。本案中被诉行政行为是芮城县政府作出的撤销刘某房屋转移登记的行政决定，系法律行为，具有可撤销的法律效力内容，该登记行为被撤销后可引发房屋权属的变动。一审法院以"本案涉及的房屋已被全部拆除，芮城县政府的行政行为不具有可撤销内容"为由判决确认行政行为违法，属于混淆了撤销判决的对象。

【思考题】

《国有土地上房屋征收与补偿条例》规定："被征收人在法定期限内不申请行政复议或者不提起行政诉讼，在补偿决定规定的期限内又不搬迁的，由作出房屋征收决定的市、县级人民政府依法申请人民法院强制执行。"市、县级人民政府在未作出征收补偿决定、未申请法院强制执行的情况下，直接强制拆除房屋，该强拆行为如何定性，是否会导致房屋所有权转移的法律效果？

第二节　行政行为的法律效力

行政行为一经作出并依法送达行政相对人，即发生法律效力。如果行政行为附生效条件，则从所附生效条件成熟时生效。行政行为生效后至失效之前均具有法律效力。行政行为可能因被撤销、确认无效或被废止而失效，可能因期限届满而失效，如有许可期限的行政许可。行政行为的法律效力可以概括为公定力、确定力、约束力、执行力。

公定力是指行政行为一经成立，除自始无效外，即具有被推定为合法而要求所有的国家机关、社会组织和公民个人予以尊重的一种法律效力。也即公定力是一种经推定或假定的法律效力。行政行为除非明显、重大违法，一般都应对其作合法的推定。公定力表现为一种尊重的义务，它要求一切机关、组织或个人对行政主体所作的行政行为表示尊重，不能任意予以否定。确定力是指已经生效的行政行为对行政主体和行政相对人所具有的不受任意改变的法律效力。对行政主体来说，确定力要求行政主体不得任意改变自己所作的行政行为，否则应承担相应的法律责任。对行政相对人来说，它要求行政相对人不得任意请求改变已生效的行政行为，否则其请求将不被视为有效请求，而不予受理。约束力是指已生效的行政行为所具有的约束和限制行政主体和行政相对人行为的法律效力。行政行为的拘束力，仅以行政主体所公布或所告知相对人的内容发生法律效力。执行力是指已经生效的行政行为要求行政主体和行政相对人对其内容予以实现的法律效力。执行力的实现方式有两种，即自行履行和强制履行。其中，对行政相对人的强制履行，行政主体可依法直接强制执行或申请法院强制执行；对行政主体的强制履行通常应由行政相对人通过行政复议或行政诉讼程序实现。

案例一 陈某诉泸州市江阳区人民政府政府信息公开案❶

【基本案情】

陈某向泸州市江阳区人民政府（以下简称江阳区政府）办公室邮寄政府信息公开申请表，要求书面公开其房屋所在区域征收相关信息。江阳区政府信息公开办公室作出政府信息公开告知书，告知陈某申请的相关信息已指定江阳区住房和城乡规划建设局（以下简称江阳区住建局）办理，请其与江阳区住建局联系。江阳区住建局以自己的名义对陈某要求公开的信息进行回复。陈某不服，向泸州市人民政府（以下简称泸州市政府）申请复议。泸州市政府作出行政复议决定，认为陈某向江阳区政府申请政府信息公开，江阳区政府应以自己为答复主体直接答复，决定责令江阳区政府予以答复。江阳区政府再次作出《政府信息公开答复》，内容与江阳区政府信息公开办公室告知相同，即已指定江阳区住建局办理，该局已对提交的申请作出了答复。陈某认为泸州市政府责令履行公开职责后，江阳区政府仍未依法履行政府信息公开的法定职责，遂向泸州市中级人民法院提起诉讼，请求法院判令江阳区政府限期公开相关信息。泸州市中级人民法院认为，泸州市政府已经作出复议决定，责令江阳区政府作出答复，江阳区政府收到复议决定书后作出的答复书，虽有答复书的名义，但内容是对泸州市政府作出复议决定前相关过程的叙述，并无信息有无、是否属公开的范围等实质性内容，实际并未作出答复，并未履行行政复议决定。原告陈某因江阳区政府不履行行政复议决定提起诉讼，不属于行政诉讼受案范围，裁定驳回起诉。

【主要法律问题】

行政行为效力理论及其与"一事不再理"原则之间的关系。

【主要法律依据】

《行政复议法》第31条第3款、第32条。

【理论分析】

1. 行政行为效力理论的主要内容。

在行政法学中，行政行为效力和效力内容是两个不同的法律概念。行政行为效力

---

❶ 最高人民法院（2017）最高法行申6861号行政裁定书。

是指行政行为在成立后，若非无效，依其外形和内容可产生应当影响相对人、原行为机关以及其他组织与人员的作用力。而行政行为的效力内容，视其行为所依据的法律规范、所针对的行政事项及行为的内容等方面的不同而不尽相同。在德国，行政行为效力以存续力为主，它包括形式存续力（不可争诉性）与实质存续力（不可变更性）；此外，行政行为效力还包括构成要件效力、确认效力和执行力。在日本，行政行为效力内容分为公定力、拘束力、不可争力、不可变更力和执行力。在我国，行政行为效力内容分为确定力、拘束力、公定力和执行力等。根据行政行为的稳定性功能、拘束性或赋权性功能以及实现性功能，行政行为效力内容包括以下三方面：

一是行政行为的稳定性功能要求行政行为所规制的内容具有稳定性，不得朝令夕改，从而形成行政行为的"确定力"。确定力分为形式确定力和实质确定力。前者又叫不可争力，它是基于体现法治的安定性原则的期限制度而产生的，该效力的实质在于为了保持行政行为的稳定性，在法定救济期限届满后，行政行为具有不可诉请撤销性；而后者指的是行政行为一经作出，作出该行为的行政机关原则上不得随意变更行政行为，强调行政行为的有限"变更禁止"。所以，行政行为的实质确定力又被称为不可变更力。

二是行政行为的拘束性或赋权性功能要求行政行为所规制的内容约束所有人（尤其是相关组织及人员），要求其必须服从，并以此为依据作出行为，或者以作为或不作为方式让他人行使权利，从而形成行政行为的"既决力"。既决力，类似于法院判决的"既判力"，是指行政行为一经作出或者生效，其具体内容对相关组织及人员产生的法律上的约束效力，相关组织及人员必须遵守和服从。"相关组织及人员"的范围，不仅限于行政行为的相对人与关系人以及作出行政行为的行为机关，还包括原行为机关以外的其他行政机关与法院，甚至包括一般公众。

三是行政行为的实现性功能要求行政行为所规制的内容具有实现性，在该行为无法实施之时，拥有要求得到实现的能力，从而形成行政行为的"实现力"。行政行为所规制的内容要加以实现，必须在相关主体不按照"既决力"进行活动之时，或者对该行政行为不遵守或承认之时，有关组织及个人具有依据法律以各种方式（甚至包括强制方式）加以实现的效力。

2. 江阳区政府作出的被诉《政府信息公开答复》实质上是否属于不履行行政复议决定？

《行政复议法》第31条第3款规定："行政复议决定一经送达，即发生法律效力。"作为复议机关的下级机关的被申请人，应当在收到决定书之后履行复议决定。"履行"是指采取措施，实施复议决定的内容。被申请人履行复议机关的复议决定，是该机关的法定职责，且行政机关是上级领导下级，即使被申请人对复议决定有不同意见，亦应按行政复议决定的内容办理，然后再以合适的方式（如报告、请示等）向上级表示不同意见，不可以采取置之不理或者故意违背的态度。为了保证行政复议决定的履行，《行政复议法》第32条规定："被申请人应当履行行政复议决定。被申请人不履行或者无正当理由拖延履行行政复议决定的，行政复议机关或者有关上级行政机关应当责令其限期履行。""不履行"是指明确表示不能执行复议决定或者对复议决定的内容不予理睬，仍然按照自己的原来意愿去办理，或者仍然坚持原行政行为；"无正当理由拖延履行"则是指被申请人坚持自己的意见，不立即采取措施执行行政复议决定。对无正当理由延缓履行复议决定或者不履行的，行政复议机关或者有关机关可以依照该规定，责令被申请人履行复议决定；如果复议机关或上一级行政机关对被申请人没有采取责令限期履行措施，申请人也可以依照《行政诉讼法》和最高人民法院有关执行的司法解释向法院申请强制执行。故对于江阳区政府不履行泸州市政府行政复议决定的行为，泸州市政府或者有关上级行政机关应当责令其限期履行，原告无需就同一请求另行提起行政诉讼，否则容易引起行政诉讼与行政复议在实践中的衔接混乱。

3. 原告的行为是否违反了"一事不再理"原则？

首先，泸州市政府作出责令江阳区政府进行答复的复议决定，在当事人未于法定期限内提起行政诉讼的情况下，具有形式确定力或者不可争力，这种形式确定力或者不可争力决定了江阳区政府未依法进行答复的情况构成实质上的不履行行政复议决定，应当属于生效法律文书是否得到执行的问题，原告不宜再次就同一请求提请行政诉讼，否则容易形成相互矛盾的法律文书，损害国家机关的权威及公信力。

其次，泸州市政府作出责令江阳区政府进行答复的复议决定作为具有既决力的行政行为，不仅拘束行政复议申请人和复议被申请人江阳区政府，还拘束法院，排除法院对本案的管辖权，法院受理本案则属于违反"一事不再理"原则。

最后，泸州市政府已经作出责令江阳区政府进行答复的复议决定，江阳区政府未依法进行答复，构成实质上的不履行行政复议决定，原告有权依据《行政复议法》第32条的规定寻求救济，而无需再次就同一请求提起行政诉讼，故其提起本案诉讼亦缺乏诉的利益。

【思考题】

请对比分析行政行为的"既决力"与法院裁判文书的"既判力"之间的关系。

第三节　行政行为的合法要件

行政行为的合法要件是评价、判断和认定行政行为合法性的条件或标准。一般而言行政行为合法要件包括四个方面：第一，主体合法，行为主体需具备行政主体资格；第二，权限合法，行政主体享有法定职权，不存在"无权限"或超越职权的情况；第三，内容合法，行政行为需要事实根据，法律、法规等适用正确，不存在滥用职权和结果明显不当的情况，第四，程序合法，行政行为需符合法律规定的方式、步骤、顺序、时限，符合正当程序原则。除上述一般性合法要件外，不同类型行政行为合法性审查还需要符合一定的特殊规则。

一、抽象行政行为的合法性审查

抽象行政行为是行政主体针对不特定对象实施的具普遍约束力并能反复适用的规范性文件，具体表现形式有行政法规和规章等行政立法和行政规范性文件。但严格讲，行政法规和规章等行政立法是行政主体行使行政立法权的产物，不是传统意义上的行政行为，其合法性审查受《立法法》规定的备案审查制度调整，法院没有在行政诉讼中进行合法性审查的法定职权。法院仅有权在行政诉讼中对行政规范性文件的合法性进行附带性审查，因此一般情况下抽象行政行为主要指行政规范性文件。

案例一　郑某诉浙江省温岭市人民政府土地行政批准案❶

【基本案情】

郑某与其父母郑某某、张某某同户，三人均系浙江省温岭市某村村民。1997 年 8 月，郑某某户在个人建设用地补办申请中将郑某列为在册人口。2013 年 3 月，郑某某因拆迁复建提交个人建房用地申请时，在册人口中无郑某。温岭市人民政府（以下简称温岭市政府）根据《温岭市个人建房用地管理办法》（以下简称《用地管理办法》）有关"申请个人建房用地的有效人口计算：（一）本户在册人口（不包括应迁出未迁出的人口）"，以及《温岭市工业城二期用地范围房屋迁建补偿安置办法》（以下简称《补偿安置办法》）有关"有下列情形不计入安置人口：（一）……已经出嫁的妇女及其子女（含粮户应迁未迁）只能在男方计算家庭人口"之规定，认为郑某虽系郑某某之女，其户口登记在郑某某名下，但业已出嫁，属于应迁未迁人口，遂确认郑某某户有效人口为 2 人，并审批同意郑某某的个人建房用地申请。郑某不服诉至法院，请求判令撤销温岭市政府的审批行为，并重新作出行政行为；附带审查上述两个规范性文件并确认不合法。

一审法院认为，郑某某申请建造住宅用地的申报材料，虽由所在村委会统一上报，并经乡（镇）人民政府审核，但温岭市政府作为批准机关，仍负有审查职责。温岭市政府在作出被诉审批行为时，未对村委会上报的申报材料的真实性、村集体讨论通过并予以公布的程序合法性等相关事实进行认真审查，属认定事实不清，证据不足，程序违法，应当予以撤销。案涉《用地管理办法》与《补偿安置办法》系温岭市政府制定的规范性文件。该文件的相关规定，不适用于郑某。据此，判决撤销温岭市政府作出的同意郑某某户新建房屋的审批行为，责令温岭市政府在判决生效之日起六十日内对郑某某户的建房用地重新作出审批。郑某和温岭市政府不服均提起上诉。二审法院

---

❶　浙江省台州市黄岩区人民法院（2015）台黄行初字第 9 号行政判决书；浙江省台州市中级人民法院（2015）浙台行终字第 186 号行政判决书。

认为，案涉《用地管理办法》与《补偿安置办法》相关规定不作为认定被诉审批行为合法的依据，一审法院认为对郑某不适用的表述有所不当，予以指正。二审判决驳回上诉，维持原判。其后，法院向温岭市政府发送司法建议，该政府及时启动了相关规范性文件的修订工作，并表示将加强规范性文件制定的审查工作。

【主要法律问题】

温岭市政府制定的两个涉案规范性文件，将"应迁出未迁出的人口"及"已经出嫁的妇女及其子女"排除在申请个人建房用地和安置人口之外是否合法？

【主要法律依据】

1. 《行政诉讼法》第 6 条、第 53 条、第 64 条；
2. 《最高人民法院关于适用〈中华人民共和国行政诉讼法〉的解释》第 148 条。

【理论分析】

1. 法院有权对行政规范性文件的合法性予以审查。

我国《行政诉讼法》（1989 年）仅规定法院可对具体行政行为合法性进行审查，未明确规定行政规范性文件等抽象行政行为的审查权。《立法法》（2000 年）第 88 条规定，全国人民代表大会常务委员会有权撤销同宪法和法律相抵触的行政法规；国务院有权改变或者撤销不适当的部门规章和地方政府规章；地方人民代表大会常务委员会有权撤销本级人民政府制定的不适当的规章；省、自治区的人民政府有权改变或者撤销下一级人民政府制定的不适当的规章。因此，对行政法规、规章的合法性监督权在于相关人大常务委员会、国务院及省级政府，法院没有明确的审查权。

《行政复议法》（1999 年）第 7 条规定："公民、法人或者其他组织认为行政机关的具体行政行为所依据的下列规定不合法，在对具体行政行为申请行政复议时，可以一并向行政复议机关提出对该规定的审查申请：（一）国务院部门的规定；（二）县级以上地方各级人民政府及其工作部门的规定；（三）乡、镇人民政府的规定。前款所列规定不含国务院部、委员会规章和地方人民政府规章。规章的审查依照法律、行政法规办理。"据此，行政复议机关有权审查行政规范性文件的合法性。参照该规定，修改后的《行政诉讼法》（2014 年）赋予公民、法人和其他组织在对行政行为提起诉讼时，若认为所依据的规范性文件不合法，可附带请求法院审查该文件合法性的权利。法院认为行政规范性文件不合法的，除不作为认定行政行为合法的依据外，还应向制定机关提出处理建议。

2. 法院对行政规范性文件合法性的审查方式是附带性审查，不能单独对其进行审查。

虽然 2014 年修改后的《行政诉讼法》将 1989 年《行政诉讼法》中的"具体行政行为"修改为"行政行为"，但修改后的《行政诉讼法》并未将全部行政行为纳入行政诉讼的受案范围。最高人民法院在"李某等诉武汉市人民政府出租汽车管理案"❶ 中认为，武汉市人民政府制定发布的《关于进一步规范巡游出租汽车经营行为的通知》是针对不特定对象发布的、具有普遍约束力并能反复适用的规范性文件，并不直接设定李某等人的权利义务，不属于行政诉讼受案范围。当然，如果行政机关依据该通知对李某等人作出直接影响其权利义务的行政行为，李某等人可以在对有关行政行为提起行政诉讼时一并提出对该通知的审查申请。

3. 行政规范性文件合法性的判断要件。

行政规范性文件的合法性主要从以下几方面审查：第一，主体合法，行为主体需具备行政主体资格；第二，权限合法，行政主体享有法定职权，不存在"超越制定机关的法定职权或者超越法律、法规、规章的授权范围"的情况；第三，内容合法，制定目的是否正当、是否符合法律的基本原则，不存在"与法律、法规、规章等上位法的规定相抵触""没有法律、法规、规章依据，违法增加公民、法人和其他组织义务或者减损公民、法人和其他组织合法权益"的情况；第四，程序合法，不存在未履行法定批准程序、公开发布程序，严重违反制定程序的情况。与一般行政行为不同，法院对行政规范性文件合法性的审查限于其涉及的法律问题，其制定是否存在事实依据不是法院的审查重点。

4. 温岭市政府制定的两个涉案规范性文件的合法性问题。

我国《宪法》第 33 条规定："中华人民共和国公民在法律面前一律平等。国家尊重和保障人权"，第 48 条规定："中华人民共和国妇女在政治的、经济的、文化的、社会的和家庭的生活等各方面享有同男子平等的权利。"《妇女权益保障法》第 2 条规定："妇女在政治的、经济的、文化的、社会的和家庭的生活等各方面享有同男子平等的权利。实行男女平等是国家的基本国策。国家采取必要措施，逐步完善保障妇女权益的各项制度，消除对妇女一切形式的歧视"；第 33 条规定："任何组织和个人不得以妇女未婚、结婚、离婚、丧偶等为由，侵害妇女在农村集体经济组织中的各项权益"。《中共中央、国务院关于坚持农业农村优先发展做好"三农"工作的若干意见》（中发〔2019〕1 号）指出，要深入推进农村集体产权制度改革，指导农村集体经济组织在民主协商的基础上，做好成员身份确认，注重保护外嫁女等特殊人群的合法权利。本案中，温岭市政府制定的两个涉案规范性文件，将"应迁出未迁出的人口"及"已经出嫁的妇女及其子女"排除在申请个人建房用地和安置人口之外，显然与《宪法》《妇女权益保障法》等上位法规定精神不符。法院通过裁判，一方面维护了社会广泛关注的"外嫁女"及其子女的合法权益，另一方面促进了行政机关及时纠正错误，对于规范性文件的一并审查，从更大范围内对"外嫁女"等群体的合法权益予以有力保护。

---

❶　最高人民法院（2019）最高法行申 3655 号行政裁定书。

【思考题】

我国《行政诉讼法》规定法院审理行政案件时参照规章，请结合《立法法》相关规定分析法院是否有权审查规章的合法性问题？

二、具体行政行为的合法性审查

具体行政行为是行政主体针对特定对象、具体事项实施的单方行政行为。根据对相对人权利义务影响不同，具体行政行为可分为行政处罚、行政强制等负担性行为和行政许可等授益性行为。相对而言，法院对于负担性行为的合法性审查程度更加严格，行为违法的原则上应予撤销；对授益性行为的审查相对宽松，且应重点保护相对人的信赖利益，行为违法但基于信赖保护原则不能撤销的，只能确认违法。

案例二　海口农村商业银行股份有限公司诉海口市人民政府等无偿收回土地案❶

【基本案情】

2002 年原琼山市石山农村信用合作社取得位于海口市秀英区某街的涉案土地使用权，使用权类型为划拨。2010 年石山农村信用合作社并入海口市城郊农村信用社联合社，2011 年海口市城郊农村信用社联合社改制为海口农村商业银行股份有限公司（以下简称海口农商行）。经海口农商行申请，海口市国土资源局（以下简称海口市国土局）于 2016 年向海口农商行换发了涉案土地证，土地登记用途为城镇住宅用地，使用权类型为划拨。涉案土地现状为未动工开发建设的空地。2017 年 1 月，海口市国土局向海口农商行发出《闲置土地调查通知书》，要求就涉案土地涉嫌闲置的情况作出说明并提供相关材料。后来查明，涉案土地为公园绿地，属石山镇棚改范围内，海口农商行未向建设部门申报办理涉案地块相关规划手续。2017 年 5 月，海口市国土局向海口市人民政府（以下简称海口市政府）提交《关于海口农商行用地闲置认定意见的请示》。2017 年 7 月，海口市政府召开专题会议讨论涉案闲置土地认定有关问题。2017 年 8 月 1 日，海口市国土局向海口农商行作出《闲置土地认定书》及《听证权利告知书》。2017 年 8 月 8 日，海口农商行向海口市国土局提出听证申请。海口市国土局依法召开两次听证会，听取海口农商行的申辩意见，并制作了听证笔录。2017 年 11 月 3 日，海口市国土局向海口市政府提交《关于海口农商行用地闲置处置意见的请示》。2017 年 11 月 9 日，海口市政府同意该请示并作出《海口市人民政府无偿收回国有建设用地使用权决定书》，认为该土地构成闲置，决定依法无偿收回涉案土地。2017 年 12

---

❶　最高人民法院（2020）最高法行申 4439 号行政裁定书。

月 14 日，海口市政府向海口农商行送达了无偿收回土地决定。

海口农商行不服，向海南省人民政府（以下简称海南省政府）申请行政复议。海南省政府作出复议决定，仅确认无偿收回土地决定违法，理由为涉案土地在 2012 年之前无规划覆盖，之后规划为公园绿地，属石山镇棚改范围内，不具备动工开发建设的条件。根据《闲置土地处置办法》第 8 条第 1 款第 1 项的规定，应认定属于政府原因导致土地闲置。本案中，海口市政府作出的无偿收回土地决定认定涉案土地闲置原因为企业原因错误，但根据《城镇国有土地使用权出让和转让暂行条例》第 47 条第 2 款"对划拨土地使用权，市、县人民政府根据城市建设发展需要和城市规划的要求，可以无偿收回，并可依照本条例的规定予以出让"的规定，其无偿收回涉案建设用地使用权的处理结果并无不当。

因海南省政府作出的复议决定已改变了海口市政府作出的无偿收回土地决定，海口农商行针对海南省政府行政复议决定提起行政诉讼。一审法院认为，被诉无偿收回土地决定及复议决定认定事实清楚，适用法律正确，程序合法，判决驳回海口农商行的诉讼请求。二审法院撤销一审判决，判令海南省政府六十日内重新作出复议决定，理由为海南省政府在复议程序中不但改变了原行政行为的依据，还改变了原行政行为认定的事实。根据国务院国发〔2004〕10 号《全面推进依法行政实施纲要》的要求，行政机关实施行政管理要"程序正当"，应"听取公民、法人和其他组织的意见；要严格遵循法定程序，依法保障行政管理相对人、利害关系人的知情权、参与权和救济权"。海南省政府在复议程序中未告知海口农商行作出复议决定的事实和依据，剥夺了海口农商行的知情权和参与权，违反了正当程序规则。

【主要法律问题】

法院应从哪些方面审查具体行政行为的合法性？

【主要法律依据】

《行政诉讼法》第 70 条。

【理论分析】

1. 具体行政行为合法性的判断要件。

具体行政行为的合法性主要从以下几方面审查：第一，主体合法，行为主体需具备行政主体资格，即是行政机关或者法律、法规授权的组织；第二，权限合法，行政主体享有法定职权，不存在无权限、超越职权、滥用职权的情况；第三，内容合法，行政行为需要事实根据，不存在主要证据不足的情况，适用法律、法规正确，不存在结果明显不当的情况，第四，程序合法，行政行为符合法律规定的方式、步骤、顺序、时限，符合正当程序原则。特别是对行政处罚等负担性行为，因其对相对人权利造成剥夺或严重限制，法院更加强调对其有无事实依据、证据是否充分、是否违反正当程序等方面的审查。

2. 具体行政行为中的不同行为类型影响合法性审查的强度。

收回国有土地使用权是地方人民政府及其土地管理部门管理、保护和开发土地资源的重要行政管理措施，主要是以行政处理决定和行政处罚决定两种方式进行。行政处理决定，是指因社会公共利益、土地管理的必要，地方人民政府根据土地管理法律、法规的规定，适用行政征收、收回土地使用权的法定程序作出收回决定，收回国有土地使用权的行为。行政处罚决定，是指公民、法人或其他组织怠于履行开发建设职责，导致国有建设用地闲置满两年以上，地方人民政府根据行政处罚、土地管理法律、法规的规定，适用行政处罚程序作出处罚决定，无偿收回国有土地使用权的行为。

虽然行政处理决定和行政处罚决定的结果殊途同归，但是两类行政行为的法律性质、法定程序及法律依据截然不同，不宜混淆。为严格区分收回国有土地使用权的行政处理决定和行政处罚决定，原国家土地管理局制定了《关于认定收回土地使用权行政决定法律性质的意见》，根据该意见第 5 条"依照《城市房地产管理法》第二十五条的规定，超过出让合同约定的动工开发日期满二年未动工开发的，人民政府或者土地管理部门依法无偿收回出让的国有土地使用权，属于行政处罚决定"及第 7 条第 2 款"依照该条例❶第四十七条第二款的规定，根据城市建设发展需要和城市规划的要求，市、县人民政府无偿收回国有划拨土地使用权的，也应属于行政处理决定"的规定，因怠于履行开发建设职责，导致国有建设用地闲置两年以上而被无偿收回的属于行政处罚；因社会公共利益、土地管理的需要，而无偿收回国有划拨用地的属于行政处理；因此，不同的收回决定，其法定理由和法律依据并不相同，复议机关和司法机关的合法性审查也应不同。

3. 被诉无偿收回土地决定系行政处罚，应根据《行政处罚法》作出或者审查合法性。

本案中，海口市政府以涉案土地闲置满两年以上系海口农商行原因为由作出的被诉无偿收回土地决定，是一项行政处罚决定；海南省政府在进行复议审查时，应对该处罚决定的认定事实是否清楚、证据是否确凿、适用依据是否正确、程序是否合法、内容是否适当等内容全面审查。

首先，经复议审查，海南省政府认为涉案土地闲置并非海口农商行原因，而是政府原因导致，该收地决定认定事实不清，应当撤销该处罚决定，责令被申请人在一定期限内重新作出具体行政行为。但海南省政府为了维持该收地决定的处罚结果，在行政处罚的复议决定中，直接认定涉案土地为划拨用地，径行适用《城镇国有土地使用权出让和转让暂行条例》第 47 条第 2 款关于无偿收回国有划拨用地的行政处理规定，没有界定行政处罚决定和行政处理决定的区别，属于适用法律错误。

---

❶ 即《城镇国有土地使用权出让和转让暂行条例》。

　　其次，即使涉案土地系国有划拨用地，确因社会公共利益、土地管理的必要需要收回的，亦应根据《土地管理法》第58条第1款"由有关人民政府自然资源主管部门报经原批准用地的人民政府或者有批准权的人民政府批准"等规定，由地方自然资源主管部门启动收回国有划拨用地程序，并由有权机关作出收回决定，而不能迳行在行政复议程序中通过行政复议决定的方式代替行政程序中的行政处理决定。因此，海南省政府复议决定，实质属于改变原收地决定，亦违反法定程序。

　　最后，作为行政相对人的公民、法人或者其他组织，在行政处罚程序或者行政处理程序中均具有知情权、参与权及申辩权，但是具体的行政程序不同，当事人的知情内容、参与程度及陈述申辩事由均不相同。在无偿收回国有建设用地的处罚程序中，当事人是围绕着涉案土地是否闲置、闲置的原因可否归责于政府或不可抗力、闲置土地的查处程序是否合法及是否予以无偿收回等事项进行陈述申辩。而在无偿收回国有划拨用地的处理程序中，当事人则围绕着涉案土地是否属于划拨用地、收回决定是否符合公共利益、行政审批程序是否合法、是否应予以安置补偿，以及安置补偿的标准是否公平合理等事项进行陈述申辩。因此，海南省政府虽然在复议审查期间组织了听证会，听取海口农商行针对无偿收地行政处罚的陈述申辩，但其迳行适用无偿收地行政处理决定的法律依据作出复议决定，剥夺了海口农商行关于无偿收地行政处理决定的知情权、参与权和申辩权，违反了程序正当原则。

【思考题】

1. 如何理解"超越职权"的含义？
2. 如何理解违反"法定程序"与"正当程序"之间的关系？

三、行政协议的合法性与合约性双重审查双重裁判原则

　　行政协议既有行政性又有合同性，是行政性和合同性的创造性结合，其因行政性有别于民事合同，又因其合同性不同于一般行政行为。行政协议因协商一致而与民事合同接近，但又因其为实现行政管理和公共服务的一种方式所具有行政性而有别于一般民事合同。因此，行政协议的效力审查是审理行政协议案件的基础，法院首先要对行政协议的效力作出判断，包含合法性和合约性两个方面，具体包括：第一，协议是否成立；第二，协议是否有效，协议有效时双方的意思表示是否真实，是否存在撤销的法定情形；第三，与协议订立、履行、变更、解除等相关的行为是否合法；第四，协议是否可实际履行。

案例三　时某诉郑州市二七区人民政府拆迁安置协议案[❶]

【基本案情】

时某系郑州市二七区马寨镇某村村民，因本村进行合村并城项目，经过相关部门普查、测量后，于 2013 年 10 月与二七区人民政府（以下简称二七区政府）下属马寨镇合村并城安置工作指挥部签署拆迁安置协议，按照实际宅基地面积 333 平方米予以安置住房。2015 年 10 月，二七区政府依据《河南省实施〈土地管理法〉办法》第 53 条"每户用地不得超过一百六十七平方米"的规定，以时某安置住房面积超过政策规定等为由，单方中止履行拆迁安置协议。2018 年，时某提起继续履行协议之诉，请求二七区政府按照协议约定内容，以实际宅基地面积 333 平方米予以安置住房。一、二审法院认为，二七区政府是此次合村并城工作的主体，对拆迁补偿安置负总责，虽然实施具体行为的是二七区马寨镇合村并城拆迁安置工作指挥部，但该指挥部系二七区政府成立的临时机构，其实施行为所产生的法律后果，应由二七区政府承担。涉案宅基地经过普查、测量，说明被告在签约当时对涉案宅基地占地面积及其他签约条件是明知和认可的。协议是双方通过协商自愿达成，系真实意思表示，不违反法律、行政法规的强制性规定，协议合法有效，对双方具有法律约束力。而且该协议签订后，原告已履行己方义务，将地上房屋腾空交给被告予以拆除，被告也部分履行了该协议。二七区政府申请再审，认为案拆迁安置补偿协议为行政协议，其有权行使行政优益权单方变更、解除行政协议。最高人民法院认为，被告未行使行政协议解除权，又履行了包括支付部分过渡费等协议约定的义务，违反了诚实信用原则，驳回其再审申请。

【主要法律问题】

与一般单方行政法律行为相比，行政协议合法性审查的方式与内容有哪些不同？

【主要法律依据】

《最高人民法院关于审理行政协议案件若干问题的规定》第 11 条。

【理论分析】

1. 行政协议合法性审查的特殊性。

行政协议兼具行政性和合同性。法院审查其合法性时既要考虑其行政性是否遵循依法行政原则，又要考虑其契约性是否遵守民事合同性规则。对行政协议效力的审查，既要适用行政法律规范，亦可在不违反行政法律规范的情况下适用民事法律规范。在

[❶]　最高人民法院（2019）最高法行申 6821 号行政裁定书。

要求履行行政协议的案件中，可将行政协议作为主要证据和依据进行审查。既要对行政协议的合法性进行审查，也要根据保护相对人信赖利益、诚实信用、意思自治等基本原则进行利益衡量，只有在行政协议存在重大、明显违法，违反法律、法规的强制性规定，损害国家利益、公共利益及他人合法权益时，相关条款才能确认无效，不作为履行行政协议的依据，否则应当认可行政协议的效力。

2. 行政协议优益权的行使需符合法律规定。

民事合同主体签订合同是为了维护各自的利益，行政机关签订行政协议是为了实现公共利益或者行政管理目标。不仅签订行政协议本身是实现公共利益或者行政管理目标的方式，而且在履行协议过程中，行政机关可以根据实现公共利益或者行政管理目标的需要单方变更、解除协议，甚至可以依法单方作出行政强制、行政处罚。这即是行政优益权的基本原理。当然，行政机关只有在协议订立后出现了由于实现公共利益或者行政管理目标的需要或者法律政策的重大调整，必须变更或者解除时，才能行使单方变更、解除权，由此造成公民、法人或者其他组织合法权益损失的，亦应依法予以补偿。

3. 案涉拆迁安置补偿协议合法有效，不符合行政优益权行使的法定情形。

依法签订并成立的协议，一经生效即具有法律约束力，双方均应按约履行。特别是作为行政协议一方的行政机关，在签订协议时就负有更重的谨慎审查义务，在协议签订后，更应遵循诚实信用原则严格按约履行，不得擅自变更或者解除。只有在履行行政协议过程中，若出现严重损害国家利益、社会公共利益的情形，行政机关才可作出变更、解除协议的行政行为。二七区政府提出案涉协议中的宅基地面积超出《河南省实施〈土地管理法〉办法》"每户用地不得超过一百六十七平方米"的规定，获得超面积补偿，但该理由不足以认定该协议存在行政法以及民法上的协议无效情形，且二七区政府又履行了包括支付部分过渡费等协议约定的义务，在未对该协议依法作出处理的情况下单方停止支付剩余的过渡费，违反了诚实信用原则，损害了行政相对人的信赖利益和协议约定的义务。

【思考题】

1. 法院在审查行政协议与民事合同案件时有哪些不同？
2. 行政协议中的行政优益权与民事合同中的情势变更原则有何异同？

四、行政事实行为的合法性审查

与行政法律行为不同，行政事实行为因不具有法律效力而无可撤销的内容，对其合法性审查主要从是否有法律依据、是否造成损害方面进行。行政主体作出行政事实行为无论有无法律依据，若没有造成任何损害，行政主体均不需承担法律责任。如果行政主体作出行政事实行为有法律依据，若造成损害的，在法律明确规定补偿的情况下，应依法予以补偿；在法律没有规定补偿的情况下，根据特别牺牲或者公共负担平等理论，构成特别牺牲的，应予合理补偿。如果行政主体作出行政事实行为没有法律依据且造成损害的，应确认违法并予以依法赔偿。

案例四　某教育软件科技有限公司诉郑州市金水区人民政府停止供电行为案❶

【基本案情】

2012 年 3 月，郑州市金水区人民政府（以下简称金水区政府）组织成立指挥部，对某教育软件科技有限公司所在地进行城中村改造拆迁。2014 年 12 月，指挥部分别向郑州供电公司发送《关于停断小铺村违法建设电力供应的通知》，表明因该村开发地块违章建筑正在进行拆迁，为避免违章拆除中引发安全事故，造成不应有的损失，要求供电公司配合停止对该地块违章建筑供电。因该教育软件公司的经营性用房住所地在拆迁范围内，2015 年 4 月该公司在诉郑州供电公司供电合同纠纷一案中，由郑州供电公司举证知晓金水区政府的行为。该公司认为金水区政府的这一行为侵害了其合法权益，故提起行政诉讼，请求确认停止供电行为违法。金水区政府认为，发函行为不属于行政行为，不具有拘束力和执行力，不属于行政诉讼的受案范围。法院认为，因没有相关法律、法规赋予金水区政府在城中村改造过程中对已经建成的违章建筑拆除时可以采取停断电的行政职权，故金水区政府要求郑州供电公司对该公司违章建筑停电并造成停电的事实属于行政事实行为，应予确认违法。

【主要法律问题】

应如何审查行政事实行为的合法性及其法律后果？

【主要法律依据】

《行政诉讼法》第 74 条第 2 款第 1 项。

【理论分析】

1. 政府通知停止供电行为的性质界定。

狭义的行政行为仅指单方行政法律行为，即前述的"具体行政行为"，是指具有行政权能的组织运用行政权，针对行政相对人设定、变更或者消灭权利义务的行为。本案中，金水区政府通知郑州供电公司停电是希望郑州供电公司提供辅助行为，并未在金水区政府与郑州供电公司之间设立、变更或者消灭权利义务，不具备行政行为的实质要件，因此金水区政府通知停电行为不是严格意义上的行政行为。但是，

---

❶　最高人民法院（2017）最高法行申 8513 号行政裁定书。

金水区政府作为一级地方人民政府，具有行政权能，其通知郑州供电公司停电是其涉案拆迁工作的一部分，具体运用了行政权，是一种行政事实行为，导致某教育软件科技有限公司事实上无法正常用电，合法权益已造成实际损害，属于行政诉讼的受案范围。

2. 金水区政府通知停电行为不具备合法性基础。

根据《郑州市城乡规划管理条例》（2009 年）第 70 条的规定，市、县（市）政府的停水、停电措施应仅限于违法建设工程施工现场使用的水、电，且依法作出停水、停电决定后，应及时书面通知供水、供电单位停止对违法建设工程的供水供电。本案中，郑州供电公司依据指挥部作出的停断违法建设电力供应的通知，对某教育软件科技有限公司的涉案房屋进行了停止供电。该公司的涉案房屋在建造时和使用过程中，均没有相关部门对其违章建筑作出认定和处罚，而仅是在城中村改造过程中对其违章建筑进行了认定。因此，指挥部作出停止供电通知的目的是城中村的拆迁改造。《行政强制法》第 43 条第 2 款规定，"行政机关不得对居民生活采取停止供水、供电、供热、供燃气等方式迫使当事人履行相关行政决定。"金水区政府向郑州供电公司发送涉案函和通知，要求郑州供电公司对包括恒升公司在内的涉案开发地块停止电力供应的目的，是变相实现相关居民或商户搬迁，没有法律依据且违反法律规定，应予确认违法。

【思考题】

《人民警察使用警械和武器条例》规定，警察使用警械，应当以制止违法犯罪行为为限度，不得故意造成人身伤害。若警察违反规定使用警械造成伤害，该行为性质如何认定，其合法性如何判断？

第四节　行政行为的违法效果形态

根据行政行为违法的严重程度，存在确认无效、撤销、变更或者确认违法的形态，并具有不同的法律后果。

一、行政行为无效

"重大且明显违法"是行政行为无效的判断标准。行政行为无效的，自始无效，行政相对人可在任何时候请求有权国家机关确认该行为无效，不受法定起诉期限的限制。

案例一　某房地产开发有限责任公司诉陇西县人民政府行政协议无效案[1]

【基本案情】

2014 年 4 月，渭源县甲房地产开发有限责任公司（以下简称甲房地产公司）的实际出资人张某依法竞买取得陇西县运输公司所属房地产。2014 年 8 月，定西市某商贸有限责任公司（以下简称某商贸公司）与张某签订《文峰蔬菜批发市场投资改造项目协议书》，成立甘肃乙房地产开发有限责任公司（以下简称乙房地产公司），开发陇西县运输公司所属房地产范围内的土地。2014 年 11 月，陇西县人民政府（以下简称陇西县政府）与乙房地产公司签订《企业国有产权出让合同》，将上述陇西县运输公司所属房地产转让给乙房地产公司。合同订立后，在陇西县政府同意的情况下，乙房地产公司经与甲房地产公司协商，将其与陇西县政府签订的《企业国有产权出让合同》的权利义务转让给甲房地产公司。合同履行中，甲房地产公司发现，其受让的房产中 30 户住户的住宅楼无法移交，导致无法全面接收受让财产，且认为陇西县政府直接将国有土地及企业的资产进行出让没有法律依据，将作为私人合法财产的 30 户住户的住宅楼予以出让，侵犯了他人的合法权益。遂甲房地产公司提起行政诉讼，请求确认案涉《企业国有产权出让合同》无效。一审判决认为陇西县政府在既未依法收回划拨土地使用权，又未对 30 户住户的住宅依法予以补偿的情况下，自己作为"出让方"直接与他人签订出让合同，将无偿划拨的土地使用权及该地上的属于私人和法人的合法建筑出让给他人，其不具有出让本案标的物的主体资格，确认该合同无效，二审法院以法律适用错误等理由撤销一审判决。

【主要法律问题】

案涉《企业国有产权出让合同》是否存在无效的情形？

【主要法律依据】

1. 《行政诉讼法》第 75 条；
2. 《最高人民法院关于审理行政协议案件若干问题的规定》第 99 条；
3. 《最高人民法院关于适用〈中华人民共和国行政诉讼法〉的解释》第 162 条。

【理论分析】

1. 行政协议无效的判断标准。

行政协议无效既包括行政法上行政行为无效的情形，也可适用民法中民事法律行

---

[1]　甘肃省高级人民法院（2017）甘行终 585 号行政裁定书。

为无效的情形。《最高人民法院关于审理行政协议案件若干问题的规定》第 27 条规定，法院审理行政协议案件，应当适用行政诉讼法的规定；行政诉讼法没有规定的，参照适用民事诉讼法的规定；法院审理行政协议案件，可以参照适用民事法律规范关于民事合同的相关规定。根据《行政诉讼法》第 75 条，行政行为存在"重大且明显违法"的，应确认无效。

根据《民法典》相关规定，民事法律行为无效的法定情形主要有：（1）无民事行为能力人实施的民事法律行为无效；（2）行为人与相对人以虚假的意思表示实施的民事法律行为无效；（3）行为人与相对人恶意串通，损害他人合法权益的民事法律行为无效；（4）违反法律、行政法规的强制性规定的民事法律行为无效，但是该强制性规定不导致该民事法律行为无效的除外；（5）违背公序良俗的民事法律行为无效。其中，导致民事法律行为无效的"效力性强制性规定"主要有：强制性规定涉及金融安全、市场秩序、国家宏观政策等公序良俗的；交易标的禁止买卖的，如禁止人体器官、毒品、枪支等买卖；违反特许经营规定的，如场外配资合同；交易方式严重违法的，如违反招投标等竞争性缔约方式订立的合同；交易场所违法的，如在批准的交易场所之外进行期货交易。

综合上述法律规定，行政协议无效的法定情形有：（1）行政行为实施主体不具有行政主体资格；（2）行政行为没有法律规范依据；（3）行政行为的内容客观上不可能实施；（4）行政行为的实施将导致犯罪或者严重违法；（5）行政行为内容明显违背公序良俗；（6）行政行为的实施将严重损害公共利益或者他人合法权益；（7）其他重大且明显违法的情形。

2. 确认案涉《企业国有产权出让合同》无效应考虑的因素。

首先，甲房地产公司能否主张行政协议无效并提起诉讼。本案与陇西县政府签订合同的是乙房地产公司，本案原告甲房地产公司作为继受合同权利义务的一方在受让全部合同权利义务时，有核实案涉土地上的房屋现状及合同是否存在可能不能履行法律障碍的注意义务。其未能尽到该注意义务，从而愿意受让乙房地产公司的权利义务，应自行承担相关风险。虽然甲房地产公司继受合同权利义务经陇西县政府同意，但法律上案涉《企业国有产权出让合同》的相对方是乙房地产公司，乙房地产公司与甲房地产公司是继受案涉《企业国有产权出让合同》中权利义务这一法律关系的主体。基于合同相对性原理，甲房地产公司因事实上无法全面接收受让财产，应向乙房地产公司主张，之后由乙房地产公司向陇西县政府主张权利，而不能由甲房地产公司向陇西县政府主张合同无效。

其次，应正确理解"行政行为实施主体不具有行政主体资格"这一无效情形的内涵。导致行政行为无效的"不具有行政主体资格"是指完全不具有行政主体资格的情形，应当区别于有行政主体资格但无相应职权的情形。行政主体一般性超越职权或者违法所作的行政行为并不必然导致行政行为无效，也不应认定不具有行政主体资格。本案中，陇西县政府与乙房地产公司签订《企业国有产权出让合同》的前提是，甲房地产公司的实际出资人张某个人已从陇西县政府手中依法取得了案涉房地产。通过签订案涉《企业国有产权出让合同》以及继受其中的权利义务，实质上实现了将案涉房地产从甲房地产公司的实际出资人张某名下转至甲房地产公司名下，陇西县政府不存在无权处分等导致行政行为无效的情形。

最后，法院能否审理案涉合同无效问题。2014 年修改的《行政诉讼法》自 2015 年 5 月 1 日起实施，在此之前我国尚未建立行政行为无效制度。行政行为无效的法律后果是自始无效，为避免行政管理秩序出现混乱，《最高人民法院关于适用〈中华人民共和国行政诉讼法〉的解释》第 162 条规定，公民、法人或者其他组织对 2015 年 5 月 1 日之前作出的行政行为提起诉讼，请求确认行政行为无效的，人民法院不予立案。本案《企业国有产权出让合同》签订于 2014 年 11 月，起诉合同无效的，法院应不予立案。

【思考题】

1. 在没有法律依据的情况下签订的行政协议是否无效？
2. 行政行为确认无效后如何进行后续处理？

二、行政行为撤销、变更与确认违法

行政诉讼的主要诉讼类型是撤销之诉，行政行为违法的，以撤销为原则，变更或确认违法为例外，同时需受法定起诉期限的限制。行政行为违法被撤销后，行政主体仍可重新作出行政行为，但不得以同一事实和理由作出与原行政行为内容基本相同的行为。如果行政处罚明显不当，或者其他行政行为涉及对款额的确定、认定确有错误的，为减轻各方诉累、尽快稳定行政管理秩序，法院可以直接判决变更行政行为的内容，而不是简单撤销后由行政主体重新作出行政行为。对于因法定事由不能撤销或者没有撤销必要性、可能性的行政行为，应确认违法。

案例二 某炒货店诉杭州市西湖区市场监督管理局行政处罚案[1]

【基本案情】

某炒货店从事食品经营活动，在其经营场所内外发布广告。发布的广告具体情况如下：在其经营场所墙上有两块印有"某炒货店杭州最优秀的炒货特色店铺""某杭州最优秀的炒货店"内容的广告；在其经营场所的柱子上有一块上印有"杭州最优炒货店"字样的广告牌；在其经营场所展示柜内有两块手写的商品介绍板，上面分别写有"中国最好最优品质荔枝干""2015 年新鲜出炉的中国最好最香最优品质燕山栗子"内容，在展示

---

[1] 杭州市西湖区人民法院（2016）浙 0106 行初 240 号行政判决书；杭州市中级人民法院（2018）浙 01 行终 511 号行政判决书；浙江省高级人民法院（2019）浙行申 64 号行政裁定书。

柜外侧的下部贴有一块广告，上面写有"本店的栗子，不仅是中国最好吃的，也是世界上最高端的栗子"；对外销售栗子所使用的包装袋上印有"杭州最好吃的栗子""杭州最特色炒货店铺"字样。杭州市西湖区市场监督管理局以其在经营场所内外及包装袋上发布广告，并使用"最好""最优""最香""最特色""最高端"等绝对化宣传用语，违反了《广告法》相关规定为由，于2016年3月对某炒货店作出行政处罚，责令其停止发布使用绝对化用语的广告，并处罚款20万元。某炒货店不服，提起诉讼。法院判决认为，原告的案涉违法行为情节较为轻微，社会危害性较小，被告对此处以20万元罚款，在处罚数额的裁量上存在明显不当，根据本案具体情况将罚款数额变更为10万元。

【主要法律问题】

行政行为撤销、变更与确认违法之间的关系及其适用情形。

【主要法律依据】

《行政诉讼法》第70条、第74条、第77条。

【理论分析】

1. 案涉行政处罚的违法性。

《广告法》（2015年）第9条规定："广告不得有下列情形：……（三）使用"国家级"、"最高级"、"最佳"等用语……"；第57条规定："有下列行为之一的，由工商行政管理部门责令停止发布广告，对广告主处二十万元以上一百万元以下的罚款，情节严重的，并可以吊销营业执照，由广告审查机关撤销广告审查批准文件、一年内不受理其广告审查申请"。本案中原告在广告中使用绝对化用语，不仅误导消费者，不当刺激消费心理，造成广告乱象，而且贬低同行，属于不正当的商业手段，扰乱市场秩序，已违反了上述法律规定。但根据《行政处罚法》相关规定，实施行政处罚必须以事实为依据，与违法行为的事实、性质、情节以及社会危害程度相当；应当坚持处罚与教育相结合，教育公民、法人或者其他组织自觉守法。

本案被诉行政处罚虽然在事实认定、职权依据、法定程序等方面符合法律规定，但存在法律适用及内容明显不当的情形，已构成违法，原因有：（1）原告系个体工商户，在自己店铺和包装袋上发布了相关违法广告，广告影响力和影响范围较小，客观上对市场秩序的扰乱程度较轻微，对同行业商品的贬低危害较小；（2）案涉广告针对的是大众比较熟悉的日常炒货，栗子等炒货的口感、功效为大众所熟悉，相较于不熟悉的商品，广告宣传虽会刺激消费心理，但不会对消费者产生太大误导，商品是否真如商家所宣称的"最好"，消费者自有判断，对具竞争关系的市场主体影响轻微。虽然被告已经按照《广告法》规定的最低20万元处罚标准作出了处罚，但未综合考虑《行政处罚法》相关原则和规定，仍属处罚过重。

2. 变更案涉行政处罚的法律依据。

《行政处罚法》规定，主动消除或者减轻违法行为危害后果的，应当从轻或者减轻行政处罚。"从轻处罚"是指在最低限以上适用较低限的处罚，"减轻处罚"是指在最低限以下处罚。具体到本案，被告适用了从轻处罚，将罚款数额裁量确定为《广告法》规定的最低限，即20万元。法院作为司法机关，对行政机关的裁量一般应予以认可和尊重。但是，根据《行政诉讼法》第77条第1款规定，行政处罚明显不当的，人民法院可以判决变更。原告的广告违法行为既要予以惩戒，也应遵循过罚相当原则，以起到教育作用为度。原告的案涉违法行为情节较为轻微，社会危害性较小，对此处以20万元罚款，在处罚数额的裁量上存在明显不当。根据前述具体情况，法院将罚款数额变更为10万元符合行政法上的比例原则。

【思考题】

1. 除法院判决撤销违法行政行为之外，行政主体自己发现行政行为违法或存在错误后，能否依职权自我纠正？该纠错行为应受到哪些法律限制？

2. 为什么需要法律对法院变更违法行政行为的情形予以限制？

3. 对于行政行为依法应当撤销，但撤销会给国家利益、社会公共利益或者他人合法权益造成重大损害而不撤销的情形，在确认违法后该行政行为是否还具有法律效力，该确认违法有何法律意义？

行政程序

 本章知识要点

（1）行政程序作为规范和控制行政权的"过程性"装置，具有独特的功能和价值，其自身兼具法定性与正当性、公正性与效能性、内部性与外部性的特征。（2）我国虽尚未实现行政程序法典化，但单行法中蕴含了回避制度、告知制度、说明理由制度、听证制度、案卷排他制度、时效制度等程序法治的基本制度。（3）基于政府信息公开是行政程序的重要内容之一，我国先于行政程序法典化制定了《政府信息公开条例》。该条例实施过程中在政府信息的识别、政府信息公开的方式类型、信息公开申请权的滥用等方面较易产生争议，值得关注。

第一节　行政程序基础理论

依法行政要求行政活动必须具有"合法性"，该"合法性"具有"实体合法"和"程序合法"两个面向。而程序合法即通过行政程序的遵循而获得合法性。

行政程序是行政机关作出行政行为时应遵循的步骤、方式、时限等要素构成的系列连续过程。其本质是"过程"，是规范行政权、体现形式法治的行为过程，该过程实现了行政机关和行政相对人意见得以互动的"法空间"。

一、行政程序的功能

"宪法所规定的法治行政的要求，仅有对行政的实体法进行立法性统制以及事后性的行政性统制和司法性统制还不够充分，只有确立对行政的事前的程序性统制，才可能期待十全的状态。"❶ 行政程序作为规范和控制行政权法律制度的重要装置，其具有

---

❶ 南博方. 行政法 [M]. 6版. 杨建顺，译. 北京：中国人民大学出版社，2009：98.

其他法律制度不可替代的功能。

案例一　张某等诉四川省简阳市人民政府侵犯客运人力三轮车经营权案❶

【基本案情】

1996 年 8 月，四川省简阳市人民政府（以下简称简阳市政府）对 240 辆人力客运老年车改型为人力客运三轮车的经营者每人收取了有偿使用费 3500 元；1996 年 11 月，对原有的 161 辆客运人力三轮车经营者每人收取了有偿使用费 2000 元。从 1996 年 11 月开始，简阳市政府开始实行经营权有偿使用，有关部门对限额的 401 辆客运人力三轮车收取了相关的规费。1999 年 7 月 15 日、7 月 28 日，简阳市政府针对有偿使用期限已届满两年的客运人力三轮车，发布《关于整顿城区小型车辆营运秩序的公告》（以下简称《公告》）和《关于整顿城区小型车辆营运秩序的补充公告》（以下简称《补充公告》）。其中，《公告》要求 "原已具有合法证照的客运人力三轮车经营者必须在 1999 年 7 月 19 日至 7 月 20 日到市交警大队办公室重新登记"，《补充公告》要求 "经审查，取得经营权的登记者，每辆车按 8000 元的标准（符合《公告》第六条规定的每辆车按 7200 元的标准）交纳经营权有偿使用费"。张某等 182 名经营者认为简阳市政府作出的《公告》和《补充公告》侵犯其经营自主权，向简阳市人民法院提起行政诉讼。

2017 年 5 月 3 日最高人民法院作出行政判决，撤销四川省资阳市中级人民法院行政判决；确认四川省简阳市人民政府作出的《关于整顿城区小型车辆营运秩序的公告》和《关于整顿城区小型车辆营运秩序的补充公告》违法。

【主要法律问题】

1. 被诉的《公告》和《补充公告》的合法性问题。
2. 客运人力三轮车经营权的许可期限问题。

【主要法律依据】

1.《行政诉讼法》第 69 条、第 89 条；
2.《四川省道路运输管理条例》第 4 条、第 24 条；
3.《四川省小型车辆客运管理规定》第 8 条。

【理论分析】

1. 行政程序是监督行政机关依法行使职权的方式。程序合法是行政行为的合法要

---

❶　最高人民法院. 指导案例 88 号：张道文、陶仁等诉四川省简阳市人民政府侵犯客运人力三轮车经营权案 [EB/OL].（2017-11-24）[2021-10-23]. https://www.court.gov.cn/shenpan-xiangqing-74102.html.

件之一。行政程序作为行政主体实施行政行为必须遵循的程序规则，是对行政行为进行合法性评价的其中一个要件。行政程序违法可以构成相对人寻求救济的正当理由之一，也可以构成有权机关包括权力机关、上级行政机关、法院等撤销行政行为的法定情形之一。

上述案例中，由于简阳市政府在作出行政许可行为的过程中未履行相应的告知义务，致使张某等人误认为其获得的经营权没有期限限制，并据此作出选择。因此，简阳市政府 1996 年的经营权许可在程序上存在明显不当，直接导致与其存在前后承继关系的本案被诉的《公告》和《补充公告》的程序明显不当，法院最终确认了被诉两个公告的违法性。

2. 行政程序能够确保行政实体法的实施。在行政法上，行政程序本身所具有的工具性价值以及附属于行政实体法的特性，意味着行政程序作为服务于目标的手段，它可以向相对人展示某些重要的法律价值，如知情权、当事人参与权、公正性等。行政程序的独立价值能够缓解公民对抗行政权的情绪，通过证据规则等确定一个为当事人接受的并成为实体法适用基础的事实依据，从而实现当事人对实体法的认可和服从，强化法制向社会渗透的内在化和社会化效果。正如美国大法官杰克逊所言："程序的公平性和稳定性是自由不可或缺的要素。只要程序适用公平，不偏不倚，严厉的实体法也可以忍受。"❶

上述案例中，市政府实施人力客运三轮车经营权许可，目的在于规范人力客运三轮车经营秩序。人力客运三轮车是涉及公共利益的公共资源配置方式，明确行政许可的期限，既是为了保障公共利益的需要，也是为了保障许可申请人的选择权利。客观上，四川省交通厅制定的《四川省小型车辆客运管理规定》（川交运〔1994〕359号）也明确了许可期限。市政府没有告知许可期限，存在程序上的瑕疵，但申请人据此认为行政许可没有期限限制的主张，法院不予支持。

3. 行政程序有利于社会秩序的形成与稳定。行政作为执行法律、实现法律预设的社会秩序的活动，有一定强制性。如果没有行政程序提供一个沟通的制度性机制，那么，行政权的强制性就会变质为压制性，虽然压制也能形成一定的社会秩序，但这种社会秩序不具有善治的可持续性。行政程序蕴含的宣泄机制、说理机制等，使得"命令—服从"模式中的恣意性被淡化，过程性和交涉性得以彰显，行政行为的可接受性增强，利益冲突能够自觉消解，从而形成稳定的社会秩序。正如上述案例中，最高人民法院在论证简阳市政府的"惠民"政策时所述："四川省简阳市人民政府根据当地实际存在的道路严重超负荷、空气和噪声污染严重、'脏、乱、差'、'挤、堵、窄'等问题进行整治，符合城市管理的需要，符合人民群众的意愿，其正当性应予肯定。简阳市人民政府为了解决因本案诉讼遗留的信访问题，先后作出两次'惠民'行动，为实质性化解本案争议作出了积极的努力，其后续行为也应予以肯定。但是，行政机关

---

❶ 谷口安平. 程序公正［M］//宋冰. 程序、正义与现代化. 北京：中国政法大学出版社，1998：375.

在作出行政行为时必须恪守依法行政的原则，确保行政权力依照法定程序行使。"简阳市人民政府应当从本案中吸取经验和教训，深入推进依法行政，严格规范公正文明执法，加快推进法治政府建设进程。

【思考题】

从行政法的角度，谈谈对"程序正义是看得见的正义"的理解。

二、行政程序的法定性与正当性

为有效达成行政目的，确保依法行政原则，以保障当事人的合法权益，行政程序一般以法律形式予以规范和约束，从而实现行政程序的"法定化"。但无论是行政程序法典还是单行法，都不可能实现将任何行政活动的程序全部予以严密规定，这与民主法治发展程度、行政形式选择自由和因维持行政弹性和效率而形成的行政程序的非正式性❶等皆有一定的关联性。没有"法定化"程序的情况并不意味着行政权可任意行使，相反，在这种情况下，必须遵守一种最低限度的程序正义的要求，即正当程序。国务院《全面推进依法行政实施纲要》（2004 年）首次将"程序正当"列为"依法行政的基本要求"，程序正当成为法治政府建设的核心要义之一。当然，从内容价值上讲，即使是"法定性"的程序，其自身也应当具有"正当性"。

案例二 张某诉徐州市人民政府房屋登记行政复议决定案❷

【基本案情】

曹某甲、曹某乙系兄妹关系，二人之父早逝，一直随其母曹某氏居住在徐州市民安巷×号，该住处原为 3 间东草房和 1 间南草房。1954 年，张某与曹某甲结婚后迁入民安巷×号居住。1961 年左右，曹某乙出嫁，搬出民安巷×号。1986 年 1 月 30 日曹某氏去世。在曹某氏与儿媳张某及其家庭成员共同居住生活期间，民安巷×号的原住处经翻建和新建，先后形成了砖木结构、砖混结构的房屋计 7 间。其中砖混结构的 3 间东屋，在 1981 年 12 月以张某的名字办理了第 N 号建筑工程施工执照，在原 3 间东草房的基础上翻建而成。1988 年 5 月 31 日，张某向徐州市房产管理机关提出为其办理民安巷×号的上述 7 间房屋产权和土地使用权登记的书面申请。徐州市鼓楼区房地产登记发证办公室根据张某提交的申请材料，经调查后于 1988 年 9 月 28 日为张某填发了鼓房字第 N1 号房屋所有权证，并加盖徐州市人民政府的印章，将 199.78 平方米的国有土地使用

---

❶ 陈敏. 行政法总论 [M]. 8 版. 台北：新学林出版股份有限公司，2009：780.

❷ 张成银诉徐州市人民政府房屋登记行政复议决定案 [J]. 中华人民共和国最高人民法院公报，2005 (03)：43-46.

权登记为张某使用。

此后，民安巷×号的房屋又历经 1991 年的新建、1994 年的扩建、1997 年的赠与和 1998 年的新建，徐州市房产管理机关经公告征询无产权异议后，为张某办理了产权登记，颁发了房屋所有权证。徐州市土地管理局亦于 1996 年 12 月 3 日向张某颁发了国有土地使用证。2002 年，张某位于民安巷×号的房屋被依法拆迁。2003 年 10 月 28 日，曹某乙向徐州市人民政府申请行政复议，请求撤销 1988 年将民安巷×号房屋产权和土地使用权确权登记给张某的具体行政行为。徐州市人民政府在没有通过法定的方式通知张某参加复议的情况下，于 2004 年 4 月 29 日作出行政复议决定，确认徐州市房地产管理局将民安巷×号房屋产权及国有土地使用权确权给张某的具体行政行为违法。

【主要法律问题】

1. 行政机关在依照《行政复议法》复议行政决定时，如果可能直接影响到他人的利益，是否必须以适当的方式通知其参加复议并听取意见？

2. 法定程序与正当程序是什么关系？

【主要法律依据】

1.《行政诉讼法》第 70 条、第 89 条；

2.《行政复议法》第 10 条、第 28 条；

3.《城镇房屋所有权登记暂行办法》第 8 条。

【理论分析】

1. 行政机关在作出可能对他人不利的行政决定时应当听取利害关系人的意见。行政程序的基本要求是除遵循合法性原则外，还应遵循正当行政程序，即行政程序不但要合法，而且应正当。这不仅是依法行政的要求，也是保护相对人合法权益的要求。行政程序合法是指行政主体所遵循行政程序应有法律依据，并严格按照法律规定的方式、方法、步骤和时限等进行。正当性主要体现在作出不利于相对人的决定时，应告知其作出行政行为的理由、事实和法律依据；应告知相对人有陈述申辩的权利，行政主体应听取相对人的陈述和申辩等。随着民主法治的推进，程序的正当性也越来越为法治社会所需要。上述案例中，就被诉的行政复议决定而言，《行政复议法》没有明确规定行政复议机关必须通知第三人参加复议，是否意味着就不必遵守任何程序，答案显然是否定的，因为根据正当程序的要求，行政机关在可能作出对他人不利的行政决定时，应当专门听取利害关系人的意见。在此情形下，徐州市人民政府未听取利害关系人的意见即作出于其不利的行政复议决定，构成严重违反法定程序。

2. 法定程序与正当程序是一种概念上并存、种类上交叉以及适用上补充的关系。一是概念上的并存关系。"法定程序"是行政程序的"法定化"，是国家通过立法将程序以"成文化"的形式固定下来；"正当程序"是指一种符合"正当性"标准的程序。

它不受是否已成为"法定程序"的影响。就是说，不论这种程序是否为法律所规定，只要符合"正当性"标准的程序就是"正当程序"，否则就是"非正当程序"。可以说，法定程序是一个形式标准，它不管程序是否正当，只要写进法律的程序就是法定程序；正当程序是一个内容标准，无论其是否写进法律，只要内容上符合正当性的程序就是正当程序。这就意味着：法定程序不一定是正当程序，因为并非所有"法定化"的程序都具有"正当性"；正当程序也不一定是法定程序，因为做不到将所有的正当程序都通过立法予以"成文化"和"法定化"，尤其是在没有制定行政程序法的背景下。由此可见，法定程序与正当程序这两个概念各有侧重点，是无法相互替代的并存关系。二是种类上的交叉关系。从法定程序到正当程序，意味着人们对程序的要求从形式上的"法定化"走向实质上的"正当化"，这是一种观念上和制度上的进步。但是，这不意味着"法定程序"与"正当程序"是两种泾渭分明、非此即彼的程序种类。如上所述，法定程序是程序"成文化"的结果，正当程序是程序"正当化"的结果，它们之间是一种形式标准与内容标准的区别。在写进法律的"法定程序"不全具有"正当性"、大量的正当程序尚未被写进法律的现实背景下，法定程序与正当程序必然出现交叉。这种交叉性表现在：（一）法定程序未必全是正当程序。在法定程序中，符合正当性的程序才属于正当程序。（二）正当程序未必全是法定程序。我国已有大量的正当程序被写进法律，为立法所吸收，从而使正当程序同时成为法定程序，但还有一些正当程序未被写进法律，未做到"法定化"。可见，法定程序与正当程序之间存在着"你中有我"和"我中有你"的关系。（三）适用上的补充关系。在法定程序与正当程序并存关系之下，在法律适用上必须确立这样的规则：有法定程序的适用法定程序，无法定程序的适用正当程序。适用正当程序是对适用法定程序的补充。上述案例中，在法律并没有明确规定程序的情况下，根据"最低限度"的程序正义要求，复议机关必须为当事人提供陈述意见的机会。

【思考题】

法定程序之外，行政机关以其他规范性文件规定的行政程序，即意定行政程序能否作为评价行政行为合法性的程序依据？如果该意定行政程序不合乎正当性标准呢？

三、行政程序的公正性与效能性

行政法意义上，程序正义要求行政权通过公正、公开等程序民主的运作模式，以期在普遍意义上确立行政行为的形式合法性，在个案上使相对人的合法权益得以实现，并在兼顾行政效能的前提下，获得相对人的信赖，取得实质正当性。因此，程序正义，既是手段也是目的，其既要保障权益，又须兼顾效能（又称程序理性），这样的程序也即应赋予相对人应有的程序权利，应符合社会公共道德或社会一般公正心态具有合理性和正当性，应符合规律或客观情况具有科学性和可行性。

案例三　易某、周某诉湖南省宁乡市人民政府等行政强制案❶

【基本案情】

2012 年 6 月 25 日，宁乡市城市管理和综合执法局（以下简称宁乡城管局）对易某在宁乡市城郊街道东沩社区明珠路×号修建的建筑面积 136.63 平方米的房屋进行立案调查。经询问、现场检查及勘验，于 2012 年 8 月 3 日作出宁城处字〔2012〕城建投中队第 011 号《行政处罚决定书》，责令易某于 2012 年 8 月 7 日前自行拆除违法建筑。2012 年 9 月 22 日，宁乡城管局作出宁城强拆公字〔2012〕城建投中队第 137 号《强制拆除公告》（以下简称《强拆公告》），责令易某于 2012 年 9 月 30 日前自行拆除违法建筑。2012 年 10 月 10 日，宁乡城管局作出宁城催字〔2012〕城建投中队第 009 号《责令限期拆除催告通知书》（以下简称《限期拆除催告》）。2012 年 11 月 4 日，宁乡市政府作出《关于责成强制拆除易某户违法建筑（构）筑物的通知》（以下简称《责成强拆通知》），责成宁乡城管局组织相关部门依法强制拆除城郊乡东沩社区明珠路×号易某户违法建（构）筑物。2012 年 11 月 5 日，城管局作出并送达了宁城强拆字〔2012〕城建投中队第 011 号《强制拆除决定书》（以下简称《强拆决定》），决定自 2012 年 11 月 6 日起对违法建筑实施强制拆除。2016 年 4 月 15 日，宁乡城管局组织相关部门对该违法建筑强制拆除。周某、易某认为宁乡市政府和宁乡城管局违法组织强制拆除其房屋，故向法院提起行政诉讼。

【主要法律问题】

1. 涉案被诉的行政强拆行为是否合法？

2. 行政机关对行政决定的执行是否需要等待当事人直至超过申请复议或提起诉讼的期限？

【主要法律依据】

1.《行政诉讼法》第 68 条、第 89 条；

2.《城乡规划法》第 68 条；

3.《行政强制法》第 37 条、第 44 条、第 68 条。

【理论分析】

1. 被诉强拆行为符合法律规定的程序。《行政强制法》第 37 条第 1、2 款规定，

---

❶ 湖南省长沙市中级人民法院（2017）湘 01 行初 206 号行政判决书；湖南省高级人民法院（2018）湘行终 1865 号行政判决书；最高人民法院（2019）最高法行申 11445 号行政裁定书。

经催告，当事人逾期仍不履行行政决定，且无正当理由的，行政机关可以作出强制执行决定。强制执行决定应当以书面形式作出，并载明下列事项：（1）当事人的姓名或者名称、地址；（2）强制执行的理由和依据；（3）强制执行的方式和时间；（4）申请行政复议或者提起行政诉讼的途径和期限；（5）行政机关的名称、印章和日期。《行政强制法》第 44 条规定，对违法的建筑物、构筑物、设施等需要强制拆除的，应当由行政机关予以公告，限期由当事人自行拆除。当事人在法定期限内不申请行政复议或者提起行政诉讼，又不拆除的，行政机关可以依法强制拆除。

上述案例中，宁乡城管局对周某、易某涉案房屋进行立案调查，经询问、现场检查及勘验，作出《行政处罚决定书》，责令周某、易某在规定时间内自行拆除；在周某、易某未自行拆除的情况下，宁乡城管局发布《强拆公告》，责令其在限定时间前自行拆除；因周某、易某未自行拆除，宁乡城管局作出《限期拆除催告》，并报请宁乡市政府作出《责成强拆通知》；宁乡市政府责成宁乡城管局组织相关部门依法强制拆除周某、易某涉案房屋；宁乡城管局据此于 2012 年 11 月 5 日作出并送达《强拆决定》，该《强拆决定》载明"2012 年 11 月 6 日起"对涉案房屋实施强制拆除。宁乡城管局于 2016 年 4 月 15 日实施涉案强制拆除行为，实施强制拆除前已告知易某该房屋的处罚、催告程序已经于 2012 年履行完毕，且提前告知房屋内居住租户应搬离，可见被诉拆除行为并未损害周某、易某的合法权益。

2. 行政机关对行政决定的执行是否需要等待当事人超过申请复议或提起诉讼的期限，主要在于行政机关自己对该行政决定是否具有强制执行权。（1）对于行政机关自己无强制执行权的，行政机关必须申请法院强制执行。对于这类执行（非诉执行），一律须以当事人在法定期限内既不申请复议又不提起诉讼为前提。当事人没有超过申请复议和提起诉讼期限的，行政机关不得申请法院强制执行。（2）对于行政机关自己有权实施强制执行的行政决定，原则上行政机关无须等待超过申请复议和提起诉讼的期限便可执行，但是法律（狭义）有例外规定的从其规定。因为《行政复议法》第 21 条和《行政诉讼法》第 56 条所确立的"行政复议、诉讼不停止执行"原则本身就保留了一个"口子"，即"法律规定停止执行的"，就应当停止执行。于是，对违法建筑物、构筑物、设施等的强制拆除等法律有明文规定的，在当事人没有超过申请复议和提起诉讼期限之前，不得实施强制执行；法律没有特别规定的，行政机关就无须等待当事人超过申请复议和提起诉讼的期限，就可依法强制执行。

3. 国务院作出的《全面推进依法行政实施纲要》（2004 年）中，要求行政机关实施行政管理，应当遵守法定时限，积极履行法定职责，提高办事效率。履行法定职责是行政机关的权力也是其义务。行政机关依照程序作出强制拆除决定后，若行政相对人未在法律规定的救济期限内提起行政复议、行政诉讼，行政机关即应及时履行强制拆除的职责与义务，若其于作出决定后长期未组织实施拆除行为，将影响行政行为效力的及时实现，有违高效原则。同时，在行政行为作出过程中，为贯彻保障相对人权益原则而设定一定的程序要求，只能有利于事实的查明和法律的正确适用，不会混淆是非，更不会因此而使违法行为人逃脱应有的惩罚。

综上可见，程序正义对公正性的追求与行政效能的维系之间存在某种紧张关系，但两者并非绝对互斥，而是互动、衡平的并存。进一步而言，行政程序的公正、公开与民主化，也许将延长决定作出的时间或者致使手段烦琐，但这并非意味着无效率。因为，不遵守程序或者程序不正当，反而容易遭受相对人的抗争包括事后的救济，这不仅会损害行政机关的权威，也无法实现提高行政效能的目的。

【思考题】

从公正与效率的关系思考我国行政程序立法的目标模式应如何选择。

四、行政程序的内部性与外部性

行政决定的作出是行政机关意志形成和表达的复杂过程。以当事人的参与为标准，该过程包含着两个互相联系但可以区别的子系统。一方面，行政机关在程序过程中与当事人进行必要的甚至反复的交涉，如告知并听取当事人陈述和申辩；另一方面，在现代行政体制中，行政组织自身是一个结构复杂的系统，包含着不同行政机关之间的关系、行政机关内部成员之间的关系以及行政机关与当事人以外的其他外部人员的关系，如涉及行政系统内部权力和职责的分配和运行等。上述两个系统运行的规则就产生了行政程序的"外部性"与"内部性"之别，即外部行政程序和内部行政程序。对于"外部性"行政程序，大家都不陌生，却容易忽略"内部性"行政程序对行政法治的影响。

案例四　某化工厂诉沈阳市浑南区人民政府不履行法定职责案❶

【基本案情】

浑南区人民政府（以下简称浑南区政府）申请再审，请求撤销二审判决，发回重审或驳回某化工厂的补偿请求。主要的事实和理由为，一、二审判决认定事实不清、适用法律错误，程序违法；本案未经行政先行处理，某化工厂径行提起行政诉讼于法无据；某化工厂要求过渡期安置补偿及设备二次搬运补偿无事实和法律依据；案涉评估报告不能作为补偿依据。

最高人民法院认为，本案的争议焦点为依据案涉评估报告对某化工厂及其主张的过渡期安置、设备二次搬运予以补偿是否妥当。首先，案涉评估报告系某化工厂经一审法院同意自行委托具有评估资质的机构对《拆迁企业入户调查表》所载明的财产进行评估后作出。其中，《拆迁企业入户调查表》记载的信息由浑南区政府征收部门工作

---

❶　最高人民法院（2019）最高法行申 9744 号行政裁定书。

人员和某化工厂共同签字确认，评估机构对各方当事人提出的《评估价格异议申请书》进行了合理答复，且经过庭审质证，将案涉评估报告作为补偿依据并无不当。其次，在浑南区政府向某化工厂相邻企业作出的《被拆迁房屋验收单》和第三人辽宁省沈阳市浑南区白塔街道办事处委托江苏某房地产土地造价评估有限公司（以下简称某评估公司）出具的评估报告中，均有过渡期安置补偿和设备二次搬运补偿项目。因此，综合考虑企业搬迁时双方协商的实际情况、浑南区政府委托评估的事实以及某化工厂企业附近其他被征收人的补偿情况，酌定参照某评估公司的评估报告对某化工厂过渡期和设备二次搬运予以补偿亦无不当。

此外，因房屋征收部门报请作出补偿决定的程序是行政机关内部程序，行政机关不能将此内部程序外部化，阻碍被征收人行使直接起诉请求行政机关予以补偿的权利，因此本案不存在应由行政先行处理的问题。

【主要法律问题】

1. "内部性"行政程序对行政行为合法性有什么影响？
2. "内部性"行政程序的外部化法律效果是什么？

【主要法律依据】

1. 《行政诉讼法》第91条；
2. 《最高人民法院关于适用〈中华人民共和国行政诉讼法〉的解释》第116条。

【理论分析】

1. "内部性"行政程序对行政行为合法性的影响。

内部行政程序是行政机关对外行使权力的一套内部规则系统。内部行政程序是行政过程不可缺少的环节。一个行政行为的作出可以没有相对人的参与，但不可能没有内部的运作。即使是那些被奉为现代程序核心要素的外部程序，也需要通过内部程序的纽带才能运转，其有效实施在很大程度上取决于内部程序的建构。不但如此，内部程序作为行政系统内部的权力分配方式，深刻影响乃至直接决定当事人的权益。行政的结果不但取决于相关法律和事实，也取决于谁来调查、谁作决定等内部程序。

与西方国家相比，内部行政程序建设在中国具有特殊的意义。英美国家行政程序建构的重心在于以听证为代表的外部程序，而中国的法律传统和现实则更重视内部程序的监控。中国的行政官员对于人员分工、请示汇报、讨论拍板、公文签发之类的内部办事程序比较认同，这构成中国行政程序建设的一种本土资源。同时，行政程序的实践也告诉我们，只规范外部程序而不规范内部程序，行政程序制度是不可能有效的。由于中国的外部行政程序在很长时间内还难以完备，行政行为的程序保障更多地落在了内部程序上。● "行政系统一经建立，就必须协调其系统内部的关系，确定系统内部的程序，以保证有效地对外部实施管理和服务，为外部社会提供秩序和福祉。"● 更何况在特别情况下，内部程序在一定条件下也会涉及行政相对人的权益，从而形成外部行政法调整的范围。因此，内部程序意义在于，作为一种内部事先控制技术，担保行政机关对外作出行政行为合法性。

2. "内部性"行政程序的外部化法效果。

与外部行政程序一样，内部行政程序也有它的法效果。两者的差别只不过是，内部程序的法效果原则上限于行政系统内部的行政机关、行政机构和行政机关工作人员，不及于行政相对人。内部行为法效果内化，其发生的制度性基础是行政机关之间的层级制与行政机关和行政机关工作人员之间的职位制。

内部程序的"法效果内化"，是指行政机关基于内部程序作出的行为所产生的法效果仅限于行政内部，不涉及外部行政相对人权益。通常情况是，行为形成于内部程序，但它的法效果却溢出了内部行政边界，进入了外部行政领域，影响了行政相对人的权益，构成了内部程序法效果外化，是一种例外情形。其外化途径有两种类型：（1）直接外化。即行政机关在内部程序中作出了直接影响外部行政相对人权益的行为。"直接"在这里意味着它影响外部行政相对人权益不需要转接中介。如在"吉某等诉盐城市人民政府行政决定案"● 中，市政府专题会议是内部行政法规范的对象，属于内部行政法调整的领域。盐城市人民政府本次专题会议决定，城市公交在规划区内开通的老干线路，要保证正常运营，继续免缴相关交通规费。吉某等经营的客运线路与公交总公司 5 路和 15 路客运线路存在重叠，故专题会议纪要直接影响了吉某等的公平竞争权。内部行为直接外化导致了内部行为质变为外部行政法规范的行政行为，它可以成为行政复议、行政诉讼客体。（2）间接外化。即行政机关在内部程序中作出的行为，必须借助于行政机关职权行为才能产生影响外部行政相对人权益的结果。如在"魏某、陈某诉来安县人民政府收回土地使用权批复案"● 中，来安县人民政府对其所属国土资源和房产管理局的请示作出的批复，国土资源和房产管理局交由来安县土地储备中心付诸实施。本案中，《批复》若没有土地储备中心付诸实施的职权行为，它的法效果仍然止于行政机关内部。非职权行为是否可能导致内部行为法效果外化，学理尚无定论，最高人民法院发布的指导案例到目前为止仅仅承认依职权行为才能导致内部行为效果外化。● 内部程序法效果外化因其影响外部行政相对人的权益，故在其外化之后就纳入

● 何海波. 内部行政程序的法律规制（上）[J]. 交大法学, 2012（01）：127-139.
● 姜明安. 行政法与行政诉讼法 [M]. 6 版. 北京：北京大学出版社, 2015：24.
● 吉德仁等诉盐城市人民政府行政决定案 [J]. 中华人民共和国最高人民法院公报, 2003（04）：33-36.
● 最高人民法院. 指导案例 22 号：魏永高、陈守志诉来安县人民政府收回土地使用权批复案 [EB/OL].（2013-11-16）[2021-10-23]. https://www.court.gov.cn/shenpan-xiangqing-6006.html.
● 章剑生. 作为担保行政行为合法性的内部行政法 [J]. 法学家, 2018（06）：66-80, 193.

了外部行政法调整的范围。❶

【思考题】

1. 内部行政程序的主要内容（形态）有哪些？
2. 违反内部行政程序的法律后果是什么？

第二节　行政程序主要制度

鉴于我国尚未实现行政程序的法典化，对于行政程序基本制度的表达方式只能是散见于诸多单行法。本部分主要从行政及司法实践出发，在现有行政法律规范的框架内阐述行政程序中的主要制度。

一、回避制度

回避制度与公正程序关系密切，因为"任何人不得做自己的法官"，因此需要从回避事由、回避范围、回避方式及回避限制等角度予以扼要规定。

案例一　王某诉大连市人民政府行政批准案❷

【基本案情】

2013 年 6 月 2 日，大连石化分公司第一联合车间安全员王某将 6 月 1 日未下发的编号为第 N 号的 939# 罐动火许可证有效期改为 6 月 2 日，并安排三苯罐区外操作工慈某对 939# 罐进行现场动火作业监督。14 时 30 分左右 939# 等 4 罐突然发生爆炸着火，罐体破裂，事故致 4 人当场死亡，造成财产损失价值人民币 1751025 元。事故发生后，大连市人民政府（以下简称大连市政府）所属的安监、监察、公安、总工会等有关单位人员组成事故调查组，对事故责任进行调查。经过现场勘查、调查取证、检验测试、综合分析等程序后，事故调查组完成《中国石油天然气股份有限公司大连石化分公司三苯罐区 "6.2" 较大爆炸火灾事故调查报告》（以下简称《事故调查报告》），认定王某在实施 "更换 939# 罐罐顶侧壁仪表平台" 动火作业审批时，擅自更改动火作业日期，并代他人签名，且现场安全防控措施不落实，对本次事故发生负有直接责任，建议移交司法机关对其追究刑事责任。其中，事故调查组成员宋某、于某、王某某系大

---

❶ 李永超. 揭穿内部行政行为之面纱——基于司法实践中 "外化" 之表达的一种解释框架 [J]. 行政法学研究，2012（04）：95-100.

❷ 最高人民法院（2015）行监字第 730 号行政裁定书。

连市安全生产监督管理局工作人员，《事故调查报告》建议对以上三人予以行政处分。大连市政府于 11 月 4 日作出大政〔2013〕127 号《关于中国石油天然气股份有限公司大连石化分公司三苯罐区"6.2"较大爆炸火灾事故结案的批复》（以下简称 127 号《批复》），同意事故调查组对事故的原因分析、责任认定结论和对有关单位及责任人的处理意见，同意结案。

王某认为宋某、于某、王某某属于被调查对象，按照法律规定应当回避，遂向法院诉请撤销 127 号《批复》及其批准的《事故调查报告》。一、二审判决均驳回了其诉讼请求。王某认为一、二审判决违反法律规定，将"大连市政府作出被诉行政行为没有履行回避的法定义务"作为理由之一申请再审。

【主要法律问题】

宋某、于某、王某某是否应回避？

【主要法律依据】

1. 《生产安全事故报告和调查处理条例》第 3 条、第 19 条、第 22 条、第 23 条、第 30 条、第 31 条、第 32 条、第 34 条；

2. 《全面推进依法行政实施纲要》。

【理论分析】

《生产安全事故报告和调查处理条例》第 22 条规定："根据事故的具体情况，事故调查组由有关人民政府、安全生产监督管理部门、负有安全生产监督管理职责的有关部门、监察机关、公安机关以及工会派人组成，并应当邀请人民检察院派人参加。"第 23 条规定："事故调查组成员应当具有事故调查所需要的知识和专长，并与所调查的事故没有直接利害关系。"

2004 年国务院发布的《全面推进依法行政实施纲要》规定："行政机关工作人员履行职责，与行政管理相对人存在利害关系时，应当回避。"根据上述规定，事故发生地的安全生产监督管理部门应当委派工作人员作为事故调查组的成员，参与事故调查活动。但是，如果地方安全生产监督管理部门的工作人员对所调查事故本身负有责任，应当依法受到处理，则该工作人员属于《生产安全事故报告和调查处理条例》第 23 条和《全面推进依法行政实施纲要》规定的"与所调查的事故有直接利害关系"应当回避的人员。

上述案例中，最高人民法院认为，宋某、于某、王某某系大连市安全生产监督管理局工作人员，但是《事故调查报告》的建议中认为，三人分别负有"领导责任""监督不力、监管执法不严"的责任以及"执法不严"的责任，应当给予相应的行政处分。宋某等三人参与应当给予自己行政处分的事故调查活动，"作自己案件的法官"，显然违反了法定程序和程序正当原则。一、二审判决认为宋某等三人与事故发生不存在直接利害关系，不属于《生产安全事故报告和调查处理条例》第 23 条规定的应当回避的人员，系对法律规定的错误理解，应当予以纠正。但是，鉴于王某系对本次事故发生负有直接责任，与宋某等三人所负责任性质完全不同，三人与王某之间并不存在利害关系，且本案并无证据否定被诉 127 号《批复》关于王某事故责任认定的主要事实和法律适用，王某以此为由申请再审，理由不能成立。

【思考题】

行政决定违反回避规定能否构成其被撤销的理由？

二、告知制度

行政程序法治的基本理念是，行政相对人不再是行政权可以任意支配的客体，而是一个具有独立利益且不可任意支配的主体，是限制行政机关滥用职权的外在力量。告知程序的创设，既是对行政相对人的尊重，也是防止行政机关滥用行政职权的法律机制。

案例二　某调味品厂诉郑州市人民政府行政处理决定案❶

【基本案情】

1995 年 11 月，郑州市中原区某调味品厂（个体工商户）与中原区闫垌村某村民组（以下简称闫垌村某组）以该厂系村办企业名义向主管部门提交《关于违章用地的检查及补办征地手续的申请》。郑州市土地管理局同意补办并下达批复，该厂其后所提交的相关申请表中经济性质栏填写了"个体"。1996 年 12 月，郑州市人民政府（以下简称郑州市政府）给该厂颁发国有土地使用证，载明土地性质为划拨。自 1999 年开始，该厂与闫垌村某组因涉案土地权属问题发生争议。该厂于 2005 年以征地补偿安置费名义给闫垌村某组汇款 33 万余元被拒。2006 年 12 月，郑州市政府针对闫垌村某组撤销该厂获颁土地使用证的申请，作出郑政行政处〔2006〕4 号注销上述国有土地使用证的决定（以下简称 4 号决定），理由是该厂与闫垌村某组采取欺骗手段，未如实登记。该厂进而向河南省人民政府申请复议未果，提起诉讼，请求法院撤销 4 号决定。涉案土地现已被用于房地产开发。

【主要法律问题】

1. 1999 年修订并实施的《河南省实施〈土地管理法〉办法》能否适用于 1996 年的错误颁证行为？

---

❶ 最高人民法院（2014）行提字第 21 号行政判决书。

2.4 号决定作出程序是否合法？

【主要法律依据】

《河南省实施〈土地管理法〉办法》第 11 条。

【理论分析】

1. 按照依法行政原则的要求，行政机关对于自己或者所属部门作出的违法行政行为，有权亦有职责加以纠正。关于纠正的方式，按照实体从旧、程序从新的原则，可以适用新的规定。据此，《河南省实施〈土地管理法〉办法》关于发现土地登记和颁证错误可以收回或者注销之规定虽系 1999 年修改时新增加的内容，但对应条款是程序条款，按照前述原则，郑州市政府于 2006 年纠正 1996 年的错误颁证行为时可以适用。

2. 4 号决定有违正当程序。按照正当程序的基本要求，行政机关作出对行政管理相对人、利害关系人不利的行政决定之前，应当告知并给予其陈述和申辩的机会。上述案例中，4 号决定剥夺了某调味品厂继续使用涉案土地的权利，对其重大财产权益产生不利影响，郑州市政府既未事前告知该厂，亦未给予其陈述和申辩的机会，程序明显不当。虽然郑州市政府相关工作人员在 2006 年 9 月 22 日对该厂负责人弓某进行了口头询问并制作了调查笔录，但从该笔录内容看，询问时既未告知调查目的，也未告知可能因涉嫌欺骗未如实登记、行政机关拟注销涉案土地使用证等情况，不足以使该厂在 4 号决定作出前进行充分的、有针对性的陈述和申辩，显然不能满足正当程序的要求。

【思考题】

行政决定作出过程中告知的基本内容有哪些？

三、说明理由制度

行政行为说明理由是依法行政原理中的应有之义，也是从正当法律程序中可以推导出的规则之一。说明理由的程序性要求保证行政相对人在接到一个不利行政行为时，同时收到作出行政行为的理由。对行政机关而言，说明理由的目的在于说服行政相对人，减轻他的对抗情绪；就行政相对人而言，说明理由有助于他同意、认可接受行政行为，若其不认同理由，可以有针对性地从中寻找出救济的理由。强调说明理由的程序性法治意义在于，如果"在没有程序保障的情形下，说服极易变质为压服，同意也就成了曲意"。❶

---

❶ 章剑生：现代行政法基本理论［M］．2 版．北京：法律出版社，2014：643.

案例三　某矿业有限公司与国土资源部等国土资源行政复议决定案❶

【基本案情】

2006 年 1 月 16 日，湖南省国土厅向郴州市某矿业有限公司（以下简称甲矿业公司）颁发第 N 号《采矿许可证》，矿山名称为"郴州市乙矿业有限公司红旗岭矿"，2009 年采矿权人变更登记为中信乙公司。2010 年 11 月和 2011 年 10 月，中信乙公司在国土资源部办理了采矿许可延续登记手续，将采矿证延续至 2012 年 10 月 7 日。同时，国土资源部在该采矿许可证上标注，"请在本证有效期内解决重叠问题，重叠问题解决后，再申请办理延续登记。否则不再予以延续。"

2006 年 3 月 24 日，郴州市国土局颁发 2006 年《采矿许可证》，采矿权人为"苏仙区甲北段有色金属矿"，矿山名称为"苏仙区甲北段有色金属矿"，有效期限为 2006 年 3 月至 2011 年 3 月。2011 年该证到期后，由湖南省国土厅办理采矿权延续登记手续，该采矿许可证的有效期限为 2011 年 9 月 1 日至 2014 年 9 月 1 日。

红旗岭矿与甲有色金属矿存在矿区垂直投影重叠。因为在采矿许可证有效期内无法解决重叠问题，中信乙公司于 2012 年 11 月向国土资源部提出行政复议申请，请求撤销湖南省国土厅（授权郴州市国土局）于 2006 年向甲矿业公司颁发、于 2011 年又经湖南省国土厅延续的《采矿许可证》的具体行政行为。2014 年 7 月 14 日，国土资源部作出复议决定，撤销了 2011 年湖南省国土厅向甲矿业公司颁发的《采矿许可证》。甲矿业公司不服，提起行政诉讼。

【主要法律问题】

被诉复议决定说明理由义务是否充分履行？

【主要法律依据】

1. 《行政复议法》第 9 条、第 28 条；
2. 《复议法实施条例》第 17 条；
3. 《全面推进依法行政实施纲要》。

【理论分析】

1. 行政机关有必要履行说明理由义务。国务院《全面推进依法行政实施纲要》规定，行政机关行使自由裁量权的，应当在行政决定中说明理由。行政复议决定是复议机关居中行使准司法权进行的裁决，且行使着上级行政机关专业判断权，人民法院对

---

❶　最高人民法院（2018）最高法行再 6 号行政判决书。

行政复议决定判断与裁量及理由说明，应当给予充分尊重。与此相对应，行政复议决定和复议卷宗也应当依法说明理由，以此表明复议机关已经全面客观地查清了事实，综合衡量了与案情相关的全部因素，而非轻率或者武断地作出决定。因为只有借助书面决定和卷宗记载的理由说明，法院才能知晓决定考虑了哪些相关因素以及是否考虑了不相关因素，才能有效地审查和评价决定的合法性。不说明裁量过程和没有充分说明理由的决定，既不能说服行政相对人，也难以有效控制行政裁量权，还会给后续司法审查带来障碍。

2. 复议机关未充分履行说明理由义务。坚持依法行政和有错必纠是法治的基本要求，但法治并不要求硬性地、概无例外地撤销已经存续的、存在瑕疵甚至是违法情形的行政行为，而是要求根据不同情况作出不同处理。《行政复议法》第 28 条第 1 款第 3 项规定，复议机关对违法的行政行为，可以作出撤销、变更或者确认违法等行政复议决定。因此，复议机关应当审慎选择适用复议决定的种类，权衡撤销对法秩序的维护与撤销对权利人合法权益造成损害的程度以及采取补救措施的成本等相关因素；认为存在撤销不符合公共利益等情形时，可以决定不予撤销而选择确认违法等复议结果；确需撤销的，还需指明因撤销许可而给被许可人造成的损失如何给予以及给予何种程度的补偿或者赔偿问题。如此，方能构成一个合法的撤销决定。

上述案例中，在许可期限即将届满，双方均已经因整合需要停产且不存在安全生产问题的情况下，被诉复议决定也未能说明撤销的紧迫性和必要性，反而使甲矿业公司在可能的整合中处于明显不利地位，加大整合并购的难度。同时，对案涉采矿权重叠问题有多种处理方式以及可能存在多种复议结论的情况下，国土资源部选择作出撤销决定，更应充分说明理由。但是，从复议机关所提供的证据与全案卷宗情况来看，被诉复议决定并未体现相应的衡量因素，也未进行充分说理，仅简单以构成重叠即作出撤销决定，难以得到法院支持。法院认为复议机关所提供的证据材料不能满足司法审查需要，复议机关未完全履行说明理由义务的，可以要求复议机关重新调查处理，并提供可以进行审查的证据、依据以及相应的理由说明。

【思考题】

不说明理由属于何种行政行为违法类型？

四、听证制度

听证作为一种听取利害关系人意见的制度，不仅不是行政法上一种独特的程序法制度，相反，它是通过借鉴司法权的运作模式，将其引入行政权领域，其重要意义在于尊重行政相对人的人格尊严，提高行政行为的可接受性；确认行政相对人的听证权利，形成约束行政机关滥用行政权的外在力量；增加行政权行使的透明度，满足人民知情权的需求。

案例四　某燃气有限公司诉寿光市人民政府等特许经营协议案●

【基本案情】

2011 年 7 月 15 日，寿光市人民政府（以下简称寿光市政府）授权的寿光市住房和城乡建设局（甲方）与某燃气公司（乙方）协商共同开发寿光市天然气综合利用项目，双方签订《山东省寿光市天然气综合利用项目合作协议》。协议签署前后，该燃气公司陆续取得了寿光市天然气综合利用项目的立项批复、管线路由规划意见、建设用地规划设计条件通知书、国有土地使用证、环评意见书、工业生产建设项目安全设施审查意见书、固定资产投资工程项目合理用能评估审核意见书、项目核准意见、关于燃气项目水土保持方案的批复等手续，同时对项目进行了部分开工建设。

2014 年 7 月 10 日，寿光市住房和城乡建设局对某燃气公司作出催告通知，内容为："……你公司的管道天然气经营许可手续至今未能办理，影响了经营区域内居民、工业、商业用户及时用气，……现通知你公司抓紧办理管道天然气经营许可手续，若收到本通知 2 个月内经营许可手续尚未批准，我市将收回你公司的管道天然气经营区域，由此造成的一切损失由你公司自行承担。"

2015 年 6 月 25 日，某燃气公司参加了寿光市燃气工作会议，会议明确要求"关于天然气镇村通工程建设。各燃气企业要明确管网铺设计划，加快推进工程建设，今年 9 月底前未完成燃气配套设施建设的，一律收回区域经营权"。

2016 年 4 月 6 日，寿光市政府作出《关于印发寿光市"镇村通"天然气工作推进方案的通知》，决定按照相关框架合作协议中有关违约责任，收回某燃气公司的羊口镇等地的经营区域授权，授权给寿光市城市基础设施建设投资管理中心代表寿光市政府经营管理。该燃气公司不服，遂寻求行政救济。

【主要法律问题】

寿光市政府收回燃气经营区域授权未进行听证程序是否合法？

【主要法律依据】

《市政公用事业特许经营管理办法》第 18 条、第 25 条。

【理论分析】

在听证制度从司法移入行政领域后，还需要充分考虑其对行政权的效率和灵活性的

● 最高人民法院. 寿光中石油昆仑燃气有限公司诉寿光市人民政府、潍坊市人民政府解除政府特许经营协议案 [J/OL]. 中华人民共和国最高人民法院公报, 2018（09）. http://gongbao. court. gov. cn/Details/41f27be3884 eb6a444fc540436af5d. html.

影响。一定程度上，行政听证会减损行政效率，为了确保行政的基本效率，并不是所有的行政行为在作出之前都需要正式听取行政相对人的意见，这就涉及听证范围。以行政行为法效果对行政相对人权益影响不同，听证范围的设定模式也有所区别，就负担性行政行为而言，因该类行为会对行政相对人权益产生不利影响，听证的范围一般由实体法明确规定其情形，因此遵循听证程序即为行政权行使的义务规则。

《市政公用事业特许经营管理办法》第25条规定，对获得特许经营权的企业取消特许经营权并实施临时接管的，必须按照有关法律、法规的规定进行，并召开听证会。上述案例中，该燃气公司认为寿光市政府收回其燃气经营区域授权未进行听证，违反上述规定。寿光市政府对供气行业依法实施特许经营，决定收回该燃气公司燃气经营区域授权，应当告知该燃气公司享有听证的权利，听取其陈述和申辩。该燃气公司要求举行听证的，寿光市政府应当组织听证。而寿光市政府未提供证据证明其已履行了相应义务，其取消特许经营权的行为不符合上述法律规定，属于程序违法。

【思考题】

听证笔录的法律效力是什么？

五、案卷排他制度

案卷是行政行为作出过程和支持行政行为合法性的重要依据。正式的行政程序必须有案卷，这是依法行政的基本要求之一。案卷的材料都是与案件有关的证据，一般而言，它形成于行政程序结束之后，一旦形成便具有了封闭性，所以行政机关事后再调取的证据材料不能成为案卷的一部分。该制度有利于防止行政机关恣意行使职权，有助于提高行政相对人对行政行为的可接受程度，为救济机关对行政行为合法性审查提供事实根据。

案例五　贾某诉江苏省人力资源和社会保障厅劳动和社会保障行政管理案❶

【基本案情】

贾某于1953年11月出生，1972年12月应征入伍，1988年1月转业至江苏省沛县人民银行工作，1998年调入沛县农村信用联社工作。2013年1月，因贾某年届60周岁，沛县农村信用合作联社为其办理退休手续，并将贾某退休的相关材料报送江苏省人力资源和社会保障厅（以下简称江苏省人社厅）审批。江苏省人社厅于2013年1月14日在《江苏省企业职工退休审批表》（第一次）上加盖企业退休审批专用章，批准贾某于2013年11月退休。后在办理基本养老保险待遇核定手续中，江苏沛县农村商业

---

❶　章文英. 核定退休养老待遇行政案件的司法审查 [J]. 人民司法（案例），2018，No. 829（26）：87-92.

银行股份有限公司（原沛县农村信用合作联社）发现贾某漏缴 1998 年 6 月至 2000 年 12 月的基本养老保险费，向江苏省农信社联合社（以下简称江苏省联社）报告予以补征缴。江苏沛县农村商业银行股份有限公司另向江苏省联社报告，因贾某被刑事处罚，单位未为其缴纳 2003 年 8 月至 10 月的基本养老保险费。因贾某拘役期满后未正常上班，单位未为其缴纳 2003 年 11 月至 2004 年 5 月的基本养老保险费。后江苏省人社厅于 2014 年 7 月 7 日在《江苏省企业职工退休审批表》（第二次）上加盖企业退休审批专用章，批准贾某于 2013 年 11 月退休。该审批表上载明，贾某的参加工作时间为 1995 年 1 月，退休时间为 2013 年 11 月。贾某不服该退休审批中认定的参加工作时间，向法院提起行政诉讼。江苏省人社厅陈述，江苏省企业职工退休审批表系通用表格，实践中，该表格所适用的对象和范围不限于企业职工。对于非企业职工或者不具备可以视同缴费年限条件的对象，"参加工作时间"的实际含义为参加养老保险的开始缴费时间。本案所涉审批表中"参加工作时间"的实际含义为贾某开始缴纳养老保险费的时间。

【主要法律问题】

被诉行政行为作出时未引用的法律依据在诉讼过程中能否援引？

【主要法律依据】

《内务部关于工作人员曾受过开除、劳动教养、刑事处分工龄计算问题的复函》第 1 条。

【理论分析】

1. 关于行政行为作出时未引用的法律依据之效力问题。根据行政卷宗主义或卷宗排他原则，行政机关在作出行政行为之时，应当依据行政执法程序中收集的证据，并形成行政卷宗，对证据及法律依据予以固定，除特殊情形外，不得在行政程序之外另行补充收集相关证据，反之可认定行政行为缺乏事实根据。按照逻辑关系，相关法律依据事先对相关事实以及所需的证据材料作出明确规定后，行政机关才能对应作出相关行政行为。因此，通常情形下，行政机关引用法律依据错误，相应的事实根据则无从谈起。上述案例中，江苏省人社厅在作出被诉行政行为时，并未引用相关法律依据，且在答辩时引用的法律依据仍存在错误，一般可以直接认定其法律适用错误和事实不清。换言之，法院一般仅就行政程序中的证据和法律依据进行审查，行政机关未引用法律依据或引用错误的，可推定被诉行政行为适用法律依据错误。但基于尊重客观现实、减少程序空转、节约社会资源、实质性解决纠纷等考虑，若被诉行政机关在诉讼程序中，及时发现其引用法律依据错误并予以纠正的，或法院可以直接查明实质引用的法律依据，法院可以对实质法律依据进行审查并作出评判，即审查事实根据与实质法律依据是否相对应，以确定被诉行政行为是否具有合法性。若按照实质法律依据，行政机关应当作出被诉行政行为的，法院可不以法律适用错误为由直接否定被诉行政行为的合法性。

2. 在行政行为作出时未依据相关法律规定的，对行政相对人合法权益的保障问题。尽管按照实质法治主义，法院可以认可未引用的实质法律依据，但因在行政程序中未引用实质法律依据而对行政相对人合法权益造成损害的，则应当给予行政相对人对等权利予以救济。具体到上述案例，江苏省人社厅作出对贾某权利义务不利处分的行政决定，应当告知贾某事实根据和法律依据，并听取贾某的陈述和申辩。江苏省人社厅未引用《内务部关于工作人员曾受过开除、劳动教养、刑事处分工龄计算问题的复函》，导致贾某不能针对性地进行申辩并有效收集相关证据。因此，为保障贾某的对等权利，贾某在被诉退休审批决定作出后，为主张自身的合法权益而收集的相关证据，即在行政程序之外收集的证据，法院应当予以审查，对于符合法定要求的证据，可以采信。

【思考题】

试运用案卷排他制度分析《最高人民法院关于适用〈中华人民共和国行政诉讼法〉的解释》第 135 条第 3 款 "复议机关作共同被告的案件，复议机关在复议程序中依法收集和补充的证据，可以作为人民法院认定复议决定和原行政行为合法的依据" 的规定。

第三节　政府信息公开

信息公开是行政机关依职权或应申请，将履行管理职能过程中制作或获取的以一定形式记录、保存的信息向社会或者行政相对人公开展示，并允许查阅、摘抄和复制。在现代行政法上，正当程序之所以要信息公开，是因为从 "国家尊重和保障人权" 的宪法条款中可导出公民的知情权，并将其作为行政程序的一项重要原则或制度，以保障行政相对人知晓行政行为内容，从而明确自己在法律上的权利和义务，提升行政透明度。

一、以公开为前提的政府信息

（一）政府信息的范围

📖 案例一　孙某诉吉林省人民政府行政复议不予受理决定案[1]

【基本案情】

2010 年孙某向吉林省长春市房地产管理局提出将其房屋用途由 "住宅" 变更为 "商用"。登记机关称，依据吉林省住房和城乡建设厅（以下简称吉林省住建厅）1999

---

[1]　最高人民法院. 孙长荣诉吉林省人民政府行政复议不予受理决定案［J/OL］. 中华人民共和国最高人民法院公报, 2016（12）. http://gongbao.court.gov.cn/Details/6b8e9b8de158e2c03498c7bed5f6e2.html.

年 11 月 17 日公布的吉建房字〔1999〕27 号《关于申请房屋用途变更登记有关问题的通知》（以下简称《27 号通知》），变更用途须经规划许可。在规划部门拒绝作出相应行政许可之后，2011 年 2 月孙某向吉林省住建厅提交了关于查询《27 号通知》是否已过时效的申请，内容为："1999 年 11 月 17 日由贵厅下发的吉建房字〔1999〕27 号《关于申请房屋用途变更登记有关问题的通知》，根据吉林省人民政府令第 201 号《吉林省规章规范性文件清理办法》相关规定，该文件已超时效，不知现是否仍然有效，敬请给以书面答复。"吉林省住建厅一直未予书面答复。2011 年 4 月 26 日，孙某以吉林省住建厅对其申请推托未予书面答复为由向吉林省人民政府提起行政复议，请求依据《政府信息公开条例》及相关法律规定，责令吉林省住建厅依法给予书面答复。2011 年 4 月 28 日，吉林省人民政府作出吉政复不字〔2011〕号不予受理决定，认为孙某提出的行政复议申请不在行政复议范围之内，根据《行政复议法》第 6 条、第 17 条的规定，决定不予受理。2011 年 5 月 31 日，吉林省住建厅在其网站上公布废止了《27 号通知》。2011 年 7 月 6 日，孙某向吉林省长春市中级人民法院提起行政诉讼，请求人民法院撤销吉林省人民政府吉政复不字〔2011〕号不予受理决定，并责令重新作出行政行为。

【主要法律问题】

孙某向吉林省住建厅"查询《27 号通知》是否有效"的申请内容是否属于政府信息？

【主要法律依据】

1. 《政府信息公开条例》第 2 条、第 40 条❶；
2. 《国务院办公厅关于做好政府信息依申请公开工作的意见》（国办发〔2010〕5 号）第 2 条。

【理论分析】

《政府信息公开条例》第 2 条规定："本条例所称政府信息，是指行政机关在履行行政管理职能过程中制作或者获取的，以一定形式记录、保存的信息。"据此，该条例所指的政府信息，应当是现有的，以一定形式记录、保存的信息。为准确把握政府信息的适用范畴，《国务院办公厅关于做好政府信息依申请公开工作的意见》（国办发〔2010〕5 号）第 2 条明确规定："行政机关向申请人提供的政府信息，应该是现有的，一般不需要行政机关汇总、加工或者重新制作（作区分处理的除外）。"结合上述定义，可从以下四个方面对"政府信息"予以界定：（1）从信息产生的主体看，是行政机关，

---

❶ 《政府信息公开条例》已于 2019 年 4 月 3 日修订，自 2019 年 5 月 15 日起施行。为了便于新旧法衔接的学习，本部分拟以新《政府信息公开条例》为分析依据，特此说明。

以及法律、法规授权的组织和依法参照适用的公共企事业单位，而不是刑事侦查机关。（2）从信息产生的过程看，是产生于行政机关履行职责过程中。首先，它归属于"机关"，从而排除归属于公务员个人且与其职位无关的信息；其次，它产生于行政机关履行职责过程中，故因行政机关民事行为生成的信息不属于政府信息范畴。（3）从信息产生的方式看，既可能是行政机关自身制作的，也可能是行政机关从其他国家机关、企事业单位等组织以及个人那里获取的。（4）从信息存在的形式看，是以一定形式记录、保存的。具体有两层含义：一是政府信息必须是现实存在的，行政机关只提供已经存在的记录，不因为私人的请求而负担制作记录的任务；二是政府信息包括一切记载信息的物体。❶

上述案例中，孙某向吉林省住建厅申请了解的是《27 号通知》的效力问题，并非申请公开"以一定形式记录、保存的"政府文件本身，在性质上属于咨询，不属于《政府信息公开条例》调整的范畴，行政机关针对咨询申请作出的答复以及不予答复行为，不属于政府信息公开行为，咨询答复或者不予答复行为不会对咨询人的权利义务产生实际影响。

【思考题】

不属于信息公开申请范围的"咨询"有哪些特征？

（二）政府信息"不存在"

案例二　罗某诉重庆市彭水苗族土家族自治县地方海事处政府信息公开案❷

【基本案情】

罗某是兴运 2 号船的船主，在乌江流域从事航运、采砂等业务。2014 年 11 月 17 日，罗某通过邮政特快专递向重庆市彭水苗族土家族自治县地方海事处（以下简称彭水县地方海事处）邮寄书面政府信息公开申请书，具体申请的内容为：1. 公开彭水苗族土家族自治县港航管理处（以下简称彭水县港航处）、彭水县地方海事处的设立、主要职责、内设机构和人员编制的文件。2. 公开下列事故的海事调查报告等所有事故材料：兴运 2 号在 2008 年 5 月 18 日、2008 年 9 月 30 日的 2 起安全事故及鑫源 306 号、鑫源 308 号、高谷 6 号、荣华号等船舶在 2008 年至 2010 年发生的安全事故。

2015 年 1 月 23 日，彭水县地方海事处作出〔2015〕彭海处告字第 006 号《政府信息告知书》，载明：一是对申请公开的彭水县港航处、彭水县地方海事处的内设机构名

---

❶ 金诚轩. 准确界定政府信息 理性框定复议诉讼范围——孙长荣诉吉林省人民政府行政复议不予受理决定再审案 [J]. 中国法律评论，2016（04）：154-157.

❷ 最高人民法院. 指导案例 101 号：罗元昌诉重庆市彭水苗族土家族自治县地方海事处政府信息公开案 [EB/OL]. （2018-12-19）〔2021-10-15〕. https://www.court.gov.cn/shenpan-xiangqing-136401.html.

称等信息告知罗某获取的方式和途径；二是对申请公开的海事调查报告等所有事故材料经查该政府信息不存在。2015年4月22日，罗某以彭水县地方海事处作出的〔2015〕彭海处告字第006号《政府信息告知书》不符合法律规定且与事实不符为由，提起行政诉讼，请求撤销彭水县地方海事处作出的〔2015〕彭海处告字第006号《政府信息告知书》，并由彭水县地方海事处向罗某公开海事调查报告等涉及兴运2号船的所有事故材料。

【主要法律问题】

政府信息不存在的证明责任如何分配？

【主要法律依据】

《政府信息公开条例》第2条、第22条、第36条。

【理论分析】

根据《政府信息公开条例》第2条和《国务院办公厅关于做好政府信息依申请公开工作的意见》（国办发〔2010〕5号）第2条的规定，政府信息能够公开的前提是政府信息客观上实实在在存在，如果政府信息事实上不存在，行政机关就没有公开的义务，此时行政机关应告知申请人其所申请的信息不存在。

在政府信息公开案件中，行政机关以政府信息不存在为由答复申请人的，法院应审查行政机关是否已经尽到充分合理地查找、检索义务。申请人对于信息内容的描述，也不能苛刻其必须说出政府信息的规范名称甚至具体文号。申请人提交了该政府信息系由行政机关制作或者保存的相关线索等初步证据后，若行政机关不能提供相反证据，并举证证明已尽到充分合理地查找、检索义务的，法院不予支持行政机关有关政府信息不存在的主张。所以，对于信息不存在的案件，明确应当由行政机关对其检索行为予以举证，而非由主张信息存在的申请人举证；申请人可以提供线索等证明政府信息存在的初步证据，不应对申请人所提供证据的证明力提过高要求；申请人提出初步证据后，行政机关应当举出"反证"证明申请人的证据不成立；行政机关对于不存在的信息，还应举证证明已尽到充分合理地检索义务。这一定程度上有利于解决实践中行政机关任意使用"信息不存在"为由拒绝公开申请的乱象，更好地实现信息公开的制度目的。

【思考题】

信息公开申请内容不明确时如何处理？

（三）政府信息"不成熟"

案例三　张某等诉北京市人民政府政府信息公开案❶

【基本案情】

2014 年 7 月 27 日，张某等八人以邮寄方式向北京市政府提出政府信息公开申请，要求公开"2013 年北京市政府对海淀北部地区年度开发建设计划出具的政策批复"。2014 年 7 月 28 日，北京市政府向张某等八人出具登记回执，告知其将于 2014 年 8 月 18 日前作出书面答复。2014 年 8 月 11 日，北京市政府对张某等八人作出〔2014〕第 164 号《答复告知书》（以下简称《164 号告知书》），告知张某等八人其所申请获取的信息涉及海淀区北部地区开发工作，北京市领导对相关工作确有批示，但未有正式文件批复。根据《国务院办公厅关于做好政府信息依申请公开工作的意见》的相关规定，此类信息不属于《政府信息公开条例》所指应公开的政府信息。张某等八人不服，于 2014 年 9 月 30 日向北京市政府邮寄行政复议申请书。北京市政府于 2014 年 10 月 9 日收到该申请，于同年 12 月 9 日作出京政复字〔2014〕933 号《行政复议决定书》（以下简称《933 号复议决定》），决定维持《164 号告知书》。张某等八人不服，提起本案诉讼，请求撤销《164 号告知书》《933 号复议决定》，并判令北京市政府公开案涉信息、对其行政复议申请重新作出处理。

【主要法律问题】

《164 号告知书》是否合法？

【主要法律依据】

1. 《政府信息公开条例》第 2 条；
2. 《国务院办公厅关于做好政府信息依申请公开工作的意见》（国办发〔2010〕5 号）第 2 条。

【理论分析】

根据《政府信息公开条例》第 2 条政府信息的定义可知，政府信息包括一切记载信息的载体，并非只有形成正式文件的才构成政府信息。构成政府信息，也未必必须具备正式性、准确性和完整性。但是，这也不是说凡行政机关在履行职责过程中形成的政府信息都必须公开。从世界范围来看，内部信息、过程信息、决策信息

---

❶　最高人民法院（2016）最高法行申 2769 号行政裁定书。

通常被列为可以不公开的情形。这些信息普遍具有"内部性"和"非终极性"的特点，属于"意思形成"的信息，一旦过早公开，可能会引起误解和混乱，或者妨害率直的意见交换以及正常的意思形成。《政府信息公开条例》虽然没有明确对此作出规定，但《国务院办公厅关于做好政府信息依申请公开工作的意见》第 2 条第 2 款规定："行政机关在日常工作中制作或者获取的内部管理信息以及处于讨论、研究或者审查中的过程性信息，一般不属于《政府信息公开条例》所指应公开的政府信息。"这一解释性规定符合国际通例，也有利于兼顾公开与效率的平衡。对于政府信息的性质及其是否属于公开例外的判定，是一个法律问题，而非事实问题，法院能够依职权作出认定。

上述案例中，北京市领导对北京市海淀区北部地区开发建设工作所作批示，就具有"内部性"和"非终极性"的特点，行政机关在说明理由的基础上不予公开，并无不妥。

【思考题】

政府信息"不成熟"的认定标准是什么？

二、作为政府信息之公开的类型

（一）主动公开

案例四　张某诉洛阳市涧西区人民政府政府信息公开案❶

【基本案情】

张某在 2015 年 10 月 23 日向洛阳市涧西区人民政府（以下简称涧西区政府）邮寄了两份信息公开申请书，申请公开豫政土〔2014〕997 号文涉及涧西区小所村的征地补偿方案批准后征用土地各项费用的支付明细和豫政土〔2014〕997 号文涉及涧西区小所村征地补偿社会保障资金落实明细。2015 年 11 月 8 日，涧西区政府信息公开办公室对张某的信息公开申请作出了书面答复，称"关于征用土地费用问题，涉及补偿的费用相关清单已经在小所村公开栏公开公示。关于土地补偿社会保障资金，我区已按规定将相关费用上缴涧西区社保中心"。涧西区政府于 2015 年 11 月 9 日用邮政特快专递的形式将信息公开书面答复邮寄给了张某。张某认为涧西区政府的书面答复没有按其要求作出，提起行政诉讼，要求涧西区政府按照其要求以书面形式提供申请的信息公开内容，并确认涧西区政府的信息公开答复违法。

---

❶ 最高人民法院（2017）最高法行再 93 号行政判决书。

【主要法律问题】

属于主动公开范围且行政机关认为已经主动公开的政府信息，行政机关是否有义务依申请再行公开？

【主要法律依据】

1. 《政府信息公开条例》第 2 条；
2. 《政府信息公开条例》（2007 年）第 21 条。

【理论分析】

《政府信息公开条例》（2007 年）第 21 条规定："对申请公开的政府信息，行政机关根据下列情况分别作出答复：（一）属于公开范围的，应当告知申请人获取该政府信息的方式和途径。"本项规定包括两种情形：一是申请公开的政府信息已经主动公开的，行政机关应当告知申请人该政府信息主动公开的方式和获取途径，以便于申请人查找；二是申请公开的政府信息虽然属于公开范围，但尚未主动公开的，或者申请人对已经公开的信息有更具体的公开要求的，行政机关应当告知申请人办理获取政府信息手续的时间、地点、形式等程序性事项。据此，无论是属于主动公开范围且已经主动公开，还是属于依申请公开范围且尚未公开，行政机关的答复都是以保证申请人能够获取信息为目的。有所不同的是，对于属于主动公开范围且已经主动公开的，行政机关没有向特定申请人提供该政府信息的义务，只需告知其获取信息的方式和途径。这是因为，一旦允许这种索取量很大的重复申请，不仅会造成不必要的重复劳动，破坏行政机关履行义务的能力，也会增加巨额公共支出，同时，主动公开政府信息的制度价值也会大打折扣。

但是，不向特定申请人提供行政机关已经主动公开的政府信息，仅限于政府信息"确实可见"的情形。《最高人民法院关于审理政府信息公开行政案件若干问题的规定》第 2 条第 2 项规定的"政府公报、报纸、杂志、书籍等公开出版物"，就具备"确实可见"的特性。如果行政机关拒绝提供此类信息，申请人不服提起诉讼的，法院不予受理。此外，《政府信息公开条例》还规定了政府网站、公共查阅室、资料索取点、信息公告栏、电子信息屏以及国家档案馆和公共图书馆等可以发布和查阅政府信息的场所和设施，对于能够通过这些途径获取政府信息的，行政机关应当告知申请人具体的获取方式和途径，但是否认定为行政机关已经履行了法定职责，不应仅以是否告知为标准，还应当看申请人通过行政机关告知的方式和途径是否确实能够获取信息。对于信息公告栏、电子信息屏等具有"转瞬即逝"特性的公开载体而言，简单的一个告知未必能满足申请人真正能够获取他所需要的信息的需求。如果申请人对于这类已经主动公开但事后无法查阅的政府信息确有需要，行政机关可以在收取必要的成本费用之后再行提供。

上述案例中，申请人申请获取的是涉及涧西区小所村的征地补偿方案批准后征用土地各项费用的支付明细的政府信息，虽然行政机关举证证明已经在小所村公开栏公开公示该信息，但这种公示显然具有"转瞬即逝"的特点，如果申请人确实需要，行政机关无妨再向其提供一份。

【思考题】

在《政府信息公开条例》（2007 年）第 21 条被新条例删除后，上述问题应当如何处理？

（二）被动公开

案例五　储某等诉阜阳市人民政府不履行政府信息公开法定职责案❶

【基本案情】

2015 年 12 月 7 日，储某等三人通过邮政特快专递寄送了单号为 N 的邮件，收件人为阜阳市市长李某，快递单品名一栏为空白，阜阳市人民政府（以下简称阜阳市政府）的收发部门于 2015 年 12 月 8 日签收该快递。阜阳市政府以于 2016 年 1 月 18 日收到储某等三人的信息公开申请为由，电话通知储某在法定期限内补充其三人的身份证复印件、通信信息及获取政府信息的用途，同时告知其无正当理由拒绝补充、更正或者逾期补充、更正证件材料的，视为放弃申请。储某等三人认为阜阳市政府收到信息公开申请后，未在法定期限内予以答复，故请求法院确认阜阳市政府不履行信息公开法定职责的行为违法，判令其依法公开信息。

【主要法律问题】

1. 政府信息公开申请应向谁提出？
2. 行政机关向申请人告知更改、补充的行为属于什么性质？是否可诉？
3. 对行政机关公开信息有何形式要求？

【主要法律依据】

《政府信息公开条例》第 4 条、第 29 条、第 30 条、第 40 条。

【理论分析】

1. 政府信息公开申请应向谁提出。向行政机关申请获取政府信息，是《政府信息公开条例》赋予公民、法人或者其他组织的权利，但这种权利的行使也应遵循法律规定的方式。按照《政府信息公开条例》第 4 条的规定，公民、法人或者其他组织申请政府信息公开，应向政府信息公开工作机构提出，向其他机构甚至向行政机关法定代

---

❶　最高人民法院（2017）最高法行申 7093 号行政裁定书。

表人个人提出，都不符合法律的要求，由此带来的耽误、丢失等不利后果，应当由申请人承担。行政机关答复政府信息公开申请的期限也应当从申请书到达政府信息公开工作机构之日起计算。上述案例中，申请人投递的邮政特快专递将收件人写为阜阳市市长李某，内件品名一栏为空白，且未在快递详情单上注明政府信息公开字样，致使该信件被作为私人信件处理，其责任就不能归咎于行政机关。

2. 告知更改、补充及其可诉性。为了确保行政机关能够更准确、更迅速、更符合申请人需求地提供政府信息，在申请内容不明确的情况下，行政机关有权"告知申请人作出更改、补充"。而这种告知行为系行政机关基于对申请书内容的审查而作出的一种程序处置，是一种中间阶段的行为，尚不属于最终的行政决定，针对告知行为提起诉讼的，法院不予受理。即便不是直接针对告知行为提起诉讼，而是请求法院确认行政机关逾期不予答复违法，或者请求法院责令行政机关履行答复职责，也会因申请人并未按照行政机关的告知作出更改、补充，而导致行政机关作出答复的前提不能成立，起诉的时机并不成熟。

3. 对行政机关公开信息的形式要求。申请人认为，"其在信息公开申请书中写明了'公开、公布'，原审未查明这就是申请公开政府信息的形式要求。"这一认识并未理解法律规定的真实含义。政府信息公开申请应当包括"申请公开的政府信息的形式要求"，这种形式要求不是指泛泛地说一声"公开、公布"，而要指定具体的获取信息的方式，例如，查阅档案、复制档案、获取经过核实的副本、获取电子邮件、通过传真获取，等等。既然法律要求申请书中应当包括"申请公开的政府信息的形式要求"，在此项内容欠缺的情况下，行政机关告知申请人作出补充，应属必要。

【思考题】

评价新条例删除旧条例第 13 条中"三需要"的制度意义。

（三）豁免公开

案例六　郑某诉杭州市拱墅区人民政府等政府信息公开及行政复议案❶

【基本案情】

2016 年 9 月 23 日，郑某向杭州市拱墅区人民政府（以下简称拱墅区政府）邮寄政府信息公开申请表，其中"所需信息的内容描述"一栏载明为"贵机关组织实施强行腾空我户位于拱墅区某街道×号。申请公开实施强行腾空的行政批准手续、风险评估以及参与实施强行腾空我户房屋的各行政执法机关名称和各行政执法人员的名单及行政执法证，并提供全程录音、录像全部资料（提供复印件加盖印章）。"2016 年 9 月 26

---

❶ 最高人民法院（2018）最高法行申 2928 号行政裁定书。

日，拱墅区政府收到郑某的申请表。2016 年 10 月 19 日，拱墅区政府延长答复期限十五个工作日，并告知郑某。2016 年 11 月 9 日，拱墅区政府作出拱政信公复〔2016〕34号《拱墅区人民政府信息公开申请答复书》（以下简称《34 号答复书》），答复称："1. 关于申请公开'实施强行腾空的行政批准手续'，×号房屋系杭州市拱墅区人民法院裁定，由拱墅区政府组织对申请人（户）实施强制搬迁。故我机关认为行政批准手续指向的是〔2015〕杭拱行审字第 4 号行政裁定书，依据《浙江省政府信息公开暂行办法》第 21 条的规定，您要求公开的事项属于'应当依照有关法律、法规规定查阅的案卷材料'，请您向杭州市拱墅区人民法院申请查阅，地址：杭州市拱墅区台州路 1号。2. 关于申请公开'实施强行腾空的风险评估以及参与实施强行腾空我户房屋的各行政执法机关名称和各行政机关行政执法人员的名单及行政执法证并提供全程录音、录像全部资料（复印件加盖印章）'的信息与《政府信息公开条例》第 13 条中所述的生产、生活、科研等特殊需要无关，故根据《政府信息公开条例》第 21 条第 2 项规定，不予公开。3. 关于申请公开的'全程录音、录像全部资料'，我机关认为指向的是公证书（附财物登记清单、光盘），故我机关决定予以公开，现将公证书（附财物登记清单、光盘）通过快递、电子邮件的方式提供给您，请收阅、获取。"拱墅区政府将公证书（附财物登记清单、光盘）随答复书一并向郑某提供。郑某不服拱墅区政府作出的政府信息公开答复，以拱墅区政府为被申请人向杭州市政府提出行政复议申请，杭州市政府作出杭政复〔2016〕611 号维持的行政复议决定。郑某不服，向法院起诉。

【主要法律问题】

哪些信息属政府信息公开的豁免范围？

【主要法律依据】

《政府信息公开条例》（2007 年）第 13 条、第 21 条。

【理论分析】

1. 政府信息以公开为原则，以不公开为例外，该原则是政府信息公开立法与实践应当坚持的基本精神。行政机关所制作或保存的政府信息应当尽可能地主动公开或者依申请公开，以最大限度地保障社会公众的知情权，以此监督行政权力在阳光下运行。但毋庸置疑，必然会有一部分政府信息不能公开，属于信息公开的豁免范围。事实上，只有明确了豁免公开信息的内容和范围，才能明确公开信息的内容和范围；只有准确界定了豁免信息的范围，才能为更全面的信息公开扫清障碍。实践中豁免公开的政府信息，既包括涉及国家秘密等需要绝对豁免公开的信息，也包括可以由信息公开义务主体利益衡量后裁量免予公开的信息，还包括可以与第三方协商确立的豁免信息，等等。

上述案例中涉及的风险评估报告、参与实施强拆的执法机关名称和执法人员的名单及执法证、全程录音录像全部资料，虽非需要绝对豁免公开的信息，仍属信息公开义务主体可以裁量豁免的信息范围；是否全部或者部分公开，信息公开义务主体可以依法审查并决定。

2. 关于风险评估报告应否公开的问题。该报告系非诉执行中的社会稳定风险评估报告。此类有关社会稳定风险评估的政府信息，是行政机关在作出决策前据以研究、讨论使用的内部信息，也属于过程性信息，属于信息公开义务主体可以根据情况决定是否豁免的范围。《国务院办公厅关于做好政府信息依申请公开工作的意见》（国办发〔2010〕5号）第2条也规定，行政机关在日常工作中制作或者获取的内部管理信息以及处于讨论、研究或者审查中的过程性信息，一般不属于《政府信息公开条例》所指应公开的政府信息。而且，此类社会稳定风险评估本身即包含部分敏感信息，其中有关风险隐患的认定、分析与防范，一旦公开，既可能侵犯相关个人隐私，也可能造成风险防范措施的失效；且一旦公开，就存在一定范围内将影响公共安全和社会稳定的可能性，信息公开义务主体可以依法决定不予公开。

3. 关于参与实施强拆的执法机关名称和执法人员的名单及执法证应否公开的问题。由于本案系法院裁定准予执行后的强制拆除，不论是准予执行的行政裁定书还是其后的强制执行通知，以及现场执法人员的身份表示，均已经明确组织实施强拆的执法机关系拱墅区政府，申请人也已明确知悉此信息。行政机关依申请公开信息，只是提供行政机关以一定形式记录、保存的已经存在的信息，不因为申请人的请求而承担为其制作信息的义务。要求公开参与实施强拆的各行政执法机关名称和各行政执法人员的名单及行政执法证，已经明显属于要求行政机关加工、汇总的信息，行政机关对此类申请可以不予支持。尤其重要的是，有关执法人员名单和执法证，均属于政府机关内部人事管理信息，公开历次参与执法的人员名单和包括个人信息的执法证件，可能影响今后行政执法活动的顺利进行或者威胁相关人员人身安全，且当此类信息公开的重要性显著小于公开可能带来的危害性时，信息公开义务主体可以依法决定不予公开。

4. 关于"全程录音录像资料"公开申请是否已经依法得到处理的问题。拱墅区政府虽然组织实施了强制搬迁，但并不意味着拱墅区政府即制作或者保存了强制搬迁全过程的所有信息，也不意味着强制搬迁全过程形成的所有信息均属于需要公开的信息。政府组织实施，多个执法机关参与的强制搬迁，政府的信息公开义务也仍然遵循"谁制作谁公开，谁保存谁公开"的要求，政府不需要也不可能公开具体职能部门自身在实施过程中形成的政府信息，也不应当成为整个实施过程信息的公开义务主体；其信息公开义务以公开其实际制作和保存的信息为限。根据申请人要求公开"全程录音、录像全部资料"的申请，拱墅区政府向其提供了由其保存的公证书及所附财物登记清单、光盘。申请人虽然主张拱墅区政府未将全程录音录像资料公开，但由于其既未提供拱墅区政府应当保存全部录音录像资料的法律依据，也未提供证据或者证据线索证明拱墅区政府尚保存有其他录音录像资料未公开，在拱墅区政府经检索并陈述已经公开了与申请人户强制执行过程有关的全部资料情况下，应当认为拱墅区政府已经依法履行了信息公开义务。

【思考题】

利益衡量原则在政府信息公开中如何体现？

（四）区分处理

案例七 齐某诉上海市松江区人民政府等政府信息公开行政复议案❶

【基本案情】

2015 年 3 月 5 日，齐某向上海市松江区人民政府（以下简称松江区政府）提出申请，要求获取沪松府强拆决字〔2013〕第 39 号文件（以下简称涉案信息）。松江区政府于 2015 年 4 月 16 日作出松信公开〔2015〕48 号政府信息公开申请告知（以下简称被诉告知），告知齐某，"您要求获取的信息属于政府信息公开范围，现提供给您查收。"松江区政府提供给齐某的涉案信息中，保留当事人姓氏，隐去其名字，隐去其住所及违法建筑的具体地址（即隐去具体路名及门牌号，表述为上海市松江区泗泾镇），其余内容不变。

齐某不服被诉告知，向上海市人民政府（以下简称上海市政府）提起行政复议。松江区政府在行政复议答复书中称，涉案信息中部分内容涉及个人隐私，因此在向齐某提供政府信息时，隐去了相关当事人的名字及具体地址。2015 年 7 月 30 日，上海市政府作出沪府复字〔2015〕第 274 号行政复议决定（以下简称被诉复议决定），认为松江区政府告知齐某相关信息属于公开范围，并在隐去个人隐私内容后向齐某作了提供，符合政府信息公开相关规定，维持了被诉告知。齐某收到复议决定书后不服，提起诉讼。

【主要法律问题】

1. 涉案告知隐去部分内容是否合法？
2. 松江区政府未征求第三方意见，将相关信息以涉及个人隐私为由不予公开是否合法？

【主要法律依据】

《政府信息公开条例》第 32 条、第 37 条。

---

❶ 最高人民法院（2017）最高法行申 305 号行政裁定书。

【理论分析】

1. 关于涉案告知隐去部分内容是否合法问题。该问题实质上涉及了保障公众知情权与保护公民隐私权两者发生冲突时的处理规则。公民、法人和其他组织有权依法获取政府信息。对申请公开的政府信息，行政机关应根据相关规定作出答复。在公开相关信息可能侵害第三方合法权益时，行政机关应根据比例原则，作出适当处理，以取得与同样受法律保护的其他权利之间的平衡。具体到上述案例中，根据《行政强制法》的规定，强制执行决定是行政机关依法作出行政决定后，当事人在行政机关决定的期限内不履行义务时，具有行政强制执行权的机关依照《行政强制法》的相关规定作出的行政行为。齐某要求获取行政机关针对第三方作出强制执行决定的文件。首先，涉案信息所涉行政行为不涉及齐某，并未侵害齐某的个人合法权益。其次，公开涉案信息中隐去的内容，可能会给相关权利人造成潜在的损害，并且隐去部分信息并未侵害齐某获取政府信息的权利，亦与行政机关依法行政不存在关联性。所以，松江区政府把涉案信息作出区分，将涉案违法建筑地址等与相关个人存在紧密联系的部分作为个人隐私隐去，公开涉案信息其余部分，并不违反法律规定。行政机关对隐私权范围的界定与区分处理，属行政机关基于行政管理实践与行政管理相对人合法权益的综合判断，属于行政机关自由裁量权范畴，除非行政判断明显不当，否则法院应尊重行政机关的判断。

2. 关于松江区政府未征求第三方意见，将相关信息以涉及个人隐私为由不予公开是否合法的问题。《政府信息公开条例》第 15 条、第 32 条规定的"征求第三方的意见"，一般是指，申请公开的信息全部或主要内容涉及商业秘密、个人隐私，公开后可能损害第三方合法权益的情形。鉴于行政机关既要保障政府信息公开申请人的知情权，也要保护第三方的合法权益。因此，被申请公开的信息是否应予公开，行政机关应征求第三方意见。如果申请人申请公开的政府信息只有一部分或非主要内容涉及商业秘密或者个人隐私，行政机关可以根据《政府信息公开条例》第 37 条的规定，作出区分处理后，径行作出告知，而无需征求第三方意见后再予答复。如此，既能够保障政府信息公开申请人在最短时间内获取有效信息，又能有效保护第三方合法权益，还节约了行政资源。上述案例中，松江区政府将涉案信息直接作区分处理后公开，并不违反相关规定。

【思考题】

信息公开案件中个人隐私豁免公开事由的消灭情形有哪些？

三、信息公开申请权的不可滥用

案例八　陆某诉南通市发展和改革委员会政府信息公开答复案❶

【基本案情】

2013 年 11 月 26 日，陆某向南通市发展和改革委员会（以下简称南通市发改委）申请公开"长平路西延绿化工程的立项批文"。同年 11 月 28 日，南通市发改委作出通发改信复〔2013〕14 号《政府信息公开申请答复书》并提供了通发改投资〔2010〕67 号《市发改委关于长平路西延工程的批复》。

南通市港闸区人民法院在审理过程中依职权向南通市人民政府法制办公室、南通市中级人民法院、如东县人民法院调查，查明以下事实：据不完全统计，2013 年至 2015 年 1 月期间，陆某及其父亲陆某某、伯母张某三人以生活需要为由，分别向南通市人民政府、南通市城乡建设局、南通市发改委、南通市住房保障和房产管理局、南通市规划局、南通市国土资源局、南通市公安局、南通市公安局港闸分局等共提起至少 94 次政府信息公开申请，要求公开南通市人民政府财政预算报告、所拥有公车的数量等政府信息。在以上提出的政府信息公开申请中，还有大量内容相同的信息。

陆某及其父亲陆某某、伯母张某在收到行政机关作出的相关《政府信息公开申请答复》后，分别向江苏省人民政府、江苏省公安厅等复议机关共提起至少 39 次行政复议。在经过行政复议程序之后，三人又分别以政府信息公开答复"没有发文机关标志、标题不完整、发文字号形式错误，违反《党政机关公文处理工作条例》的规定，属形式违法；未注明救济途径，属程序违法"等为由向南通市中级人民法院、如东县人民法院、港闸区人民法院提起政府信息公开之诉至少 36 次。

【主要法律问题】

陆某的行为是否属于信息公开申请权的滥用？

【主要法律依据】

《政府信息公开条例》第 1 条、第 29 条。

【理论分析】

获取政府信息和提起诉讼是法律赋予公民的权利。为了保障公民知情权的实现，

---

❶　最高人民法院. 陆红霞诉南通市发展和改革委员会政府信息公开答复案 [J/OL]. 中华人民共和国最高人民法院公报，2015（11）. http://gongbao.court.gov.cn/Details/e3af370ff3c78f1657069b4d4e137f.html.

行政机关应当主动公开政府信息，以提高政府工作的透明度。同时《政府信息公开条例》还进一步明确了行政相对人的信息公开申请权。为了监督行政机关依法行政，切实保障公民依法获取政府信息，公民认为行政机关在政府信息公开工作中的行政行为侵犯其合法权益的，可以依法提起行政诉讼。而需要指出的是，任何公民享有宪法和法律规定的权利，同时必须履行宪法和法律规定的义务；公民在行使自由和权利的时候，不得损害国家的、社会的、集体的利益和其他公民的合法的自由和权利；公民在行使权利时，应当按照法律规定的方式和程序进行，接受法律及其内在价值的合理规制。《政府信息公开条例》第 1 条规定，制定本条例的目的是"保障公民、法人和其他组织依法获取政府信息，提高政府工作的透明度，建设法治政府，充分发挥政府信息对人民群众生产、生活和经济社会活动的服务作用"。因此，保障社会公众获取政府信息的知情权是《政府信息公开条例》的最主要的立法目的之一。而有关"依法获取政府信息"的规定，表明申请获取政府信息也必须在现行法律框架内行使，应当按照法律规定的条件、程序和方式进行，必须符合立法宗旨，能够实现立法目的。

陆某不间断地向政府及其相关部门申请获取所谓政府信息，其申请具有申请次数众多、家庭成员分别提出相同或类似申请、申请内容多是咨询性质的提问、申请目的不是获取信息等明显特征，表明陆某申请的真实目的并非获取和了解所申请的信息，而是借此表达不满情绪，并向政府及其相关部门施加答复、行政复议和诉讼的压力，以实现拆迁补偿安置利益的最大化。对于拆迁利益和政府信息之间有没有法律上关联性的问题，行政机关已经反复进行了释明和引导，且本案中南通市发改委已向陆某提供了其所申请的政府信息。陆某这种背离《政府信息公开条例》立法目的，任凭个人主观意愿执意不断提出申请的做法，显然已经构成了获取政府信息权利的滥用。

【思考题】

信息公开申请权滥用的判断标准是什么？

受案范围

本章知识要点

（1）行政诉讼受案范围的概念；（2）行政诉讼受案范围的本质；（3）《行政诉讼法》第二章专章规定受案范围，《最高人民法院关于适用〈中华人民共和国行政诉讼法〉的解释》中对受案范围作了详细规定。

第一节 行政诉讼受案范围的标准

案例一 魏某、陈某诉来安县人民政府收回土地使用权批复案❶

【基本案情】

2010年8月31日，安徽省来安县国土资源和房产管理局向来安县人民政府（以下简称来安县政府）报送《关于收回国有土地使用权的请示》，请求收回该县永阳东路与塔山中路部分地块土地使用权。后来安县政府作出《关于同意收回永阳东路与塔山中路部分地块国有土地使用权的批复》（以下简称《批复》）。收到该批复后，该局没有制作并向原土地使用权人送达收回土地使用权决定，而是直接交来安县土地储备中心付诸实施。魏某、陈某的房屋位于被收回使用权的土地范围内，其对来安县政府收回国有土地使用权批复不服，提起行政复议。2011年9月20日滁州市人民政府作出《行政复议决定书》，维持来安县政府批复。魏某、陈某不服，提起行政诉讼，请求撤销来安县政府上述批复。

---

❶ 最高人民法院. 指导案例22号：魏永高、陈守志诉来安县人民政府收回土地使用权批复案［EB/OL］.（2013-11-16）［2021-12-12］. https://www.court.gov.cn/shenpan-xiangqing-6006.html.

【主要法律问题】

政府收回土地使用权批复是否属于行政诉讼的受案范围？

【主要法律依据】

《行政诉讼法》第 2 条、第 12 条、第 13 条。

【理论分析】

在判断某行政行为是否属于行政诉讼受案范围时，核心标准是看该行为是否可能侵害公民、法人或者其他组织的合法权益，是否对其权利义务产生实际影响，是否具有值得司法保护的诉讼利益及必要性。具体来说，应从以下角度判断：

1. 是否属于行政行为。非行政行为不属于行政诉讼受案范围。如行政机关针对信访事项作出的登记、受理、交办、转送、复查、复核意见等行为即信访处理行为，本质上是行政系统提供给当事人的救济行为，而非行政法律规范所称的"行政行为"，故不属于行政诉讼受案范围。

2. 是抽象行政行为还是具体行政行为。抽象行政行为通常不具有可诉性，但根据《行政诉讼法》规定，在对行政行为提起诉讼时，可以一并请求对所依据的规范性文件进行审查。可诉的具体行政行为，除法律行为外，还包括事实行为。

3. 是内部行政行为还是外部行政行为。外部行政行为具有可诉性；"行政机关对行政机关工作人员的奖惩、任免等决定""行政机关作出的不产生外部法律效力的行为"不具有可诉性。

4. 是成熟的行政行为还是过程性行政行为。成熟的行政行为，其法律关系已经定型，权利义务已经确定，对行政相对人或其他利害关系人已产生了确定的影响，可进入也有必要进入司法审查程序。过程性行政行为，仍处于发展和形成过程中，权利义务关系尚未最终确定，不能也无必要进入司法审查程序。

5. 是否具有强制力。强制力是法的强制力在行政行为上的具体体现，是法律对行政行为的保护手段。❶ 不具有强制力的行为，对当事人权利义务不会产生强制力，故不属于行政诉讼受案范围。如调解行为及法律规定的仲裁行为和行政指导行为即为此类。

6. 是否适宜进入行政诉讼受案范围。行政诉讼一般是对具体的、单个的、法律已经设定好合法性、合理性评价标准的行政行为进行司法审查。如果某行为或事项超出了该范围，则不宜进入司法审查范围。如国防、外交等国家行为，系国家整体行为，不适宜由行政诉讼进行审查。

就本案例而言，地方人民政府针对其所属行政管理部门的请示作出的批复，一般属内部行政行为，不直接对外产生法律效力，不属于受案范围。行政管理部门应当依

---

❶ 马生安. 论行政行为的强制力 [J]. 苏州大学学报（法学版），2019，6（04）：64-73.

法以自己名义对外作出行政行为以落实批复内容。但行政管理部门并未以自己名义对外作出行政行为，而是将内部批复付诸实施，即政府的《批复》直接外化产生了收回涉案国有土地使用权的效果，对行政相对人权利义务产生了实际影响。行政相对人对《批复》不服提起诉讼，法院应当依法受理。

【思考题】

1. 判断一个行政行为是否属于行政诉讼受案范围的核心标准是什么？
2. 判断一个行政行为是否属于行政诉讼受案范围的具体规则有哪些？

案例二　王某等人诉湖南省衡阳市人民政府等不履行法定职责案❶

【基本案情】

王某等人诉称，其系湖南某化肥化工股份有限公司（以下简称某化肥公司）衡阳分公司的职工。2003 年因该公司经营不善、资不抵债，衡阳市人民政府（以下简称衡阳市政府）决定对其实行政策性破产。2007 年 11 月衡阳市中级人民法院作出民事裁定，终结该公司破产还债程序，破产清算完毕。王某等人主张衡阳市国有资产监督管理委员会（以下简称衡阳市国资委）作为国有资产管理部门和该公司财产的接收人，在破产清算过程中，未协同该公司破产清算组对该公司职工作出妥善安置，在破产财产分配方案中，没有将职工原有住房按照相关政策出售给职工，没有发放职工住房补贴。2017 年 2 月王某等人诉至法院，请求判令衡阳市政府、衡阳市国资委履行对其等办理房屋出售手续和发放住房补贴的法定职责。一二审法院认为，某化肥公司的破产是经衡阳市中级人民法院破产还债程序依法进行处理的，所诉事项属于企业破产程序中的职工安置问题，国有企业政策性破产主要由相关政策调整，法院难以进行合法性审查，王某等人的诉讼请求不属于行政审判权限范围，裁定不予立案。

【主要法律问题】

国有企业破产改制的行政决策行为以及行政机关不履行对国有企业职工安置补偿义务的行为是否属于行政诉讼的受案范围？

【主要法律依据】

《行政诉讼法》第 2 条、第 12 条第 12 项。

---

❶ 最高人民法院（2018）最高法行申 523 号行政裁定书。

【理论分析】

只有行政行为才属于行政诉讼的受案范围，但司法实践中，行政行为十分复杂，是否属于行政诉讼受案范围问题判断起来并不简单。有时从原告的诉讼请求来看，诉讼标的似乎是行政行为，如本案王某等人诉请被告履行办理房屋出售手续和发放住房补贴法定职责。但通常原告主张具有非专业性、随意性、人为性，因而不能完全根据原告的诉讼请求来判断一个行为是否属于行政诉讼受案范围。本案中，王某等人请求办理房屋出售手续、发放住房补贴，属于司法破产程序中应当由法院依法处置的事项，衡阳市政府、衡阳市国资委不具有决定权。因此，本案诉讼标的不属于行政行为，而是司法破产程序中法院对破产企业财产的司法处置行为，依法不属于行政诉讼的受案范围。

实践中，容易被误解属于行政诉讼受案范围的"非行政行为"主要有下面几类：

其一，信访行为。信访是行政系统内部给当事人权利救济的一种途径，是与行政诉讼、行政复议并列的，并不改变原权利义务状态，如行政机关针对信访事项作出的登记、受理、交办、转送、复查、复核意见等信访行为，均不属于行政诉讼的受案范围。但如果名义上为"信访"，但实质减损了当事人的权利、增加了当事人的义务等，对当事人权益产生了实际影响，则具有可诉性。

其二，刑事司法行为。公安、国家安全等机关依照《刑事诉讼法》的明确授权实施的刑事司法行为不是行政行为，不属于行政诉讼的受案范围。实践中，争议较多的是兼具行政管理机关和刑事司法机关双重身份的公安机关，有时会出现难以判断的情形。通常认为，不论公安机关作出的是受理或不受理刑事案件决定，还是立为或者不立为刑事案件，行使的均是刑事侦查权，均不属于行政诉讼的受案范围。

其三，协助执行行为。行政机关根据法院的生效裁判、协助执行通知书作出的执行行为，非行政行为。但行政机关扩大执行范围或者采取违法方式实施的情形，超过了协助执行范围，增添了行政机关的独立意志，具有可诉性。

其四，司法行为。如本案中，王某等诉请事项属于法院司法权限范围，则不能成为行政行为或行政机关的法定职责，也不能纳入行政诉讼的受案范围。

其五，民事行为。即公民与行政机关之间存在属于民事法律关系范畴的争议，如因行政机关办公室设备的采购、购买劳务服务等引发的争议不属于行政诉讼的受案范围。

【思考题】

1. 实践中，看似"行政行为"实质非"行政行为"而不能进入行政诉讼受案范围的行为有哪些？

2. 政府政策性关停、产业退出等政策决策、决定等不适宜进入行政诉讼受案范围的原因是什么？

第二节 《行政诉讼法》明确排除的情形

一、国防、外交等国家行为

《行政诉讼法》第 13 条第 1 项规定，人民法院不受理公民、法人或者其他组织对"国防、外交等国家行为"提起的诉讼。《最高人民法院关于适用〈中华人民共和国行政诉讼法〉的解释》第 2 条第 1 款规定："行政诉讼法第十三条第一项规定的"国家行为"，是指国务院、中央军事委员会、国防部、外交部等根据宪法和法律的授权，以国家的名义实施的有关国防和外交事务的行为，以及经宪法和法律授权的国家机关宣布紧急状态等行为。"具体来说可分为两类，第一类是涉及国与国之间关系的行为，如宣战、签订条约、承认外国政府、对某国的经济制裁、驱逐某国的外交人员等；第二类是处理本国重大事务的行为，如根据《宪法》的规定，国务院有权决定省、自治区、直辖市范围内部分地区的戒严。

国家行为不是具体行政行为，不是行政机关以自己的名义对单个、特定对象实施行政管理的行为，是宪法、法律授权的特定主体代表整个国家以国家名义实施的行为，是体现国家主权的行为，其权力是国家的整体性和统一性。因此，法院没有能力、没有标准对之作出评价，故明确将之排除出行政诉讼的受案范围。对于国家行为不属于行政诉讼的受案范围是确定无疑、无争议的，司法实践中尚无此类案例。

二、抽象行政行为

《行政诉讼法》第 13 条第 2 项将抽象行政行为表述为"行政法规、规章或者行政机关制定、发布的具有普遍约束力的决定、命令"。《最高人民法院关于适用〈中华人民共和国行政诉讼法〉的解释》第 2 条第 2 项规定："行政诉讼法第十三条第二项规定的'具有普遍约束力的决定、命令'，是指行政机关针对不特定对象发布的能反复适用的规范性文件。"

案例一 金某、张某诉北京市海淀区人民政府履行法定职责案❶

【基本案情】

2015 年 11 月 12 日，金某、张某向北京市海淀区人民政府（以下简称海淀区政府）提出履责申请，请求撤销海政办发〔2010〕90 号文并将处理结果书面告知申请

---

❶ 见最高人民法院（2016）最高法行申 2856 号行政裁定书。

人。2016 年 1 月 25 日，海淀区政府向二人送达《关于金某、张某履行职责申请书的回复》，称海政办发〔2010〕90 号文制发过程合乎公文制作和运转流程，不予撤销。二人诉请判决确认海淀区政府对其不履行法定职责行为违法并判决其履行二人请求的依法撤销海政办发〔2010〕90 号文的职责。

【主要法律问题】

抽象行政行为是否可诉？

【主要法律依据】

《行政诉讼法》第 12 条第 2 项。

【理论分析】

抽象行政行为是与"具体行政行为"相对而言的概念，指行政机关在行政管理中，针对不特定的人和事制定普遍适用的规范性文件的活动。《行政诉讼法》（2017 年）将原来的"具体行政行为"概念统一替换为"行政行为"后，"行政行为"的概念仍理解为原来意义上的"具体行政行为"，即行政机关针对具体事件、单方面作出的、具有外部效果的、行政法上的处理行为。可见，废除"具体行政行为"概念也不意味着抽象行政行为纳入了行政诉讼的受案范围。

在抽象行政行为中，如国务院制定行政法规的行为和国家部委或地方政府制定规章的行为不能成为行政诉讼的对象，因其制作主体级别高、制定程序严格，并无太多异议。除此之外的其他行政机关制定、发布的具有普遍约束力的决定、命令，实践中有分歧。《行政诉讼法》第 53 条规定："公民、法人或者其他组织认为行政行为所依据的国务院部门和地方人民政府及其部门制定的规范性文件不合法，在对行政行为提起诉讼时，可以一并请求对该规范性文件进行审查。前款规定的规范性文件不含规章"，即规范性文件的附带性审查制度。本案中，虽然原告提起的是履行法定职责之诉，但实质上是请求法院审查并评价海政办发〔2010〕90 号文的合法性，该抽象行政行为依法不属于行政诉讼的受案范围。

【思考题】

1. 抽象行政行为与具体行政行为的区别有哪些？

2. 对规章以下规范性文件的附带性审查能否理解为抽象行政行为已经纳入了行政诉讼的受案范围内？

三、内部管理行为

行政机关对行政机关工作人员的奖惩、任免等决定涉及的是行政系统内部的人事、福利待遇等管理行为，不涉及对外行政管理权的行使，因此不属于行政诉讼的受案范围。

案例二　陶某诉海南省人力资源和社会保障厅职级确定和工资套改案❶

【基本案情】

1992 年 6 月陶某从原海南省旅游协会（局）办理退休手续，该机构更名后的海南省旅游发展委员会（以下简称海南省旅游委）为其发放干部退休证，认定陶某的级别为工程师七级，退休时间为 1992 年 7 月 1 日，退休前陶某没有行政级别。1994 年 6 月海南省进行经济特区事业单位工资制度改革，陶某被套改为行政科员级并以此级别发放退休金。2007 年 2 月 1 日陶某发现海南省旅游委将其套改为科员级并一直以此发放退休金后，向海南省旅游委反映要求海南省旅游委将其纠正为行政科级待遇。海南省旅游委向海南省人力资源和社会保障厅（以下简称海南省人社厅）发出琼旅函〔2007〕15 号文，请求对陶某按正科级增加退休费的发放，并重新核计 1993 年 10 月以来应发退休金。后无果，陶某向海南省人社厅提出申诉。2016 年 6 月 17 日海南省人社厅信访答复陶某要求按正科级确定工资待遇没有政策依据。陶某请求海南省人民政府复查，海南省人民政府信访事项复查复核委员会办公室作出《信访事项复查复核不予受理告知书》。陶某不服提起行政诉讼。请求：1. 海南省人社厅将陶某套改的行政科员待遇纠正为行政科级待遇；2. 海南省人社厅按 2007 年以来陶某的科员退休金，与应得到的科级退休金的差额累计计算，对陶某发放补偿金，并从判决当月开始按审定行政科级计发陶某的退休金；3. 海南省旅游委帮助落实上述诉求项目的具体数额。

【主要法律问题】

公务员职务、级别及工资待遇的调整行为是否属于行政诉讼受案范围？

【主要法律依据】

1. 《行政诉讼法》第 13 条第 3 项；
2. 《最高人民法院关于适用〈中华人民共和国行政诉讼法〉的解释》第 2 条第 3 款。

【理论分析】

《行政诉讼法》第 13 条第 3 项规定，行政机关对行政机关工作人员的奖惩、任免等决定，不属于行政诉讼的受案范围。《最高人民法院关于适用〈中华人民共和国行政诉讼法〉的解释》第 2 条第 3 款规定："行政诉讼法第十三条第三项规定的'对行政机关工作人员的奖惩、任免等决定'，是指行政机关作出的涉及行政机关工作人员公务员

权利义务的决定。"从立法精神来看，排除行政诉讼受案范围的应是所有行政机关的财务、人事、机构设置、职责划分等内部管理行为。具体分析，内部行政行为是行政机关针对与其存在行政隶属关系或行政监察关系的行政机关工作人员作出的行为，所涉及的是行政机关公务员所特有的权利义务，与《行政诉讼法》规定的具有可诉性的外部行政管理行为存在实质上的不同。内部行政行为分为上下级行政机关之间的工作关系和行政机关的内部人事管理关系。

1. 内部人事管理关系即"行政机关作出的涉及公务员权利义务的决定"。其被《行政诉讼法》明确排除的原因在于：第一，行政机关对公务员权利义务的决定，数量多，涉及面广，有关法律、法规已规定了相应的救济手段和途径，不必通过行政诉讼解决因此产生的纠纷；第二，此类争议涉及行政政策问题、行政内部纪律和制度问题，法院不熟悉行政机关内部事务，缺乏具体的争议处理手段❶；第三，内部人事管理往往涉及高度经验性的判断，例如机关领导对工作人员日常工作态度和水平的印象，需要靠日积月累形成，法院没有这方面的条件；第四，内部人事管理行为属于机关自身建设问题，不对外产生法律上的效力。本案即涉及公务员职务、级别及工资待遇的调整行为，因此不属于行政诉讼的受案范围。

2. 上下级行政机关之间的工作关系，即上级对下级行政机关工作的指示、命令、决定、批复等行政行为，行政诉讼相关法律规范未明确规定此类行政行为是否可诉。《最高人民法院关于适用〈中华人民共和国行政诉讼法〉的解释》第 1 条第 2 款第 5 项"行政机关作出的不产生外部法律效力的行为"、第 8 项"上级行政机关基于内部层级监督关系对下级行政机关作出的听取报告、执法检查、督促履责等行为"、第 10 项"对公民、法人或者其他组织权利义务不产生实际影响的行为"，均不属于行政诉讼的受案范围。以上法律规范实质上从不同角度规定了"上下级行政机关之间的工作关系"不属于行政诉讼的受案范围。

需要注意的是，实践中常出现内部行政行为外化的情况，即在一些情况下产生外溢法律效果，不能将其完全排除出行政诉讼受案范围。

【思考题】

1. 内部行政行为不纳入行政诉讼受案范围的原因有哪些？
2. 内部行政行为外化可诉的判断标准是什么？

四、行政机关最终裁决的行政行为

《行政诉讼法》第 13 条第 4 项规定："对'法律规定由行政机关最终裁决的行政行为'提起诉讼的，人民法院不予受理。"法律规定行政机关最终裁决的行政行为不进行司法审查，本质是对行政权和司法权的合理配置，将不宜纳入司法审查范围的争议、

---

❶ 张汉元，徐亚超. 内部人事管理行为不应作为行政诉讼对象［N］. 人民法院报，2020-01-23（006）.

司法不具有审查裁判能力的行政行为排除出行政诉讼的受案范围。

案例三　陈某等诉新疆生产建设兵团不履行行政复议法定职责案❶

【基本案情】

陈某等 17 人合法拥有新疆生产建设兵团第二师（以下简称二师）29 团四连、五连及水泥厂东 1 号养殖小区土地种植果树。2015 年 4 月 2 日新疆生产建设兵团国土资源局向二师作出兵国土资函〔2015〕19 号《关于二师 29 团 2015 年度第二批次农用地转用的批复》（以下简称《批复》），主要内容为师发〔2015〕3 号《关于二师 29 团 2015 年度第二批次农用地转用的请示》业经新疆生产建设兵团（以下简称兵团）批准，批复同意 29 团在土地利用总体规划确定的建设用地范围内将国有农用地 26.1469 公顷、未利用地 0.4665 公顷转为建设用地，同时占用建设用地 1.1862 公顷，共计批准新增建设用地 26.6134 公顷。陈某等 17 人的上述土地在《批复》范围内，所拥有的果树面临征收。其于 2016 年 2 月 24 日、3 月 28 日两次向兵团申请行政复议，请求撤销《批复》，但兵团将行政复议申请及材料退回。后陈某等 17 人提起行政诉讼，请求确认兵团不履行行政复议职责的行为违法。

【主要法律问题】

农用地转用批复是否属于行政复议的受案范围？

【主要法律依据】

1. 《土地管理法实施条例》第 25 条第 3 款；

2. 原国务院法制办公室国法秘复函〔2017〕817 号《对宁夏回族自治区人民政府法制办公室的复函》；

3. 《行政诉讼法》第 13 条第 4 项。

【理论分析】

对于行政诉讼而言，农用地转用批复属于行政机关最终裁决的行政行为，根据《行政诉讼法》第 13 条第 4 项的明确规定，由行政机关最终裁决的行政行为不属于行政诉讼受案范围，但必须是行政机关按照法律规定而行使最终裁决权的行政行为。这里的"法律"，是指全国人民代表大会及其常务委员会制定、通过的规范性文件。❷ 原因在于行政机关最终裁决的情形与司法最终裁决原则有相悖之处，应严格限制，现在

---

❶ 最高人民法院（2018）最高法行再 47 号行政裁定书。

❷ 姜明安. 行政法与行政诉讼法［M］. 6 版. 北京：北京大学出版社，2015：424.

只有《行政复议法》对此还有规定。《行政复议法》第 5 条规定："公民、法人或者其他组织对行政复议决定不服的，可以依照行政诉讼法的规定向人民法院提起行政诉讼，但是法律规定行政复议决定为最终裁决的除外。"由行政复议机关行使最终裁决权的行政行为有两种情形：一是省级人民政府的自然资源权属复议决定。《行政复议法》第 30 条第 2 款规定："根据国务院或者省、自治区、直辖市人民政府对行政区划的勘定、调整或者征用土地的决定，省、自治区、直辖市人民政府确认土地、矿藏、水流、森林、山岭、草原、荒地、滩涂、海域等自然资源的所有权或者使用权的行政复议决定为最终裁决。"本案的农用地转用批复就属于该种情形，可复议，但不可诉讼。二是国务院的复议决定。《行政复议法》第 14 条规定："对国务院部门或者省、自治区、直辖市人民政府的具体行政行为不服的，向作出该具体行政行为的国务院部门或者省、自治区、直辖市人民政府申请行政复议。对行政复议决定不服的，可以向人民法院提起行政诉讼；也可以向国务院申请裁决，国务院依照本法的规定作出最终裁决。"

【思考题】

1. 行政机关最终裁决的行政行为有哪些？
2. 行政诉讼受案范围排除行政机关最终裁决的行政行为的原因是什么？

第三节　行政诉讼司法解释明确排除的情形

《最高人民法院关于适用〈中华人民共和国行政诉讼法〉的解释》第 1 条第 2 款列举了不属于行政诉讼的受案范围的情形。

一、非行政行为

（一）刑事司法行为

案例一　张某诉山西省吕梁市公安局行政强制措施违法案[1]

【基本案情】

张某以吕梁市公安局杏花分局（以下简称杏花分局）于 2011 年 5 月 25 日对其实施的限制人身自由的行为侵害其合法权益为由，向吕梁市中级人民法院起诉，请求确认行政强制措施违法。吕梁市中级人民法院一审认为，杏花分局限制其人身自由的行为发生在 2011 年 5 月 25 日，其于 2015 年 8 月才向法院起诉，已超过了两年的法定起

---

[1] 最高人民法院（2016）最高法行申 2048 号行政裁定书。

诉期限，依法应予驳回。张某不服一审裁定，向山西省高级人民法院上诉。山西省高级人民法院二审认为，本案中，杏花分局于 2011 年 5 月 25 日对张某采取强制措施，属于公安机关依照《刑事诉讼法》明确授权办理刑事案件立案前的调查行为，并非公安机关履行行政管理过程中的行政强制行为，不属于行政诉讼的受案范围，裁定驳回张某的上诉。

【主要法律问题】

公安机关采取的限制人身自由的强制措施是否属于行政诉讼的受案范围？

【主要法律依据】

《最高人民法院关于适用〈中华人民共和国行政诉讼法〉的解释》第 1 条第 2 款第 1 项。

【理论分析】

根据我国法律规定，公安机关具有行政管理和刑事侦查双重职责。对公安机关的刑事侦查行为，不属于行政诉讼受案范围。因此，确定公安机关的某一行为是否可诉，需要区分其实施的是行政管理行为还是刑事侦查行为。公安机关依照《刑事诉讼法》明确授权的刑事案件立案前的侦查行为，并非公安机关履行行政管理过程中的行政行为，不属于行政诉讼的受案范围。

【思考题】

如何区分公安机关的行政行为与刑事司法行为？

（二）执行行为

案例二　某科技有限公司诉国家市场监督管理总局不履行协助执行义务案[1]

【基本案情】

2012 年 12 月，北京某科技有限公司（以下简称某公司）在"大韩民国现代综合商事株式会社与中国国际企业合作珠海公司货物买卖合同纠纷案"执行拍卖过程中以 82.5 万元价格竞得中国国际企业合作公司持有的中企国际展览广告公司 51% 股权。珠海市中级人民法院于 2013 年 1 月 17 日作出执行裁定并向原国家工商行政管理总局（以下简称原工商总局）发出《协助执行通知书》，要求协助执行该股权的解除冻结并变更登记事宜。原工商总局于 2013 年 1 月 22 日签收法院文书，后其以股权变更工作需由被

---

[1] 最高人民法院（2019）最高法行申 7682 号行政裁定书。

执行方主动提出为由拖延办理，某公司多次与其沟通，并致函珠海市中级人民法院请求督促执行工作。2016 年 3 月原北京市工商行政管理局（以下简称原北京市工商局）工作人员联系某公司，告知原工商总局将权力下放，已将该股权转让的协助执行工作移交北京市工商局办理，并要求该公司提供相关材料予以确认。某公司按照要求提供案件相关材料，后原北京市工商局工作人员称其并非珠海市中级人民法院协助执行通知的主体。故某公司起诉，请求确认国家市场监督管理总局不履行协助执行义务的行为违法。

【主要法律问题】

行政机关不履行协助执行义务造成损害是否属于行政诉讼受案范围？

【主要法律依据】

1. 《最高人民法院关于适用〈中华人民共和国行政诉讼法〉的解释》第 1 条第 2 款第 7 项；

2. 《行政诉讼法》第 12 条第 1 款第 6 项、第 12 项；

3. 《最高人民法院关于行政机关不履行人民法院协助执行义务行为是否属于行政诉讼受案范围的答复》。

【理论分析】

《最高人民法院关于行政机关不履行人民法院协助执行义务行为是否属于行政诉讼受案范围的答复》规定："行政机关根据人民法院的协助执行通知书实施的行为，是行政机关必须履行的法定协助义务，公民、法人或者其他组织对该行为不服提起诉讼的，不属于人民法院行政诉讼受案范围。行政机关拒不履行协助义务的，人民法院应当依法采取执行措施督促其履行；当事人请求人民法院判决行政机关限期履行协助执行义务的，人民法院不予受理。但当事人认为行政机关不履行协助执行义务造成其损害，请求确认不履行协助执行义务行为违法并予以行政赔偿的，人民法院应当受理。"《最高人民法院关于适用〈中华人民共和国行政诉讼法〉的解释》第 1 条第 2 款第 7 项规定："行政机关根据人民法院的生效裁判、协助执行通知书作出的执行行为，但行政机关扩大执行范围或者采取违法方式实施的除外"，再次重申了上述观点。"行政机关根据人民法院的生效裁判、协助执行通知书作出的执行行为"本质上的司法意志的体现，在不具有行政机关独立意志的情形下，仅是司法行为及司法权的延伸，故不具有可诉性。但也不能一概而定论，司法实践中存在以下三类例外的可诉情形，需要综合分析判断。

1. 行政机关根据法院的生效裁判作出执行行为时，超出司法意志，扩大执行范围或者缺乏法律依据的采取违法方式实施执行行为的，构成行政机关独立意志，产生违法侵权责任由行政机关承担责任，此时具有可诉性。

2. 法院的生效行政裁判是笼统性的判项，如判令行政机关履行处理职责、判令行政机关作出补偿或赔偿决定等，行政机关重新作出的行为属于行政诉讼的受案范围。即行政机关接到法院执行通知书后，为履行生效判决而重作的行政行为具有可诉性。

3. 负有协助执行义务的行政机关，无正当理由拒绝执行或明显超过合理期限拖延协助执行，且执行已不可能或已无必要，给当事人造成损害的，当事人有权提起行政诉讼。此时，行政机关不履行协助执行义务造成当事人损失的，并非执行法院命令的结果，相应的法律责任应由行政机关承担，当事人通过行政诉讼途径解决确认拒绝协助执行行为违法及行政赔偿问题，属于行政诉讼的受案范围。

【思考题】

1. 执行法院生效裁判的行为和根据法院协助执行通知作出的执行行为不属于行政诉讼受案范围的原因是什么？

2. "执行行为"可诉的情形有哪些？

（三）信访处理行为

案例三　马某诉黑龙江省嫩江县人民政府不履行发放安置补偿款法定职责纠纷案❶

【基本案情】

马某原系黑龙江省嫩江县临江乡铁古砬村村民，因修建水利工程需要，移民到山东省汶上县。2003 年马某与接收地政府签订《尼尔基水利枢纽工程嫩江县移民投亲靠友安置协议书》，按照当时国家批准的 3.36 倍土地补偿标准将安置补偿费汇至接收地政府。2006 年国家发改委批复将移民安置补偿费由 3.36 倍调整至 10 倍，嫩江县人民政府移民办公室（以下简称嫩江县移民办）将调整增加的 6.64 倍安置补偿费全额兑现，拨付给了铁古砬村。马某认为，增加的安置补偿费应拨付给移民接收地而不是铁古砬村，多次去嫩江县移民办及嫩江县人民政府（以下简称嫩江县政府）讨要无果。马某信访投诉，临江乡人民政府（以下简称临江乡政府）2010 年 7 月作出《关于马某诉求问题的处理意见》称没有剩余的钱可以支付给马某所在接收地。马某申请复查，嫩江县政府 2010 年 8 月作出《关于马某同志信访事项的复查决定》称，维持临江乡政府《关于马某诉求问题的处理意见》；铁古砬村村集体已将剩余 6.64 倍补偿款使用，无法汇至马某所在接收地。马某申请复核，2011 年 6 月 27 日黑河市人民政府（以下简称黑河市政府）作出《关于马某信访事项的复核意见书》，撤销嫩江县政府《关于马某同志信访事项的复查决定》；由嫩江县政府负责协调，将调整后的安置补偿款交给移

---

❶　最高人民法院（2015）行提字第 33 号行政裁定书。

民接收地。收到黑河市政府复核意见书后，马某多次去嫩江县政府申请拨款无果。马某于 2013 年 10 月 16 日起诉，要求嫩江县政府履行发放安置补偿款职责。

【主要法律问题】

信访复核意见是否可诉？

【主要法律依据】

《最高人民法院关于适用〈中华人民共和国行政诉讼法〉的解释》第 1 条第 2 款第 9 项。

【理论分析】

《最高人民法院关于适用〈中华人民共和国行政诉讼法〉的解释》第 1 条第 2 款第 9 项规定"行政机关针对信访事项作出的登记、受理、交办、转送、复查、复核意见等行为"，不属于行政诉讼的受案范围。在司法实践中，对于涉及信访的行为是否属于行政诉讼受案范围要根据实际情况作出判断和处理。

1. 行政机关的信访处理行为一般不属于行政诉讼的受案范围。其中"行政机关"分为两类，一类是信访工作机构，即各级政府或政府工作部门授权负责信访工作的专门机构，其作出的登记、受理、交办、转送、承办、协调处理、督促检查、指导信访事项等行为，对信访人实体权利不产生实质影响，不属于行政诉讼的受案范围。另一类是对信访事项有权处理的行政机关，通常是依法具有行政管理职权的机关，其依据《信访条例》作出的处理意见、复查意见、复核意见和不再受理决定，在未改变原行政处理决定的情况下，不会对信访人的权利义务产生新的影响，也不属于行政诉讼的受案范围。

2. 虽为信访答复意见、复查意见、复核意见等，但其否定了以往的处理意见，作出了新的处理决定，对当事人的权利义务作出了新安排，实质对公民、法人或者其他组织的权利义务产生了新的实际影响，此情形下，无论信访处理意见以何种名义出现，均属于行政诉讼的受案范围。本案中，黑河市政府作出的《关于马某信访事项的复核意见书》，撤销了嫩江县政府的《关于马某同志信访事项的复查决定》，要求嫩江县政府负责协调，将调整后的补偿款交给移民接收地。黑河市政府的信访复核意见对马某申诉事项作出了新的处理，对马某的权利义务产生了新的实际影响，属于行政诉讼的受案范围。此外，基于行政系统内部上下级隶属和服从关系，对于黑河市政府的信访复核意见，嫩江县政府必须服从和执行，因此马某诉请其履职应当获得支持。

3. 当事人提出履职申请等欲启动行政处理程序，但行政机关将其申请归为信访事项，并作出信访处理意见，此时是否可诉需作出区分。一般情况下，救济路径的选择权在当事人而非行政机关，当事人选定行政处理程序，行政机关应当按照其选择处理，但因信访处理意见不可诉，行政机关常将当事人正常的申请事项推入信访途径。此时，即便行政机关将当事人的申请不当归为信访事项，行政机关作出的实质影响当事人权利义务的决定依然可诉。例外情形是，行政机关早已对当事人的申请事项作出过明确处理意见，当事人不起诉或置之不理，重新或反复向行政机关提出履职申请，此时当事人提出的履职申请即为申诉、信访，不属于行政诉讼的受案范围。《最高人民法院关于适用〈中华人民共和国行政诉讼法〉的解释》第 1 条第 2 款第 4 项将"驳回当事人对行政行为提起申诉的重复处理行为"排除行政诉讼的受案范围的原因也在于此。

4. 负有受理信访职责的行政机关的"不作为"行为，如对收到的信访事项不登记、对属于其法定职权范围的信访事项不受理、在规定期限内不回复等行为，不属于行政诉讼的受案范围。根据《信访条例》第 41 条、第 42 条之规定，行政机关对信访反映存在"不作为"行为，可由上级行政机关责令改正、对直接负责的主管人员和其他直接责任人员依法给予行政处分等，而不能就该行为提起行政诉讼。

【思考题】

1. 区分信访处理行为是否可诉的标准是什么？
2. 典型可诉的信访处理行为有哪些？

二、不具有强制力的行为

（一）调解行为

案例四　郭某诉陕西省西安市人民政府履行法定职责案❶

【基本案情】

郭某向西安市人民政府（以下简称西安市政府）提出《行政协调申请》，认为西安市曲江新区管理委员会（以下简称曲江新区管委会）在征地回迁后，又对其所在的庙坡头村被征收土地的"双子户"给予扶助性政策，允许"双子户"按成本价购买 45 平方米的安置房，此举有失公平，郭某家庭并非"双子户"，但要求亦享受该扶助性政策，根据《土地管理法实施条例》第 25 条关于"对于补偿标准有争议的，由县级以上人民政府协调；协调不成的，由批准征地的人民政府裁决"的规定，请求作为批准《安置方案》和《补偿方案》的西安市政府组织协调处理好男女平等的拆迁待遇问题，履行法定职责，重新作出"双子户"相关政策。西安市政府按照《信访条例》的规定，将郭某的《行政协调申请》转至曲江新区管委会处理，后由西安市国土资源局曲江新区分局予以回复。郭某认为西安市政府对其申请不予理睬，故起诉请求西安市政

---

❶　最高人民法院（2019）最高法行申 14003 号行政裁定书。

府对其《行政协调申请》予以答复，履行法定职责，重新作出"双子户"相关政策答复。一、二审法院认为郭某申请享受以建设成本价购买安置房的请求并非《土地管理法实施条例》第 25 条中对补偿标准的争议。郭某向最高人民法院申请再审，请求撤销原裁定。

【主要法律问题】

起诉履行征地补偿标准争议协调职责是否属于行政诉讼的受案范围？

【主要法律依据】

1. 《行政诉讼法》第 2 条；
2. 《最高人民法院关于适用〈中华人民共和国行政诉讼法〉的解释》第 1 条第 2 款第 10 项；
3. 《土地管理法实施条例》第 25 条。

【理论分析】

《最高人民法院关于适用〈中华人民共和国行政诉讼法〉的解释》第 1 条第 2 款第 2 项规定"调解行为以及法律规定的仲裁行为"不属于行政诉讼的受案范围，其中调解行为因属于不具有强制力的行为而被排除。具体来说，行政调解是国家行政机关依照法律规定，在其行使行政管理职权范围内，对特定的民事纠纷及轻微刑事案件进行调解，当事人自愿达成协议，解决纠纷的一种调解制度。其范围包括民事、经济纠纷和轻微的刑事纠纷。❶ 实质上，行政调解是一种借助行政权来处理以上争议的纠纷解决机制，而非行政行为本身，调解及其结果均并不具有法律上的强制力，除当事人自愿接受外，调解行为本身不对当事人的权利义务产生实际影响，因此不具有可诉性。

本案中涉及行政机关对于征地补偿标准争议的协调问题，此处的协调即为调解，负责协调的行政机关并不能单方作出具有法律效力的行政决定，协调行为本身并不对被征收人的权利义务产生实际影响，征地补偿标准争议的协调程序及结果也并不具有强制力，因此不应进入行政诉讼范围。

【思考题】

调解行为以及法律规定的仲裁行为为什么不属于行政诉讼的受案范围？

---

❶ 林万泉. 论行政调解的法律效力 [EB/OL]. (2003-12-08) [2021-09-12]. https://www.chinacourt.org/article/detail/2003/12/id/95059.shtml.

（二）行政指导行为

案例五　张某诉山西省太原市人民政府不履行法定职责一案●

【基本案情】

张某是太原市晋源区金胜镇武家庄社区居民委员会（以下简称武家庄居委会）女儿户，即俗称外嫁女，她认为武家庄居委会长期歧视女儿户，非法剥夺了其 2012 年以前的一切村民福利。2012 年 8 月因张某到区政府反映城中村改造补偿款发放问题，引起居委会不满，自 2013 年 6 月起，居委会取消其家一切村民福利。后武家庄城中村改造，按照《武家庄新村产权置换方案》，其一家符合宅基地分配条件。张某于 2017 年 1 月 15 日向太原市人民政府（以下简称太原市政府）邮寄申请保护，请求履行保护其财产权、保护男女平等权利法定职责，并责令武家庄居委会按全成给其补发被取消的一切村民福利，直到 2017 年 3 月 17 日未收到太原市政府答复。张某提起诉讼，请求判令太原市政府履行保护公民人身权财产权、保护男女平等法定职责，责令武家庄居委会按全成给其补发被取消的一切村民福利。一、二审法院认为张某要求行政机关履行的是法律规定抽象的职责义务，不属于行政诉讼的受案范围，均裁定驳回。后张某向最高人民法院申请再审。

【主要法律问题】

行政指导行为是否可诉？

【主要法律依据】

《最高人民法院关于适用〈中华人民共和国行政诉讼法〉的解释》第 1 条第 2 款第 3 项。

【理论分析】

行政指导行为，是指行政机关在其职能、职责或管辖事务范围内，以指导、建议、劝告等柔性的、非强制性的方式进行，并辅以利益诱导机制，向特定行政相对人施加作用和影响，谋求同意或协助，以促使其作为或不作为，从而达到一定的行政目的的行为。对行政指导行为，行政相对人可自主决定接受或配合与否，因而不直接产生行政法律后果，不属于行政诉讼的受案范围。

在本案中，张某并非直接起诉居民委员会，而是请求法院判令太原市政府履行保

● 最高人民法院（2018）最高法行申 906 号行政裁定书。

护公民人身权财产权、保护男女平等的法定职责，责令武家庄居委会补发其被取消的一切村民福利。张某起诉的法律依据是《行政诉讼法》第 12 条第 1 款第 6 项"申请行政机关履行保护人身权、财产权等合法权益的法定职责，行政机关拒绝履行或者不予答复的。"首先，要看当事人申请履行的是否属于该行政机关的法定职责。《地方各级人民代表大会和地方各级人民政府组织法》（2015 年）第 59 条第 6 项、第 9 项规定了县级以上地方各级人民政府有保护公民财产权、人身权，保障宪法和法律赋予妇女的男女平等权利的法定职责，但该条款是宏观规定，由何层级政府履行、如何履行需要法律、法规或者规章的具体规定。《城市居民委员会组织法》第 2 条第 2 款规定："不设区的市、市辖区的人民政府或者它的派出机关对居民委员会的工作给予指导、支持和帮助。"第 20 条规定："市、市辖区的人民政府的有关部门，可以对居民委员会有关的下属委员会进行业务指导。"这些指导、支持、帮助在性质上属于行政指导。通常情况下，行政指导不具有羁束力和强制力，不能成为撤销之诉的对象；同样也不能提起履职之诉，要求判令行政机关履行行政指导职责，行政指导显然不属于旨在设定某种法律后果的个别调整。本案中，像太原市政府这样设区的市政府，更没有规定设区的市政府有直接责令居民委员会调整其成员福利待遇的法定职责。因此，不论行政机关进行行政指导与否，均不属于行政诉讼的受案范围。

　　需要注意的是，一般的行政指导行为不可诉，但司法实践中常有例外，包括三种情况。一是变异的"行政指导"，即以行政指导之名行其他行政行为之实，必然会侵害行政相对人的自由选择权等合法权益。二是不诚信的行政指导，即行政机关在实施行政指导时给了行政相对人利益上的承诺，让相对人产生一定的信任，但当相对人接受行政指导后，行政机关却改变行政指导内容或拒绝兑现相关承诺，导致相对人的信赖利益或预期利益受损。三是错误的行政指导，即行政机关在实施行政指导中，提供错误的信息或者决策失误，误导了被指导者，导致其合法权益受损，此时行政机关不能免责。四是违法的行政指导，即指导的内容违反了法律原则与政策、超越职权指导以及行政指导中权力滥用等。上述四种情形，对行政相对人权利义务产生了影响，属于行政诉讼的受案范围。❶

【思考题】

哪些情形的行政指导行为可纳入行政诉讼的受案范围？

三、内部行政行为

《最高人民法院关于适用〈中华人民共和国行政诉讼法〉的解释》第 1 条第 2 款中可归为内部行政行为的有第 5 项"行政机关作出的不产生外部法律效力的行为"和第 8 项"上级行政机关基于内部层级监督关系对下级行政机关作出的听取报告、执法检查、

---

❶　陈辉. 行政指导的五种可诉类型分析［N］. 人民法院报，2015-04-15（006）.

督促履责等行为"。因其为行政系统内部的行为，对外不产生法律效力，故不属于行政诉讼的受案范围。

（一）行政机关作出的不产生外部法律效力的行为

案例六　某商贸有限公司诉国家工商行政管理总局商标局行政批复案[1]

【基本案情】

河南某商贸有限公司（以下简称某公司）是湖北省某边股份有限公司（简称某边公司）授权的某边豫贡系列酒河南总经销。国家工商行政管理总局商标局（以下简称商标局）针对河南省工商行政管理局的请示作出商标监字〔2012〕第 155 号《关于第 N 号"豫及图"注册商标有关问题的批复》（简称 155 号《批复》），批复称关于某边公司在其生产的酒商品上突出使用的"豫""豫贡酒"字样，与第 N 号注册商标近似，其行为属于《商标法》第 52 条第 1 项所述的商标侵权行为。某公司称，155 号《批复》的认定不准确，"某边"牌白酒在包装上标注"豫""豫贡"字样的行为不构成侵犯注册商标专用权。由于此批复，该公司价值 200 多万元的白酒被河南省多个地市工商机关扣押，且第 N 号商标的权利人也依据该《批复》提出了 1150 万元的赔偿，造成该公司大量损失。商标局在 155 号《批复》中直接认定某边豫贡系列酒商标侵权，属于具体行政行为，且多地工商局依据该批复扣押其商品，并将该批复直接送达的行为，使此内部批复外化，具有可诉性。该公司请求法院确认 155 号《批复》错误并判决撤销该批复。

【主要法律问题】

上级行政机关对下级机关请示的内部批复是否是可诉的行政行为？

【主要法律依据】

1.《最高人民法院关于适用〈中华人民共和国行政诉讼法〉的解释》第 1 条第 2 款第 5 项；

2.《行政诉讼法》第 12 条第 12 项。

【理论分析】

上级行政机关针对下级机关请示作出的批复是典型的内部行政行为，一般不直接对外产生法律效力，要执行批复内容，还要依托于法定执法机关作出外部行政行为。实践中，常有批复、会议纪要、回函等内部行为外化，对行政相对人产生实质影响，

---

[1]　最高人民法院（2013）行提字第 2 号行政裁定书。

此时应纳入行政诉讼的受案范围。批复能否具有可诉性取决于两个因素：一是批复是否已通过一定途径外化；二是批复是否直接对行政相对人的权益产生了实际影响。本案中，商标局是具有全国商标注册和管理等行政管理职能的主管机关，其 155 号《批复》在形式上属于上下级行政机关之间的内部公文往来，但批复内容涉及某边公司在其生产的酒商品上突出使用与第 N 号注册商标近似字样的行为是否构成商标侵权的具体事项的认定。且该批复已通过一定途径公开，并事实上成为其他多个行政执法机关执法的依据，客观上对行政相对人的权益产生了实质影响。在此情况下，当事人针对该批复提起的诉讼属于行政诉讼法规定的受案范围。

会议纪要也是典型的内部行政行为，是行政机关用于记载和传达有关会议情况和议定事项的内部公文，是通过会议方式就特定事项形成的内部意见或工作安排，通常情况下其效力限于行政机关内部。落实会议纪要的内容或精神，一般仍需相关行政机关另行作出行政行为，对当事人合法权益产生实际影响的是后续的行政行为，而非会议纪要。会议纪要对外发生法律效力，成为可诉的行政行为，应当满足两个条件：一是会议纪要的内容直接涉及公民、法人或其他组织的具体权利义务；二是会议纪要通过一定方式外化，包括行政机关将会议纪要作为行政决定送达或告知当事人，或行政机关将会议纪要直接予以执行。需要注意的是，会议纪要的外化应限于正当途径，若通过私人告知等非正常途径所知晓的，则不属于正规外化，亦不可诉。

【思考题】

何种情况下"内部行政行为"可诉？

（二）内部层级监督行为

案例七　王某诉公安部不予受理行政复议案[1]

【基本案情】

2015 年 6 月 10 日，王某向公安部邮寄《行政复议申请书》，要求公安部确认公安部对王某 2014 年 10 月 28 日向其邮寄的警务督察申请书未予答复的不作为行为违法。公安部经审查认为王某申请复议的事项不属于行政复议的受理范围，作出不予受理决定书。王某以公安部作出的不予受理复议决定侵犯其合法权益为由提起行政诉讼，请求确认被诉不予受理决定书违法，判令公安部对王某的行政复议申请予以受理。一、二审法院认为王某的行政复议请求为要求确认公安部对王某的警务督察申请不履责违法，但警务督察系公安机关的内部行为，不属于行政复议的受理范围，公安部以此为由对王某的行政复议申请不予受理，并无不当。王某向最高人民法院申请再审。

---

[1]　最高人民法院（2018）最高法行申 653 号行政裁定书。

【主要法律问题】

公安机关的警务督察行为是否属于行政复议、行政诉讼的受案范围？

【主要法律依据】

《最高人民法院关于适用〈中华人民共和国行政诉讼法〉的解释》第1条第2款第8项。

【理论分析】

内部层级监督关系属于典型的内部行政行为。《最高人民法院关于适用〈中华人民共和国行政诉讼法〉的解释》第1条第2款第8项明确规定"上级行政机关基于内部层级监督关系对下级行政机关作出的听取报告、执法检查、督促履责等行为"不属于行政诉讼的受案范围。

本案中最高人民法院认为，对公安机关的行为不服，可选择申请行政复议或直接提起行政诉讼等，也可选择向督察机构投诉举报启动内部层级监督，但不同救济路径的法律效果不同。首先，警务督察是与行政复议或行政诉讼并列的救济方式，系行政系统内部救济方式之一，警务督察不影响行政相对人申请行政复议或提起行政诉讼。其次，警务督察并不直接针对行政相对人的实求（要求对公安机关工作人员给予处分的除外）作出是否予以支持的处理，而是通过对公安机关或人民警察是否违法违纪进行监督，间接影响行政相对人请求是否实现。第三，对警务督察行为不服的救济路径具有内部性。警务督察属于公安机关的内部层级监督，依法不属于行政复议的受案范围，也不属于行政诉讼的受案范围。正因其内部性，不直接设定行政相对人权利义务，不直接产生对外影响，故不属于行政诉讼的受案范围。

【思考题】

内部层级监督行为不可诉的原因是什么？

四、过程性行政行为、尚未终结和成熟的行政行为

案例八　李某诉辽宁省凌海市人民政府土地行政征收案[1]

【基本案情】

辽宁省凌海市人民政府（以下简称凌海市政府）成立锦凌水库移民安置指挥部，

---

[1]　最高人民法院（2020）最高法行申6826号行政裁定书。

按照锦凌水库工程进度需要，分阶段征收水库建设淹没区内的土地。凌海市政府通过土地实物核量、移民意向调查、地上物补偿公示等工作，在充分协商后于 2013 年 9 月 22 日与李某签订《锦凌水库工程移民安置及补偿协议书》（以下简称《补偿协议书》）并附补偿明细表，明细表（二）（三）（四）中关于房屋及附着物补偿数量均为无。《补偿协议书》所涉补偿款于 2013 年 11 月 19 日均已收到。李某未针对《补偿协议书》提起过行政诉讼，其不服凌海市政府在锦凌水库移民安置工作中的实物测量核准程序，于 2019 年 3 月 11 日提起诉讼，请求确认凌海市政府在实施锦凌水库工程移民安置工作中对其所在村核准实物量工作程序违法；判令凌海市政府采取补救措施，重新核准其所在村实物量数据。

【主要法律问题】

征收补偿程序中的实物测量核准及公示行为是否属于行政诉讼受案范围？

【主要法律依据】

《最高人民法院关于适用〈中华人民共和国行政诉讼法〉的解释》第 1 条第 2 款第 6 项。

【理论分析】

只有具备成熟性、终结性的行政行为才能纳入行政诉讼的受案范围，对于尚未成熟、未终结的行政行为以及过程性行政行为，对当事人权利义务不产生终局性影响，无需单独成诉，可在起诉成熟的、终结性的行政行为中一并审查。此即行政行为"成熟原则"，最早是由美国法院的判例确立的一个程序原则，要求案件必须发展到能够起诉的阶段，才能提出控诉，否则法院不受理。❶ 如何认定某个行政行为已经成熟，可从形式和实质两方面来把握。一方面，从形式上看行政行为的程序是否已到最后阶段并形成了最后决定。另一方面，从实质上判断行政行为是否对相对人产生了实际不利的影响，使得相对人具有获得司法救济的必要性和紧急性。但"成熟原则"也有例外，如果程序性行政行为侵犯了相对人的合法权益，对其权利义务产生了明显的实际影响，且无法通过提起针对相关实体性行政行为的诉讼获得救济，而对该程序性行政行为提起行政诉讼的，法院应当依法受理。

本案中，李某所诉行为系凌海市政府在实施锦凌水库工程移民安置工作中对其所在村进行的实物测量核准及公示工作，是实施征收补偿的准备工作，并非最终的补偿行为，不具备最终的、对外的法律效力，不具备可诉性。这些过程性行为的效力已被最终的补偿行为所吸收和覆盖，李某应当直接对最终的补偿行为提起行政诉讼，而非就中间行为进行诉讼。

---

❶ 石佑启. 在我国行政诉讼中确立"成熟原则"的思考 [J]. 行政法学研究，2004（01）：62-67.

需要说明的是，行政行为是否终了、是否成熟是相对而言的，依法行政机关应当走完所有法定程序，作出最终决定，但若行政机关走了部分程序后，后续行为不再作出，而前期已作出的行为已经实际影响相对人实体权益了，则应当允许相对人提起行政诉讼。

【思考题】

1. 行政行为成熟可诉的判断标准是什么？
2. 程序性行政行为何种情况下具有可诉性？

五、重复处理行为及对当事人权利义务不产生实际影响的行政行为

（一）驳回当事人对行政行为提起申诉的重复处理行为

案例九　王某诉西安市灞桥区人民政府履行法定职责一案[1]

【基本案情】

2009 年 10 月 12 日，西安市灞桥区人民政府（以下简称灞桥区政府）作出《土地权属争议案件决定书》，认定王某没有提供证据证明自己的承包地被他人侵占，故驳回其要求撤销田某、刘某两户村民宅基地批复的申请。王某不服，提起行政复议及行政诉讼。西安市人民政府市政所作的行政复议决定书、西安市未央区人民法院所作的一审判决、陕西省西安市中级人民法院所作的二审判决、陕西省西安市中级人民法院所作的驳回申请再审通知书均未支持其请求。此后，王某于 2018 年 3 月 5 日向灞桥区政府递交申请，要求灞桥区政府"依法对其受侵害土地作出土地使用权证书决定"，灞桥区政府作出答复，王某不服，于 2018 年 5 月 2 日向西安铁路运输中级人民法院提起诉讼，要求灞桥区政府对其受侵害土地作出土地使用权证书决定、撤销灞桥区政府违法滥用行政职权作出的决定。西安铁路运输中级人民法院作出判决，认为王某所诉事项已经司法审查予以维持，灞桥区政府没有再行处理的职责，判决驳回王某的诉讼请求。王某不服提起上诉、申请再审，均被驳回。

【主要法律问题】

就同一争议事项多次向行政机关提出申请，后申请仍沿袭先前主张的，行政机关对后申请不予回复的行为是否属于行政诉讼受案范围？

【主要法律依据】

《最高人民法院关于适用〈中华人民共和国行政诉讼法〉的解释》第 1 条第 2 款第

---

[1] 最高人民法院（2020）最高法行申 14294 号行政裁定书。

4 项。

【理论分析】

《最高人民法院关于适用〈中华人民共和国行政诉讼法〉的解释》第 1 条第 2 款第 4 项规定，"驳回当事人对行政行为提起申诉的重复处理行为"，不属于行政诉讼的受案范围。

一般情况下，行政机关作出行政行为之后，若利害关系人在法定期限内不提出行政复议、行政诉讼或经上述程序未获支持的，该行为原则上不能随意改变，行政机关亦无需就同一事项再次作出行政行为。在此之后，当事人仍可能向行政机关提出要求重新处理或自行纠正等申诉请求。对于此类申诉，行政机关可能予以驳回或不予答复，或作出与之前相同的行为，或告知其已处理等，即可视为驳回当事人对行政行为提起申诉的重复处理行为。行政机关以已经存在相关行政行为不得随意变更或者撤销为理由，明示或者默示拒绝申请，以及在拒绝的同时增加拒绝理由的，不发生法律效果，未创设新的权利义务，故不属于行政诉讼受案范围。如果允许当事人对以上行为提起行政诉讼，则意味着行政诉讼法上关于起诉期限的规定失去了实际意义，那么当事人可就同一事项不断进行申诉，再通过复议、诉讼重新进入法定救济程序循环往复地要求相关机关予以处理，一定程度上可能会产生权利滥用。

（二）对公民、法人或者其他组织权利义务不产生实际影响的行为

案例十　陈某诉博白县人民政府出具证明行为案[1]

【基本案情】

陈某向法院诉称，博白县人民政府（以下简称博白县政府）于 1998 年 10 月 15 日为博白县残疾人联合会、博白县残疾人康复职业培训中心作证，对博白县某电器公司的企业性质、经营管理和注销经过的情况等予以虚假证明，导致其在民事诉讼中败诉，侵犯其合法权益，诉请撤销博白县政府的证明。一、二审法院认为该证明并不对陈某的合法权益明显产生实际影响，裁定驳回起诉和上诉。后陈某去世，其妻郑某向最高人民法院提出再审申请。

【主要法律问题】

行政机关出具证明的行为是否属于行政诉讼的受案范围？

---

[1]　最高人民法院（2017）最高法行申 6354 号行政裁定书。

【主要法律依据】

1. 最高人民法院关于执行《中华人民共和国行政诉讼法》若干问题的解释第 1 条第 2 款第 6 项；

2.《最高人民法院关于适用〈中华人民共和国行政诉讼法〉的解释》第 1 条第 2 款第 10 项。

【理论分析】

《最高人民法院关于适用〈中华人民共和国行政诉讼法〉若干问题的解释》第 1 条第 2 款第 10 项规定，"对公民、法人或者其他组织权利义务不产生实际影响的行为"，不属于行政诉讼的受案范围。此规定也是判断一个行政行为是否具有可诉性的兜底条款，即行政行为可诉，在于其对当事人的权利义务产生了实际影响，主要指行政行为实际上处分了行政相对人的权利义务，或者虽未直接增加相对人的义务、剥夺或减损相对人的权利，但其存在会给其他行为的作出提供具有法律意义的依据或者置当事人于不利的地位。

在本案中，最高人民法院认为，行政机关在民事诉讼中出具的相关书面证明，仅作为法院相关民事诉讼案件的证据材料，不会对当事人的权利义务产生直接影响。虽然根据《最高人民法院关于适用〈民事诉讼法〉的解释》第 114 条的规定，国家机关或者其他依法具有社会管理职能的组织在其职权范围内制作的文书所记载的事项具有较高的证明力，但该证据材料最后能否采纳仍需要法院依法通过质证、认证等程序作出最后判断。如果法院采纳该证据并对民事诉讼当事人作出相应裁判，则相应后果属于民事裁判的结果。当事人对该证据认定不服，应当通过民事诉讼规定的审判监督程序来寻求救济，而不能对该证明行为提起行政诉讼。因此，博白县政府出具证明的行为不会对陈某的权利义务产生直接影响，不属于行政诉讼的受案范围。

【思考题】

如何判断行政行为是否对当事人权利义务产生了影响？

当事人

 本章知识要点

（1）行政诉讼当事人，是指与本案行政诉讼在法律上有利害关系的人，包括原告、被告和第三人以及公益诉讼起诉人。（2）行政诉讼一般由原告启动，被告恒定为行政机关。第三人通过申请或者法院通知的形式参加行政诉讼。（3）检察机关是法律拟制的行政公益诉讼提起主体，通过行政公益诉讼实现督促依法行政和保护公共利益的目的。

第一节 原 告

原告，也即行政诉讼程序的启动者，是指与行政行为有利害关系，对该行为不服，以自己的名义向法院提起行政诉讼，启动行政诉讼的公民、法人或者其他组织。行政诉讼系"民告官"制度，原告恒定为公民、法人和其他组织一方，其中"法人和其他组织"不包括行政机关。

案例一 朱某等人诉郑州市人民政府道路更名案❶

【基本案情】

位于郑州市郑东新区的"祭城"原为祭城镇，2005年，在该镇所辖范围内的熊儿河北岸修建了一条道路，当年12月命名为"祭城路"。随着城市发展变迁，祭城镇于2006年被撤销，同时分立为两个办事处，2010年由郑东新区对其中的金水区祭城路街道办事处实行代管，更名为郑东新区祭城路街道办事处。郑州市人民政府（以下简称

---

❶ 最高人民法院（2018）最高法行申1127号行政裁定书。

郑州市政府）称，自 2012 年起就有道路沿线单位向政府提出过对"祭城路"更名的申请，2015 年 1 月郑州市郑东新区管委会在征求公众意见后向郑州市政府提出了建议将"祭城路"更名为"平安大道"的请示，郑州市政府将更名事宜批转至郑州市民政局具体负责，郑州市地名管理办公室于 2015 年 3 月在"郑州地名网"上发布了《关于祭城路更名方案的公示》，随后郑州市政府收到了郑州市民政局提出的对"祭城路"进行更名的请示，2015 年 4 月 14 日郑州市政府研究同意将"祭城路"更名为"平安大道"。2015 年 5 月 21 日，郑州市政府发布《关于祭城路更名平安大道的通告》。

另查明，案涉"祭城"中的"祭"在 2003 年 4 月第 1 版《辞海》中记载如下："祭（zhi），古国名，姬姓。始封之君为周公之子……另见 ji"。在郑州市郑东新区规划中，原祭城镇的"祭城村"被拆迁，考古人员在此发掘了古代"祭伯城"的遗址。2013 年 5 月，"祭伯城遗址"被国务院核定公布为第七批全国重点文物保护单位。

朱某等四人向一审法院起诉称，"祭城路"具有深远历史文化影响，郑州市政府发布的《关于祭城路更名平安大道的通告》将其更名为"平安大道"，违背了国务院《地名管理条例》第 5 条第 1 款、《河南省地名管理办法》第 7 条、第 8 条和第 19 条之规定，上述更改路名的行为也侵犯朱某等名誉权、荣誉权、名称使用权、精神权益，影响其户籍、住址等信息的变更，请求依法责令郑州市政府撤销《关于祭城路更名平安大道的通告》并恢复原"祭城路"路名。一审裁定驳回朱某甲等四人的起诉，二审裁定驳回上诉。朱某甲等四人不服，向最高人民法院提起再审申请。

【主要法律问题】

如何判定行政诉讼的原告资格？

【主要法律依据】

《行政诉讼法》第 25 条。

【理论分析】

《行政诉讼法》第 25 条第 1 款规定："行政行为的相对人以及其他与行政行为有利害关系的公民、法人或者其他组织，有权提起诉讼。"根据该规定，提请法院启动对行政行为的合法性审查程序，应以原告与行政行为之间存在一定的利害关系为前提。本案朱某甲等四人主张郑州市政府 2015 年将"祭城路"改名为"平安大道"的行为，对其户籍、精神权益及历史文化传承等均造成较大影响。对此，首先应当认可涉案更改路名的行为对朱某甲等四人户籍住址的变动造成一定的影响，但这种影响是相对轻微的，尚未达到需通过行政诉讼予以保护的程度；其次，"祭城路"路名 2005 年才开始使用，相比于"祭城社区""祭伯城遗址公园"，"祭城路"本身所承载的历史文化和精神价值有限，"祭城路"的更名行为对朱某甲等四人造成的其所主张的精神伤害，不是行政诉讼所保护的权利范围；第三，朱某甲等四人并不能合理说明其本人所受到的影响与祭城路周边居民相比，具有特殊利益。根据上述理由，朱某甲等四人的利益诉求虽反映了公民对社会公共利益的关注，但尚未形成行政诉讼上的利害关系，不具有提请法院审查被诉道路更名行为的起诉资格。

【思考题】

在其他行政管理领域中还有哪些类似"祭城路"的情况也不能成为行政诉讼的适格原告？

案例二　罗某诉吉安市物价局物价行政处理案[1]

【基本案情】

2012 年 5 月 28 日，罗某向吉安市物价局邮寄一份申诉举报函，对吉安电信公司向其收取首次办理手机卡卡费 20 元进行举报，要求吉安市物价局责令吉安电信公司退还非法收取罗某的手机卡卡费 20 元，依法查处并没收所有电信用户首次办理手机卡被收取的卡费，依法奖励罗某和书面答复罗某相关处理结果。2012 年 5 月 31 日，吉安市物价局收到罗某的申诉举报函。2012 年 7 月 3 日，吉安市物价局作出《关于对罗某 2012年 5 月 28 日〈申诉书〉办理情况的答复》，并向罗某邮寄送达。答复内容为："2012年 5 月 31 日我局收到您反映吉安电信公司向新办手机卡用户收取 20 元手机卡卡费的申诉书后，我局非常重视，及时进行调查，经调查核实：江西省通管局和江西省发改委联合下发的赣通局〔2012〕14 号《关于江西电信全业务套餐资费优化方案的批复》规定：UIM 卡收费上限标准：入网 50 元/张，补卡、换卡：30 元/张。我局非常感谢您对物价工作的支持和帮助。"罗某收到吉安市物价局的答复后，以吉安市物价局的答复违法为由诉至法院。生效判决认为罗某虽然要求吉安市物价局"依法查处并没收所有电信用户首次办理手机卡被收取的卡费"，但仍是基于认为吉安电信公司收取卡费行为侵害其自身合法权益，向吉安市物价局进行举报，并持有收取费用的发票作为证据。因此，罗某与举报处理行为具有法律上的利害关系，具有行政诉讼原告主体资格，依法可以提起行政诉讼。

【主要法律问题】

举报投诉人是否具备原告主体资格？

---

[1]　最高人民法院. 指导案例 77 号：罗镕荣诉吉安市物价局物价行政处理案［EB/OL］.（2017-01-03）［2021-11-22］. https://www.court.gov.cn/shenpan-xiangqing-34342.html.

【主要法律依据】

1. 《行政诉讼法》第 2 条、第 25 条第 1 款;
2. 《最高人民法院关于适用〈中华人民共和国行政诉讼法〉的解释》第 12 条第 5 项。

【理论分析】

举报人就其自身合法权益受侵害向行政机关进行举报的,与行政机关的举报处理行为具有法律上的利害关系,具备行政诉讼原告主体资格。

《行政诉讼法》第 25 条第 1 款规定了行政诉讼原告的主体资格,《行政复议法实施条例》第 28 条第 2 项亦规定了复议申请人的主体资格。《最高人民法院关于适用〈中华人民共和国行政诉讼法〉的解释》第 12 条第 5 项规定,为维护自身合法权益向行政机关投诉,具有处理投诉职责的行政机关作出或者未作出处理的,属于《行政诉讼法》第 25 条第 1 款规定的"与行政行为有利害关系"。从法律规定看,行政诉讼、行政复议对行政行为相对人以外的原告资格和复议申请人资格都以与行政行为有利害关系为前提,针对投诉人的利害关系问题,更是以"为维护自身合法权益"作为判断投诉人与行政行为是否有利害关系的核心标准。一方面,只有基于维护自身合法权益的投诉,才属于与行政行为有利害关系,即投诉人有区别于其他人的可保护的特别权益,且应当是基于维护自身合法权益而非基于公益;另一方面,行政机关的行政行为对投诉人权益的影响应当具有直接关联性,因与行政行为的间接关联而对投诉人权益产生影响的,投诉人原则上不具有利害关系。

投诉举报是公民、法人或者其他组织参与行政管理的重要途径,除了维护自身合法权益,对于监督行政机关依法行使职权、弥补行政机关执法能力不足也发挥着积极作用。公民、法人或者其他组织可以就何种事项向哪个行政机关投诉举报,取决于法律、法规或者规章的具体规定;与此相应,能否就投诉举报事项提起行政诉讼,也需要根据法律、法规或者规章对于投诉举报请求权的具体规定作出判断。通常情况下,对其是否具备原告资格的判断,取决于以下两方面:第一,法律、法规或者规章是否规定了投诉举报的请求权;第二,该投诉举报请求权的规范目的是否在于保障投诉举报人自身的合法权益。

【思考题】

严重雾霾的恶劣天气情况下,公民张某认为当地市环保局未尽到环保职责,属于不作为,向法院提起诉讼要求确认市环保局不作为违法。张某是否有原告主体资格?

案例三 田某诉商丘市梁园区人民政府拆除房屋行为违法案❶

【基本案情】

案外人侯某甲与田某双方在 2010 年 5 月 1 日和 2011 年 5 月 25 日分两次签订了两份房屋买卖协议，约定侯某甲将涉案三间房屋卖给田某，同时约定由侯某甲负责办理房屋过户手续。2014 年 3 月 4 日，商丘市梁园区人民政府（以下简称梁园区政府）作出征收决定及房屋征收补偿方案，涉案房屋及其所在的侯庄大院位于该征收决定的征收范围内。2016 年 11 月 24 日，华商国际文化城大棚改项目征收指挥部作出《关于侯庄大院的处理意见》，认定侯庄大院被征收房屋属集体资产，经评估侯庄大院及其附属物价值合计 12176685.83 元，负有集体债务 5054365 元。侯庄大院资产偿还债务后剩余资产，由侯庄村民领款人平均分配。2016 年 11 月 24 日，华商国际文化城大棚改项目征收指挥部张贴《侯庄大院等集体资产领款人口数及名单》，侯某甲位于该名单范围内。因侯某甲去世，其妹侯某乙于 2016 年 11 月 24 日领取了涉案房屋补偿款，并出具了保证书。另因涉案房屋未办理房屋登记，田某要求侯某甲协助办理过户手续未果，提起民事诉讼，2016 年 5 月 20 日商丘市梁园区人民法院作出民事判决，判决田某与侯某甲签订的房屋买卖协议合法有效，该判决已生效。田某提起行政诉讼，请求确认梁园区政府拆除涉案房屋行为违法。一审认为涉案房屋并未办理房屋转移登记，房屋所有权也未发生转移。田某虽在涉案房屋内居住，但对涉案房屋未取得合法所有权，其与被诉房屋拆除行为没有法律上的利害关系，不具备原告资格。田某提起上诉被驳回后向最高人民法院提起再审申请。最高人民法院认为，基于再审申请人合法利益可能会被强拆行为侵害的可能性，应当承认再审申请人与强拆行为之间具有利害关系。裁定撤销一、二审裁定，指令一审法院继续审理。

【主要法律问题】

房屋承租人对补偿利益如何寻求救济？

【主要法律依据】

《行政诉讼法》第 25 条第 1 款。

【理论分析】

1. "权利侵害可能性"标准。

公民、法人或者其他组织提起行政诉讼，其原告资格中的利害关系应当以存在

---

❶ 最高人民法院（2018）最高法行再 191 号行政裁定书。

"权利侵害可能性"为标准，只要原告主张的权利存在遭受被诉行政行为侵害的可能性，原告就具有利害关系。

2. 强拆行为的利害关系人范围。

国家征收国有土地上的房屋是要将房屋所有权和土地使用权收归国家所有，征收行为引发的效果是权利人房屋所有权和土地使用权的变化，原则上除房屋所有权人和特定情形下的公房承租人之外，其他人与征收行为之间不存在利害关系，法院不承认其原告主体资格。但是，强拆房屋行为是将房屋所有权的客体房屋归于消灭的行为，其影响的范围不仅及于房屋本身，还及于房屋消灭时波及范围中的权利和利益。强制拆除房屋行为不仅会对房屋所有权人的权利造成损害，也有可能对居住其中的人的权利和利益造成损害。这也就要求政府在实施强制拆除房屋行为时，对居住其中的人的权利和利益必须予以考虑，并采取必要措施避免损失发生。

【思考题】

起诉行政法律行为与起诉行政事实行为，对原告主体资格的要求是否存在差异？

第二节 被 告

被告，是指由原告起诉指控其作出的行政行为违法，侵犯原告合法权益，并经法院通知应诉的具有国家行政管理职权的机关和组织。行政诉讼被告恒定为行政机关。

案例一 陈某、张某诉安徽省金寨县人民政府房屋征收补偿协议案❶

【基本案情】

2014 年 6 月，安徽省金寨县人民政府（以下简称金寨县政府）为实施该县 2014 年重点民生工程江店棚户区改造项目（一期），对该项目规划范围内国有土地上的房屋予以征收。2014 年 7 月 23 日，陈某、张某与金寨县政府确定的负责房屋征收补偿相关具体工作的金寨县国有土地房屋征收补偿办公室（以下简称金寨县征补办）签订房屋征收补偿协议。2015 年 10 月，陈某、张某以金寨县政府为被告提起行政诉讼，要求撤销房屋征收补偿协议。案件审理过程中，一审法院告知陈某、张某，其所诉被告主体不适格，应予变更，但陈某、张某不同意变更。一审认为金寨县征补办是金寨县政府确定的组织实施房屋征收补偿工作的房屋征收部门，与陈某、张某签订房屋征收补偿协议，订立协议的主体合法。陈某、张某诉请撤销该协议，依据合同相对性原则，应当

---

❶ 最高人民法院（2016）最高法行申 2719 号行政裁定书。

以订立协议的房屋征收部门为被告，将金寨县政府列为被告系主体错误，裁定驳回陈某、张某的起诉，二审驳回陈某、张某的上诉，再审审查驳回陈某、张某的再审申请。

【主要法律问题】

如何确定被告？

【主要法律依据】

《行政诉讼法》第26条第1款。

【理论分析】

在行政诉讼中，确定适格被告的依据是法定主体原则，即行政机关作出了被诉的行政行为，或者没有作出被申请的行政行为，并且该机关在此范围内能对争议的标的进行处分。《行政诉讼法》第26条第1款"公民、法人或者其他组织直接向人民法院提起诉讼的，作出行政行为的行政机关是被告"的规定就是法定主体原则的具体体现。通常情况下，法定主体原则具体包括两个要件：第一，谁行为，谁为被告；第二，行为者，能为处分。以行政协议之诉而言，所谓"谁行为"，就是指谁是行政协议的相对方；"能处分"，就是指该相对方有能力履行协议所约定的给付义务。

【思考题】

行政诉讼被告资格确定的要件是什么？

📚 案例二　李某诉怀远县人民政府房屋强拆案●

【基本案情】

因"文苑安置区"和"昌盛安置区"项目建设需要，李某的房屋被列入征收拆迁范围。2014年6月18日，怀远县人民政府（以下简称怀远县政府）的工作人员、怀远县涡北新城区副书记王某亲自到现场指挥，组织公安、行政执法等多人，带着机械设备将李某的房屋强制拆除。李某认为，在整个强拆过程中，没有出示任何合法的文件，属于非法强拆，故向法院提起行政诉讼，请求确认怀远县政府强制拆除李某房屋的行政行为违法。一审认为从李某提供的证据看，李某的房屋是被怀远县城市管理行政执法局拆除的，而非怀远县政府实施，怀远县政府不是本案的适格被告，李某将怀远县政府列为本案被告，系错列被告，经释明李某明确表示不同意变更，裁定驳回李某的起诉，二审驳回李某的上诉，再审审查驳回李某的再审申请。

● 最高人民法院（2017）最高法行申366号行政裁定书。

【主要法律问题】

如何理解"行政诉讼适格被告"的含义？

【主要法律依据】

《行政诉讼法》第 26 条第 1 款、第 49 条第 2 项、第 3 项。

【理论分析】

在行政诉讼中，被告适格包含两个层面的含义。一是形式上适格，亦即《行政诉讼法》第 49 条第 2 项规定的"有明确的被告"。所谓"有明确的被告"，是指起诉状指向了具体的、特定的被诉行政机关。但"明确"不代表"正确"，因此被告适格的第二层含义是实质性适格，也就是《行政诉讼法》第 26 条第 1 款规定的，"公民、法人或者其他组织直接向人民法院提起诉讼的，作出行政行为的行政机关是被告"。《行政诉讼法》第 49 条第 3 项又规定，提起诉讼应当"有具体的诉讼请求和事实根据"，这里的"事实根据"就包括被告"作出行政行为"的相关事实根据。

【思考题】

如何确定行政诉讼适格被告？

案例三　田某诉某科技大学拒绝颁发毕业证、学位证案❶

【基本案情】

田某于 1994 年 9 月考取某科技大学，取得本科生的学籍。1996 年 2 月 29 日，田某在电磁学课程的补考过程中，随身携带写有电磁学公式的纸条。考试中，去上厕所时纸条掉出，被监考教师发现。监考教师虽未发现其有偷看纸条的行为，但还是按照考场纪律，当即停止了田某的考试。某科技大学根据原国家教委关于严肃考场纪律的指示精神，于 1994 年制定了校发〔1994〕第 068 号《关于严格考试管理的紧急通知》（简称第 068 号通知）。该通知规定，凡考试作弊的学生一律按退学处理，取消学籍。某科技大学据此于 1996 年 3 月 5 日认定田某的行为属作弊行为，并作出退学处理决定。同年 4 月 10 日，某科技大学填发了学籍变动通知，但退学处理决定和变更学籍的通知未直接向田某宣布、送达，也未给田某办理退学手续，田某继续以该校大学生的身份参加正常学习及学校组织的活动。1996 年 9 月，某科技大学为田某补办了学生证，之后每学年均收取田某交纳

---

❶ 最高人民法院. 指导案例 38 号：田永诉北京科技大学拒绝颁发毕业证、学位证案［EB/OL］.（2014-12-25）［2021-11-16］. https://www.court.gov.cn/shenpan-xiangqing-13222.html.

的教育费，并为田某进行注册、发放大学生补助津贴，安排田某参加了大学生毕业实习设计，由其论文指导教师领取了学校发放的毕业设计结业费。田某还以该校大学生的名义参加考试，先后取得了大学英语四级、计算机应用水平测试 BASIC 语言成绩合格证书。某科技大学对田某在该校的四年学习中成绩全部合格，通过毕业实习、毕业设计及论文答辩，获得优秀毕业论文及毕业总成绩为全班第九名的事实无争议。

1998 年 6 月，田某所在院系向某科技大学报送田某所在班级授予学士学位表时，某科技大学有关部门以田某已按退学处理、不具备某科技大学学籍为由，拒绝为其颁发毕业证书，进而未向教育行政部门呈报田某的毕业派遣资格表。田某所在院系认为田某符合大学毕业和授予学士学位的条件，但由于当时田某因毕业问题正在与学校交涉，故暂时未在授予学位表中签字，欲待学籍问题解决后再签。某科技大学因此未将田某列入授予学士学位资格的名单交该校学位评定委员会审核。因某科技大学的部分教师为田某一事向原国家教委申诉，国家教委高校学生司于 1998 年 5 月 18 日致函某科技大学，认为某科技大学对田某违反考场纪律一事处理过重，建议复查。同年 6 月 10日，某科技大学复查后，仍然坚持原结论。田某认为自己符合大学毕业生的法定条件，某科技大学拒绝给其颁发毕业证、学位证是违法的，遂向北京市海淀区人民法院提起行政诉讼。

【主要法律问题】

某科技大学能否成为本案适格被告？

【主要法律依据】

《最高人民法院关于适用〈中华人民共和国行政诉讼法〉的解释》第 24 条第 4 款。

【理论分析】

根据我国法律、法规规定，高等学校对受教育者有进行学籍管理、奖励或处分的权力，有代表国家对受教育者颁发学历证书、学位证书的职责。高等学校与受教育者之间属于教育行政管理关系，受教育者对高等学校涉及受教育者基本权利的管理行为不服的，有权提起行政诉讼，高等学校是行政诉讼的适格被告。

高等学校依法具有相应的教育自主权，有权制定校纪、校规，并有权对在校学生进行教学管理和违纪处分，但是其制定的校纪、校规和据此进行的教学管理和违纪处分，必须符合法律、法规和规章的规定，必须尊重和保护当事人的合法权益。

国家实行学位制度，学位证书是评价个人学术水平的尺度。被告作为国家授权的高等学校学士学位授予机构，应依法定程序对达到一定学术水平或专业技术水平的人员授予相应的学位，颁发学位证书。依《学位条例暂行实施办法》第 4 条、第 5 条、第 18 条第 3 项规定的颁发学士学位证书的法定程序要求，某科技大学首先应组织有关院系审核原告的毕业成绩和毕业鉴定等材料，确定原告是否已较好地掌握本门学科的基础理论、专业知识和基本技能，是否具备从事科学研究工作或担负专门技术工作的初步能力；再决定是否向学位评定委员会提名列入学士学位获得者的名单，学位评定委员会方可依名单审查通过后，由某科技大学对田某授予学士学位。

田某提起本案诉讼时，该条司法解释并未出台，该案通过明确公立高校的行政诉讼被告资格，把行政诉讼的救济范围拓展到高等教育领域，由此在司法界达成共识，有力地推进了司法实践。

【思考题】

还有哪些组织可以成为行政诉讼的被告？

案例四　韩某诉山西省太原市迎泽区人民政府房屋行政强制案❶

【基本案情】

韩某在 2009 年以集资建房协议的形式从孟某处购买了其在自家宅基地上建设的自建房屋，并在此居住。该集资建房并未取得孟某所在的乡级人民政府批准。太原市迎泽区郝庄镇松庄村于 2017 年 10 月通过"四议两公开"程序，讨论并通过了《太原市迎泽区郝庄镇松庄村整村拆迁方案（草案）》。2017 年 10 月 17 日，松庄村村民委员会（以下简称松庄村委会）、党支部、迎泽区住乡办公室联合作出了《太原市迎泽区郝庄镇松庄村整村拆迁方案》（以下简称《松庄村拆迁方案》）。2017 年 8 月 10 日，松庄村委会加盖公章的《迎泽区郝庄镇松庄村整村拆除补偿安置方案》中规定了"征收主体为郝庄镇松庄村委会"。2018 年 1 月 12 日，松庄村委会经松庄村宅基地和集体土地上原使用权人同意后，韩某所购买的某小区房屋由松庄村委会组织自行拆除。韩某认为强制拆除其房屋的行为违法，《松庄村拆迁方案》载明太原市迎泽区人民政府（以下简称迎泽区政府）组织领导此次整村拆迁工作，故强制拆除行为的法律后果应当由迎泽区政府承担，遂形成本案之诉。一审认为在案证据并不能证实迎泽区政府对原告所诉房屋实施过征收行为，亦无证据证实被告对韩某所诉房屋实施了强制拆除行为。故韩某诉迎泽区政府强制拆除其所购房屋行为违法的主张，无事实根据。庭审中，经释明，韩某不同意变更被告，裁定驳回韩某起诉，二审驳回韩某上诉，再审审查认为虽然《松庄村拆迁方案》中规定松庄村委会是实施主体，其也承认实施了拆除韩某房屋的行为，但由于其不具有强制拆除他人房屋的职权，故其实施强制拆除房屋行为应视为受行政机关的委托，相应的法律责任应由委托机关承担。

【主要法律问题】

行政机关依职权授权其内设机构、派出机构或者其他组织行使职权行为的性质及

---

❶ 最高人民法院（2020）最高法行申 5249 号行政裁定书。

被告资格应如何认定。

【主要法律依据】

1. 《行政诉讼法》第 2 条；
2. 《最高人民法院关于适用〈中华人民共和国行政诉讼法〉的解释》第 20 条第 3 款。

【理论分析】

行政授权是指法律、法规、规章直接将某行政职权授予其他组织，或行政主体依据法律、法规、规章的规定将自己拥有的行政职权授予其他组织，由被授权的组织独立行使职权并承担相应责任的法律行为。《行政诉讼法》第 2 条规定："公民、法人或者其他组织认为行政机关和行政机关工作人员的行政行为侵犯其合法权益，有权依照本法向人民法院提起诉讼。前款所称行政行为，包括法律、法规、规章授权的组织作出的行政行为"。《最高人民法院关于适用〈中华人民共和国行政诉讼法〉的解释》第 20 条第 3 款规定："没有法律、法规或者规章规定，行政机关授权其内设机构、派出机构或者其他组织行使行政职权的，属于行政诉讼法第二十六条规定的委托。当事人不服提起诉讼的，应当以该行政机关为被告。"

行政执法主体资格应遵循职权法定原则，没有法律、法规或规章授权的执法主体，不能以自己的名义独立实施行政行为，不具有独立的执法主体资格；只有法律、法规或者规章直接授权的内设机构、派出机构或者其他组织才符合授权的规则，一般的行政机关无权作出授权性规定；如果由行政机关的内设机构、派出机构或其他组织独立行使行政管理权，将会改变现行的复议制度，直接影响相对人合法权利的救济。

【思考题】

实践中，还有哪些类似情形可视为行政机关的委托？

案例五 赵某诉新郑市公安局、郑州市公安局行政处罚及行政复议案❶

【基本案情】

赵某系河南省新郑市龙湖镇某幼儿园工作人员，荆某系幼儿园隔壁某宾馆经营者。2019 年 3 月 3 日 22 时许，因荆某挪动幼儿园摆放在门口的桌子，赵某与白某甲、白某乙、荆某发生口角进而互殴。互殴过程中赵某用桌子腿将白某甲头部打伤，白某甲等三人将赵某头部打伤。当日 22 时 55 分，新郑市公安局接 110 指令后到达现场处警，经

---

❶ 河南省高级人民法院（2020）豫行申 732 号行政裁定书。

对赵某、白某甲、荆某、白某乙传唤、询问，对赵某、白某甲伤情进行鉴定，赵某和白某甲人体损伤程度均为轻微伤。公安局认定赵某存在殴打他人的违法行为，白某甲、荆某、白某乙存在寻衅滋事的违法行为，经处罚前告知，于 2019 年 5 月 22 日对赵某作出行政处罚决定，对赵某行政拘留七日，并处罚款二百元。同日对荆某、白某甲、白某乙作出行政处罚决定，对荆某处以行政拘留十四日，并处罚款一千元；对白某甲、白某乙均处以行政拘留十二日，并处罚款一千元。赵某不服该公安局对其作出的行政处罚决定，申请行政复议，郑州市公安局经复议审查，将行政处罚决定中查明事实予以补正后，认为新郑市公安局所作的行政处罚决定事实清楚，证据确实充分，适用依据正确，程序合法，内容适当，决定维持行政处罚决定。赵某仍不服，提起行政诉讼，要求撤销该行政处罚决定及复议决定。

【主要法律问题】

应如何看待复议机关作共同被告的情形？

【主要法律依据】

1.《行政诉讼法》第 26 条第 2 款、第 79 条；

2.《最高人民法院关于适用〈中华人民共和国行政诉讼法〉的解释》第 22 条第 1 款、第 135 条第 1 款。

【理论分析】

根据《最高人民法院关于适用〈中华人民共和国行政诉讼法〉的解释》第 22 条第 1 款和第 135 条第 1 款之规定，复议机关改变原行政行为所认定的主要事实和证据、改变原行政行为所适用的规范依据，但未改变原行政行为处理结果的，视为复议机关维持原行政行为。法院应当在审查原行政行为合法性的同时，一并审查复议决定的合法性。即当复议决定改变了原行政行为认定的事实、证据或者适用规范依据但未改变原行政行为的处理结果时，人民法院必须将已经改变后的事实、证据和规范依据统一到原行政行为之中去审查，而不是仅仅作为复议决定的合法性问题来审查。换言之，应当将复议决定和原行政行为合二为一，这时所审查的原行政行为实际上已经是经过复议决定修正之后的行政行为，不必将原行政行为的合法性和复议决定的合法性人为地加以区分并分别作出审查。

【思考题】

复议机关作共同被告有哪些法定情形？审理原则是什么？

案例六 姜某诉辽宁省辽阳市白塔区人民政府等强制拆除房屋违法案❶

【基本案情】

在姜某诉辽阳市白塔区人民政府（以下简称白塔区政府）、辽阳市白塔区住房和城乡建设局（以下简称白塔区住建局）、辽阳市住房和城乡建设局（以下简称辽阳市住建局）强制拆除房屋违法一案中，姜某在辽阳市某区×号有无照房62.055平方米，2016年7月4日辽阳市白塔区城市建设管理局（现"白塔区住建局"）对姜某作出《限期拆除影响城市规划建筑通知书》，认定涉案房屋为违法建筑，限7日内自行拆除。2017年4月11日，案涉房屋被强制拆除。后姜某以白塔区政府为被申请人向辽阳市人民政府（以下简称辽阳市政府）申请行政复议，要求确认被申请人拆除其房屋行为违法，2017年6月2日辽阳市政府作出《驳回行政复议申请决定书》，认定辽阳市白塔区城市建设管理局是作出《限期拆除影响城市规划建筑通知书》的主体，也是实施拆除通知书中所涉建筑物的主体。姜某不服，向辽阳市中级人民法院提起行政诉讼，要求以白塔区政府、白塔区住建局、辽阳市住建局为共同被告，确认三被告实施的强制拆除其房屋行为违法。

另查，2018年11月29日中共辽阳市委文件辽市委发〔2018〕35号中共辽阳市委、辽阳市人民政府转发《中共辽宁省委办公厅、辽宁省人民政府办公厅关于印发的通知》的通知，通知中载明"组建市住房和城乡建设局。将市住房和城乡建设委员会、市城市建设公用事业管理局、市城市管理综合行政执法局、市人民防空办公室的职责，以及市水务局的城市供水、污水处理管理职责等整合，组建市住房和城乡建设局，作为市政府工作部门，加挂市人民防空办公室牌子。不再保留市住房和城乡建设委员会、市城市建设公用事业管理局、市城市管理综合行政执法局、单设的市人民防空办公室"。

【主要法律问题】

起诉行政事实行为被告资格的判断标准是什么？

【主要法律依据】

《行政诉讼法》第26条第1款。

【理论分析】

强制拆除房屋行为的主体认定依法律行为和事实行为的不同而采取不同的认定方

---

❶ 辽宁省高级人民法院（2019）辽行终1352号行政裁定书；最高人民法院（2020）最高法行申9923号行政裁定书。

式。通常对于法律行为，因存在明确的法律规定的前置性程序行为，如违法建筑的认定、限期拆除的通知、强制拆除的决定等，行政机关在作出并送达相关决定后，当事人在期限内不履行拆除义务，房屋被强制拆除的，出具相关法律文书或者对外发生法律效力的决定的行政机关为被告。对于事实行为，因无法辨明谁具体实施了强制拆除行为，通常采取推定行为主体的方式，法院根据初步证明材料并依据政府及其职能部门的相关法定职权，推定房屋被拆除的受益者为被告。已经被法律明确规定为强制拆除实施主体的，仍应以该主体为被告，不再适用推定原则。本案中，最高人民法院认为，根据已查明的事实，白塔区住建局实施的强制拆除行为是在其下发限期拆除通知后，姜某未履行自行拆除义务，所实施的行政强制拆除的法律行为，白塔区住建局属法律明确规定的强制拆除实施主体，姜某仍应以白塔区住建局为被告行使诉讼权利。因此，本案仍应以白塔区住建局为被告。

【思考题】

行政事实行为被告资格的确定为什么要适用推定方式？

第三节　第三人

行政诉讼第三人，是指与被诉行政行为有利害关系，通过申请或者法院通知的形式参加行政诉讼的公民、法人或者其他组织。

案例一　刘某诉山东省庆云县人民政府行政强制行为违法及行政赔偿案[1]

【基本案情】

刘某系山东省庆云县渤海路街道办事处（以下简称渤海路街道办）某村村民，2015 年 4 月其种植的葡萄园在未签订补偿协议的情况下被占用。刘某曾向山东省国土资源厅、庆云县国土资源局申请公开其所在村村西承包土地的征收批准文件、四至范围及具体位置、征地红线图等相关征收申请、批准及程序性文件等政府信息，均被告知政府信息不存在。2015 年 6 月 30 日，刘某通过 12336 国土资源违法举报热线反映涉案土地被占用，并被告知，"经查，拟在渤海路街道办事处某村西投资建设机器人生产项目，目前该项目正在进行基础性建设，我局对其行为予以及时制止，并下达了《责令停止违法行为通知书》，该案件正在按程序调查处理中。"2015 年 8 月 10 日，渤海路街道办出具《关于刘某葡萄园补偿问题的说明》，载明，"我街道办和某村委会及村民

---

[1]　最高人民法院（2016）最高法行申 2907 号行政裁定书。

就刘某所述地块土地使用问题已经达成一致意见，大多数村民也已领取了地上物补偿款，与刘某的问题仅仅是在地上物补偿数额上存在分歧，尚未达成协议，特此说明。"刘某2015年7月13日向山东省德州市中级人民法院提起诉讼，要求确认庆云县人民政府强行占用其承包土地并将该土地附着物一并损毁的行为违法并令其赔偿所造成损失。山东省德州市中级人民法院立案后，因同案件处理结果有利害关系，依法通知第三人渤海路街道办参加诉讼。本案经一审、二审后，刘某向最高人民法院提出再审申请，其理由之一为"原一审法院追加第三人程序违法，一审判决书查明的事实和裁判结果看不出追加第三人的必要性和合法性"。

【主要法律问题】

在原告不同意追加第三人时，法院是否可以追加第三人参加诉讼？

【主要法律依据】

《行政诉讼法》第29条第1款。

【理论分析】

行政机关作为第三人参加行政诉讼，有助于法院在认定事实的基础上作出公正的裁判。有的行政行为涉及专业知识，若不追加相关行政机关进入诉讼程序，可能影响法院作出合法性判断。

第三人制度是《行政诉讼法》的明确规定，该法第29条第1款规定："公民、法人或者其他组织同被诉行政行为有利害关系但没有提起诉讼，或者同案件处理结果有利害关系的，可以作为第三人申请参加诉讼，或者由人民法院通知参加诉讼。"一般认为，行政诉讼第三人制度的性质是"诉讼参加"，设立这一制度不仅是对利害关系人权利的尊重和维护，也有利于增强判决的确定性和稳定性，减少诉讼周折，从而实现诉讼的最佳效益。与被诉行政行为有关的其他行政机关作为第三人参加诉讼，通常属于一种单纯辅助参加，尤其在涉及批准行为、前置行为、辅助行为、行政合同以及超越职权的案件中，允许其他行政机关作为第三人参加诉讼，对于查明案件事实、分清法律责任，更具有积极意义。

【思考题】

第三人参加诉讼的意义有哪些？

案例二　廖某等第三人因他人间土地行政裁决及行政复议申请再审案❶

【基本案情】

永福县永福镇拉搞屯第一村民小组（以下简称拉搞屯）、廖某、永福县永福镇白沙洲村民小组（以下简称白沙洲）、侯某甲、侯某乙因永福县永福镇英石屯第10村民小组（以下简称英石屯）诉永福县人民政府（以下简称永福县政府）、桂林市人民政府（以下简称桂林市政府）及永福县永福镇中竹山屯村民小组（以下简称中竹山屯）土地行政裁决及行政复议一案，向最高人民法院申请再审。本案中，英石屯与中竹山屯争执的"大亮山"山场位于永福镇辖区范围内，其四至界限是：东以大亮山沟边岭脊上至岭顶为界；南以河为界；西以石头槽上至两分叉槽中间岭脊为界；北以岭脊倒水为界。面积约133.5亩。1990年1月1日，英石屯与桃城乡泡口村公所隔吊沟生产队村民李某签订了《山场承包合同》，将该争执地承包给李某经营种树，争执地上有李某种的杉树，树龄为4~6年，种树时中竹山屯未提出异议。1976年中竹山屯在争执地内种了两亩竹子，砍过30兜杉树。1989年6月，英石屯与中竹山屯因该山场权属发生纠纷，1990年，桃城乡人民政府作出《关于对黄某与英石生产队山场纠纷一事的处理意见》，将争执山场确权归英石屯所有，中竹山屯于2009年2月向永福县政府申请调处确权，永福县政府组织英石屯与中竹山屯进行调解，因各持己见，未能达成协议，遂于2014年12月12日作出永政处字〔2014〕5号《永福县人民政府行政处理决定书》（以下简称5号《处理决定》）。英石屯不服，向桂林市政府申请复议，桂林市政府于2015年5月20日作出市政复决字〔2015〕62号《行政复议决定书》（以下简称62号《复议决定》），维持永福县政府的处理决定。2015年6月15日，英石屯提起行政诉讼，请求撤销永福县政府作出的5号《处理决定》。该案一审判决驳回英石屯诉讼请求，二审判决驳回上诉，维持一审判决。

白沙洲、侯某甲、侯某乙于2018年4月收到永福县林业局《林权登记有关事项告知书》，告知其5号《处理决定》包含了白沙洲、侯某甲、侯某乙已登记的部分林地，侯某丙后将相关情况转告拉搞屯、廖某。永林证字（2009）第N1号《林权证》中的小地名"乌龟底"面积6.82亩，永林证字（2009）第N2号《林权证》中的小地名"老虎潮"面积10.19亩，林地所有权人为白沙洲，林地使用权及林木所有权人分别为侯某乙、侯某甲。"乌龟底"及"老虎潮"两处山场四至与5号《处理决定》中的争议地四至存在重叠部分。拉搞屯及廖某的"老虎吃人"山场则位于"乌龟底"及"老虎潮"山场中间。拉搞屯、廖某、白沙洲、侯某甲、侯某乙申请再审，请求撤销一、二审判决，对本案进行再审；撤销5号处理决定和62号复议决定。

---

❶　最高人民法院（2019）最高法行再102号行政判决书。

【主要法律问题】

第三人申请再审的条件是什么（第三人如何维护自己的合法权益）？

【主要法律依据】

1. 《行政诉讼法》第 29 条第 1 款；
2. 《最高人民法院关于适用〈中华人民共和国行政诉讼法〉的解释》第 30 条第 3 款；
3. 《最高人民法院关于适用〈中华人民共和国民事诉讼法〉的解释》第 295 条。

【理论分析】

本案的争议焦点问题之一是再审申请人拉搞屯、廖某、白沙洲、侯某甲、侯某乙是否具备申请再审的条件。

《最高人民法院关于适用〈中华人民共和国行政诉讼法〉的解释》第 30 条第 3 款规定："行政诉讼法第二十九条规定的第三人，因不能归责于本人的事由未参加诉讼，但有证据证明发生法律效力的判决、裁定、调解书损害其合法权益的，可以依照行政诉讼法第九十条的规定，自知道或者应当知道其合法权益受到损害之日起六个月内，向上一级人民法院申请再审。"根据此规定，应当参加诉讼而未参加诉讼的第三人，可以通过申请再审的方式维护自己的合法权益，但应当具备以下两个条件：第一，因不能归责于本人的事由未参加诉讼；第二，有证据证明发生法律效力的判决、裁定、调解书损害其合法权益。参照《最高人民法院关于适用〈中华人民共和国民事诉讼法〉的解释》第 295 条所列举的情形，因不能归责于本人的事由未参加诉讼，是指没有被列为生效判决、裁定、调解书当事人，且无过错或者无明显过错的情形，具体包括不知道诉讼而未参加的、申请参加未获准许的、知道诉讼但因客观原因无法参加的、因其他不能归责于本人的事由未参加诉讼的。至于发生法律效力的判决、裁定、调解书侵犯其合法权益，则应当根据《行政诉讼法》第 29 条第 1 款的规定，以公民、法人或者其他组织同案件处理结果有利害关系作为标准。

【思考题】

法院为什么赋予第三人申请再审的权利？

第四节　公益诉讼起诉人

检察机关作为行政诉讼主体，主要是通过提起行政公益诉讼，监督行政机关依法行政。检察机关提起公益诉讼，限于生态环境和资源保护、食品药品安全、国有财产保护、国有土地使用权出让等领域。

案例一　云南省剑川县人民检察院诉剑川县森林公安局怠于履行法定职责行政公益诉讼❶

【基本案情】

2013 年 1 月，云南省剑川县居民王某受某公司的委托在国有林区开挖公路，被剑川县红旗林业局护林人员发现并制止，剑川县林业局接报后交剑川县森林公安局进行查处。剑川县森林公安局于 2013 年 2 月 20 日向王某送达了林业行政处罚听证权利告知书，并于同年 2 月 27 日向王某送达了剑川县林业局林业行政处罚决定书。其后直到 2016 年 11 月 9 日，剑川县森林公安局没有督促该公司和王某履行"限期恢复原状"的行政义务，所破坏的森林植被至今未恢复。2016 年 11 月 9 日，剑川县人民检察院向剑川县森林公安局发出检察建议，建议其依法履行职责，认真落实行政处罚决定，采取有效措施，恢复森林植被。2016 年 12 月 8 日，剑川县森林公安局回复称自接到《检察建议书》后，即刻进行认真研究，采取了积极的措施，并派民警到王某家对上述处罚决定书第一项责令限期恢复原状进行催告，鉴于王某死亡，执行终止。对该公司，剑川县森林公安局没有向其发出催告书。

【主要法律问题】

检察机关提起公益诉讼有什么条件？

【主要法律依据】

《行政诉讼法》第 25 条第 4 款。

【理论分析】

行政公益诉讼中，法院应当以相对人的违法行为是否得到有效制止，行政机关是否充分、及时、有效采取法定监管措施，以及国家利益或者社会公共利益是否得到有效保护，作为审查行政机关是否履行法定职责的标准。

检察机关提起行政公益诉讼，有严格的起诉条件，实体上要有致使国家利益或者社会公共利益受到侵害的结果。也就是说，即使行政机关有违法行使职权或者不作为行为，若没有致使国家利益或者社会公共利益受到侵害之结果，则不具备提起公益诉讼的条件。判断国家和社会利益是否受到侵害，要看违法行政行为造成国家和社会公共利益的实然侵害，发出检察建议后要看国家和社会利益是否脱离被侵害。程序上，在实体条件具备后，在程序上检察机关必须先履行一个督促程序，只有在行政机关不

---

❶ 最高人民法院. 指导案例 137 号：云南省剑川县人民检察院诉剑川县森林公安局怠于履行法定职责环境行政公益诉讼案［EB/OL］．（2020-01-14）［2021-11-24］. https://www.court.gov.cn/shenpan-xiangqing-216991.html.

执行检察建议时，检察机关才能提起行政公益诉讼。之所以设置一个诉前督促程序，是因为一方面要给行政机关保留一个自我纠错的机会，减少司法、行政成本；另一方面也体现检察机关介入行政公益诉讼的谦抑性，毕竟检察机关提起行政公益诉讼，就行政诉讼制度而言只是一个补充。

【思考题】

检察机关可以依法提起哪些行政公益诉讼？

CHAPTER 7　　第七章

起诉与受理

 **本章知识要点**

（1）根据《行政诉讼法》规定，提起诉讼应当符合四个条件，即起诉人是与被诉行政行为有利害关系的公民、法人或其他组织，有明确的被告，有具体的诉讼请求和事实根据，属于法院受案范围和受诉法院管辖；（2）起诉应当在起诉期限内提出，因不可抗力或者其他不属于当事人自身的原因耽误起诉期限的，被耽误的时间不计算在起诉期限内；（3）行政诉讼遵循一事不再理的审判规则，禁止重复起诉，诉讼标的已为生效判决或调解书所羁束的，不得再起诉；（4）起诉人撤回起诉后，无正当理由不得再起诉；（5）法律、法规规定应当先行行政复议的案件，未经行政复议不得直接提起行政诉讼；（6）为保障公民、法人和其他组织的诉权，我国行政诉讼实行立案登记制，法院在接到起诉材料后对符合法定起诉条件的，应当登记立案；（7）原告起诉时，可同时要求对被诉行政行为所依据的规范性文件的合法性进行审查。

一、判断原告资格的"利害关系标准"

📚 **案例一　臧某甲诉安徽省宿州市砀山县人民政府土地行政登记案❶**

【基本案情】

臧某甲与臧某乙系邻居，臧某甲居东，臧某乙居西。2010 年 8 月 20 日，砀山县政府向臧某乙颁发了第 N1 号土地使用证，将案涉土地登记为臧某乙使用。同日，砀山县政府向臧某甲颁发了第 N0 号土地使用证。臧某甲认为砀山县政府在其不知情的情况下，将其房屋西山的 1.10 米宅基地错误登记到臧某乙土地证之中，请求判决撤销砀山县政府作出的第 N1 号土地使用证。臧某甲虽起诉称其房屋西山以西的 1.10 米土地被砀山县人民政府错误登记到臧某乙土地证之中，但未提交臧某甲对其房屋以西 1.10 米

---

❶　最高人民法院（2016）最高法行申 2560 号行政裁定书。

土地享有使用权的证明材料，亦无证据证明双方土地证存在交叉或重合。

再审围绕原告资格问题进行了审理。《行政诉讼法》第2条第1款规定："公民、法人或者其他组织认为行政机关和行政机关工作人员的行政行为侵犯其合法权益，有权依照本法向人民法院提起诉讼。"该规定体现了行政诉讼更加侧重权利救济的主观诉讼性质。对于原告资格，《行政诉讼法》第25条第1款又进一步作出具体规定："行政行为的相对人以及其他与行政行为有利害关系的公民、法人或者其他组织，有权提起诉讼。"该规定虽然看似将适格原告区分为两大类，但事实上适用了一个相同的标准，这就是"利害关系"。通常情况下，行政行为的相对人总是有诉权的，因为一个不利行政行为给他造成的权利侵害之可能显而易见。因而，有人把行政相对人称为"明显的当事人"。但是，可能受到行政行为侵害的绝不仅仅限于直接相对人。为了保证直接相对人以外的公民、法人或者其他组织的诉权，而又不使这种诉权的行使"失控"，法律才限定了一个"利害关系"标准。所谓"利害关系"，就是有可能受到行政行为的不利影响。具体要考虑以下三个要素：是否存在一项权利；该权利是否属于原告的主观权利；该权利是否可能受到了被诉行政行为的侵害。

【主要法律问题】

1. 提起行政诉讼的原告应当符合哪些条件？

2.《行政诉讼法》第25条与第49条第（1）项的关系是什么？行政诉讼原告资格与原告的主体资格是否为同一概念？

3. 如何理解《行政诉讼法》第25条规定的"利害关系"？

【主要法律依据】

1.《行政诉讼法》第25条、第49条第（1）项；

2.《最高人民法院关于适用〈中华人民共和国行政诉讼法〉的解释》第12条、第54条。

【理论分析】

1."利害关系标准"的确立与理解。行政诉讼原告资格判断标准经历了"直接利害关系标准""行政相对人标准""法律上利害关系标准"和"利害关系标准"四个发展阶段。❶ 立法者修改《行政诉讼法》时采用"利害关系"表述的主要原因在于："法律上的利害关系"可能会限制公民的起诉权利；"直接利害关系"又可能会被解释成行政行为的相对人；"利害关系"的表述可以避免上诉误解，但立法人员也承认"利害关系"并非漫无边际，需要在实践中根据具体情况作出判断。❷ "利害关系标准"正是在

---

❶ 章剑生. 行政诉讼原告资格中"利害关系"的判断结构［J］. 中国法学，2019（04）：244-264.

❷ 信春鹰.《中华人民共和国行政诉讼法》释义［M］. 北京：法律出版社，2015：69.

这样的立法环境中受益于司法的能动性，逐渐自成体系并不断被修正完善。虽然《行政诉讼法》修改时并未采纳"法律上的利害关系"与"直接利害关系"这样的表述，但是判断原告对于被诉行政行为应当具有的法律上的、直接的、值得保护的利害关系，是已经被司法实践普遍认可的观点。具体而言，可从三个呈阶梯型的要件着手进行判断：一是合法权益范围要件，即提起诉讼的公民、法人或其他组织诉请保护的属于一种合法权益，这种合法权益可规定于民事法律等私法，亦可规定于行政法律等公法；二是合法权益个别化要件，即提起诉讼的公民、法人或其他组织享有这种合法权益，并非仅仅是一种间接的反射利益；三是合法权益受损害要件，即这种合法权益受到或将会受到被诉行政行为的损害。对这三个要件的审查，宜依次逐级进行。❶

2. 保护规范理论的引入。作为中国行政法学史上关于行政诉讼原告资格判断标准绕不过去的一个案例，刘广明案被认为标志着原告资格问题判断方法上的重大转向，具有替代"直接联系论"和"实际影响论"的意义。❷ 该案中，最高人民法院将争议焦点归纳为如何理解《行政诉讼法》规定的"利害关系"暨如何认定原告主体资格问题，首次明确引用保护规范理论并阐释了其内涵。简言之，"利害关系"应限于公法上的利害关系，不宜包括对当事人反射性利益的影响，也不包括私法上的利害关系。在实施层面，以行政机关作出行政行为时所依据的行政实体法和所适用的行政实体法律规范体系，是否要求行政机关考虑、尊重和保护原告诉请保护的权利或法律上的利益，作为判断是否存在公法上利害关系的重要标准。❸ 保护规范理论发源于德国，与主观公权利概念息息相关。主观公权利是臣民相对于国家所拥有的，以法律行为或是以保护个体利益为目标的强制性法律规范为基础的，向行政或国家提出要求，要求其为一定行为的法律地位。强制性的法律规范、法律权能、保护规范理论是提取主观公权利的三项步骤。但是随着主观公权利理论的不断发展，其存立最终仅取决于法律规范是否服务于个人利益的保护。❹ 保护规范理论的引入意味着解释"利害关系"概念脱离了集中于对"实际影响"事实性、广泛性的浅层理解，而使之成为规范性的法律推理过程。然而，保护规范理论也因限缩原告资格的嫌疑被学术界质疑。❺

3. 判断原告资格的实践路径。《行政诉讼法》有两处涉及原告资格问题，一处是诉讼参与人章节关于原告作为诉讼参与人的第 25 条规定，另一处是起诉与受理章节关于原告适格作为起诉条件的第 49 条规定。因为《行政诉讼法》第 49 条第（1）项原告起诉条件的规定转介于第 25 条的规定，因此司法实践中并没有严格区分起诉条件与诉讼参与人资格两种不同情形下的原告资格，而是统一适用"利害关系标准"进行判断。

---

❶ 最高人民法院（2020）最高法行再 36 号行政裁定书。

❷ 李泠烨. 原告资格判定中"保护规范说"和"实际影响说"的混用与厘清——兼评东联电线厂案再审判决［J］. 交大法学，2022（02）：164-176.

❸ 最高人民法院（2017）最高法行申 169 号行政裁定书。

❹ 赵宏. 保护规范理论的历史嬗变与司法适用［J］. 法学家，2019（02）：1-14，191.

❺ 杨建顺. 适用"保护规范理论"应当慎重［N］. 检察日报. 2019-4-24（7）.

保护规范引入后，对"利害关系标准"的解读基本上围绕着原告主体资格的实质性判断而展开，鲜少有人关注作为程序的原告资格判断。与对诉讼参与人主体资格判断不同的是，起诉阶段的原告资格应更加偏重程序性审查。不管是传统的利害关系标准还是引入保护规范理论后衍生出的规范标准，都是对原告主体资格的实体性判断，属于法院进入实体审理后的审查范围，不能与起诉条件中的原告资格判断问题相混淆。在起诉阶段对原告资格的判断，应当秉持包容的原则，采用宽松的"利害关系标准"，这取决于诉讼解决争议的基本功能导向。相较于因争议引发诉讼而言，偶发的滥诉情形只是少数，为了防止滥诉或浪费司法资源而在起诉阶段将原告拒之门外，实则是因噎废食。更何况，行政与民事、刑事案件的分流可以通过受案范围机制解决，诉讼当事人资格以及合理配置司法资源可以通过诉的利益、设置诉讼前置程序、发展多元纠纷解决机制等途径解决，着实不必以限缩当事人诉权为代价，在起诉阶段严格规范当事人起诉资格。在现有"利害关系标准"指引下，贯彻落实立案登记制，慎重适用保护规范理论，为当事人起诉创设宽松的立法与司法环境，才是发挥行政诉讼解决争议、监督行政机关依法行政、维护当事人合法权益功能的可行之举。

【思考题】

1. 保护规范理论在我国是否具备发展土壤？
2. 原告代理人、代表人资格问题是否属于法院判断原告资格的审查范围？

二、具体诉讼请求的判断标准

案例二　河南省荥阳市广武镇冯庄村某村民组诉荥阳市人民政府土地行政征收案❶

【基本案情】

冯庄村某村民组因不服河南省荥阳市人民政府的征收行为，提起行政诉讼。其诉讼请求为"确认荥阳市人民政府在执行荥阳市2010年度第四批乡镇建设征收土地中涉及征收该组的行政行为程序违法"，因该诉讼请求不明确，经一审法院释明，冯庄村某村民组将诉讼请求明确为"确认荥阳市人民政府剥夺村民的知情权等一切权利，纵使下属有关部门利用欺骗手段骗取上级批准土地行为违法"。最高人民法院认为，根据《行政诉讼法》第49条第（3）项的规定，原告提起诉讼应当有明确的诉讼请求。具体而言：第一，诉讼是由原告发起，因此在起诉时必须正确表达诉讼请求；第二，当事人未能正确表达诉讼请求的，法院既有要求其明确的职责，又有帮助其明确的释明义务。

---

❶ 最高人民法院（2018）最高法行申9011号行政裁定书。

再审法院认为，《最高人民法院关于适用〈中华人民共和国行政诉讼法〉的解释》第 68 条第 1 款规定，"有具体的诉讼请求"是指请求判决撤销或者变更行政行为、请求判决确认行政行为违法、请求判决确认行政行为无效，等等。可见，通常情况下，具体的诉讼请求往往会指向行政机关作出的行政行为。结合《行政诉讼法》第 26 条规定，在一个诉讼请求中，被诉的行政行为一般仅指一个行政机关作出的一个行政行为，或者两个以上行政机关共同作出的一个行政行为，而不包括同一行政机关或者两个以上行政机关作出的两个以上行政行为。该组的诉讼请求难以让法院确定具体指向哪一个"执行荥阳市 2010 年度第四批乡镇建设征收土地中涉及征收冯庄村某村民组的行政行为"，故而裁定驳回其再审申请。

【主要法律问题】

1. "确认荥阳市人民政府剥夺村民的知情权等一切权利，纵使下属有关部门利用欺骗手段骗取上级批准土地行为违法"的诉讼请求是否可以归纳为"确认荥阳市人民政府的批准行为违法"？

2. "诉讼请求明确"是否等同于只能提出对一个行政行为进行合法性审查的诉讼请求？

3. 原告诉讼请求不明确的，法院应当如何处理？能否直接以诉讼请求不明确为由驳回起诉？

【主要法律依据】

1. 《行政诉讼法》第 49 条第（3）项；
2. 《最高人民法院关于适用〈中华人民共和国行政诉讼法〉的解释》第 68 条；
3. 《最高人民法院关于审理行政协议案件若干问题的规定》第 9 条。

【理论分析】

1. 诉讼请求应当具体的原因。"具体"的反义词是抽象、笼统。因此具体的诉讼请求意味着法院根据原告的诉讼请求可以准确对应到一项确定的行政行为，而不因诉讼请求表达模糊或诉讼请求指向多项行政行为使法院审查的对象无法确定。如上所述，诉讼请求不具体的表现形式有两种：第一，诉讼请求表述模糊；第二，诉讼请求包含对多项行政行为进行合法性审查的要求。第一种属于语言表达的固有缺憾，此处不再详述，第二种情形则是由行政诉讼的特点决定的。行政诉讼遵循"一行为一诉"（又称"一案一诉"），即对一个行政行为不服提起诉讼，法院审查符合立案条件的，应赋一个案号、立一个案件、作一项裁判；对于同时起诉两个及两个以上不具有直接关联性的行政行为，经审查均符合立案条件的，法院应当分别立案、分别审理、分别裁判，不宜无条件、无原则地进行统一审理，更不能作出合一裁判。这不利于法院审查职能作用的充分发挥，也有碍于行政审判效率的有效提升，有时还会使行政案件裁判方式的选择适用陷入困境。❶ 不同于民事诉讼和刑事诉讼，行政诉讼并不以回应当事人诉讼请求为主要裁判目的，所以行政诉讼活动的基础与焦点并非诉讼请求而是行政行为的合法性。当事人只能围绕行政行为提起撤销、确认、履行等类型的诉讼请求，并因此形成固定的行政诉讼类型，这也是目前行政诉讼类型化的基本路径。诉讼类型的有限性与当事人救济需求的多样性是天然的矛盾关系，为了迅速锁定诉讼类型，提升行政诉讼裁判效率，原告的诉讼请求必须具体。

2. 如何判断诉讼请求是否"具体"。目前，关于如何判断诉讼请求是否具体有多种学说，较有说服力的是在行政诉讼司法实践中形成的"诉讼标的表明说"，即具体的诉讼请求不仅要求原告明确实体权利请求，还要求起诉人在诉状上表明诉讼标的。在行政诉讼中，诉讼标的是包括行政行为合法性在内的行政法律关系，起诉人有表明诉讼标的的义务，这体现了处分权主义和裁判主义。❷ 这种主张突破了我国行政诉讼以行政行为合法性为诉讼标的的传统，符合诉讼制度的基本原理，但是对行政法律关系在诉讼制度中的外延未加详述，缺乏一定的操作价值。目前对诉讼请求是否具体的判断仍然以是否属于司法解释所列明的情形为依据，以是否包含在判决类型的辐射范围为参考，以能否指向特定具体行政行为为核心而展开。

【思考题】

1. 诉讼请求是否明确的问题，能否等同于被诉行政行为是否明确？
2. 在行政协议案件中，原告要求被告承担违约责任的诉讼请求是否明确？

三、起诉应当符合起诉期限要求

案例三　韦某与南丹县人民政府资源行政管理案❸

【基本案情】

韦某因与山口林场发生林木权属纠纷，于 2009 年 11 月 26 日从南丹县林业局取得《答复函》，该《答复函》告知韦某可以就其纠纷提起民事诉讼，韦某于 2010 年 3 月 12 日向南丹县人民法院提起民事诉讼。最高人民法院认为，"不属于起诉人自身的原因超过起诉期限"应予扣除的规定，是指基于地震、洪水等客观因素耽误的期间，或者基于对相关国家机关的信赖，等待其就相关争议事项进行处理的期间等不属于起诉人自身的原因被耽误的时间的情形。本案中，因行政机关作出《答复函》，受该《答复函》的错误指引而提起民事诉讼，至该民事诉讼所涉法律文书生效之日的期间，并非

---

❶ 最高人民法院（2017）最高法行申 4779 号行政裁定书。
❷ 江必新，梁凤云. 行政诉讼法理论与实务（下）[M]. 3 版. 北京：法律出版社，2016：1056-1057.
❸ 最高人民法院（2017）最高法行申 2040 号行政裁定书。

由于起诉人本人的原因造成，应当予以扣除。但此后当事人单方向有关部门申诉信访，因申诉信访耽误的期间，没有可保护的信赖利益，属于当事人自身放弃通过法定诉讼途径解决争议耽误起诉期限的情形，不应予以扣除。

【主要法律问题】

1. 行政诉讼中的起诉期限与民事诉讼中的诉讼时效区别是什么？

2. 起诉期限的起算点是知道行政行为作出还是知道行政行为内容？

3. 如果南丹县林业局没有出具《答复函》，韦某是自行选择民事诉讼解决纠纷的，民事诉讼的期间是否应在计算起诉期限时扣除？

4. 最长起诉期限应当如何适用？

5. 确认无效诉讼是否受起诉期限限制？为什么？

【主要法律依据】

1.《行政诉讼法》第 45 条、第 46 条、第 47 条、第 48 条；

2.《最高人民法院关于适用〈中华人民共和国行政诉讼法〉的解释》第 65 条、第 66 条；

3.《最高人民法院关于审理行政协议案件若干问题的规定》第 25 条；

4.《最高人民法院关于审理涉及农村集体土地行政案件若干问题的规定》第 9 条；

5.《最高人民法院关于审理行政赔偿案件若干问题的规定》第 16 条、第 17 条。

【理论分析】

1. 起诉期限的概念。起诉期限是相对人起诉的有效时间。[1] 也有学者将其称为诉讼时效或起诉期间，并将之具体描述为当事人能够向法院对具体行政行为提起诉讼的有效期限，超过了这一期限，则当事人丧失向法院提起行政诉讼的权利。[2] 与民事诉讼中诉讼时效制度不同的是，行政诉讼中的起诉期限虽然也是为了敦促当事人及时行使救济权利而设置，但是前者不保护在权利上"打瞌睡"的当事人是为了维护同等地位民事主体之间权利义务关系的稳定，而后者的功能在于维护行政行为的形式确定力。由此可见，诉讼期限是对起诉时间客观上的限制，起诉时间又包括起诉的开始时间、结束时间、扣除时间等。

2. 起诉期限的起算和长度。根据《行政诉讼法》第 45 条、第 46 条，以及《最高人民法院关于审理行政协议案件的规定》第 25 条规定，行政诉讼类型不同，起诉期限的起算点与长度也不同。总体上分类如下：行政复议案件中，不服行政复议行为的，

---

❶ 胡建淼. 行政诉讼法学［M］. 北京：高等教育出版社，2003：202.

❷ 刘善春. 行政诉讼原理及名案解析［M］. 北京：法制出版社，2001：626. 方世荣. 行政法与行政诉讼法［M］. 北京：北京大学出版社，2000：444. 胡玉鸿. 行政诉讼法教程［M］. 北京：法律出版社，1997：252. 林莉红. 行政诉讼法学［M］. 武汉：武汉大学出版社，2009：180.

自收到复议决定之日起或复议期满之日起十五日内起诉；具体行政行为案件中，自知道或者应当知道作出行政行为之日起六个月起诉，不知道行政行为内容的，自知道或者应当知道行政行为内容之日起六个月起诉；行政协议案件中，对行政机关不依法履行、未按照约定履行行政协议提起诉讼的，诉讼时效参照民事法律规范确定；行政协议案件中，对行政机关变更、解除行政协议等行政行为提起诉讼的，起诉期限依照《行政诉讼法》及其司法解释确定。

在诉具体行政行为的案件中，起诉期限的起算点因行政机关是否履行告知义务而有所不同。行政机关作出行政行为后告知了当事人行政行为内容的，起诉期限为六个月。实践中也有不少案件，由于行政机关作出行政行为时没有告知相对人及利害关系人或其他方面的原因，导致相对人及利害关系人迟迟不知道已作出行政行为。当事人可从知道或者应当知道起诉期限之日起起算，但从知道或者应当知道行政行为内容之日起最长不得超过一年。起诉人的"知道"需达到一定的程度，才能确定行政行为是否作出。这里所谓"程度"与行政行为的内容有紧密关系但并不等同，并非要求知道行政行为所有的内容，而仅须必要内容即可。判断"必要"的具体标准主要有两个：一是能使起诉人确定是否会影响其合法权益；二是能使起诉人通过起诉方式维护其合法权益。这要求所知内容可以使起诉人知道起诉的对象是什么，知道向哪个法院提起诉讼等即可。

3. 起诉期限的扣除。根据《行政诉讼法》第48条第1款规定，因不可抗力或者其他不属于其自身的原因耽误起诉期限的，被耽误的时间不计算在起诉期限内。不可抗力是民法中常见的一项免责情形，其内涵与外延已经相对明确，但是"其他不属于起诉人自身的原因"则因其概念的模糊性常常引发争议。通常情况下，当事人耽搁起诉期限的原因有以下几种：（1）基于对行政机关的信任向行政机关申请解决问题，行政机关同意处理后，等待行政机关处理；（2）受行政机关错误指引，在行政诉讼之前选择了其他的救济方式；（3）当事人认为纠纷属于民事诉讼或信访解决范围，或者民事诉讼与信访途径更有利于解决纠纷，提起行政诉讼前先进行了民事诉讼或信访活动。目前实践中普遍认为，基于地震、洪水等客观原因无法起诉而耽误的期间，或者基于对有关国家机关答应处理涉案争议的信赖而等待其处理结果而耽误的期间，属于不可归责于当事人自身原因而应当在起诉期限中扣除的情形。因放弃法定起诉救济权利申诉上访等原因耽误法定起诉期限的，均不属于依法应当扣除起诉期限的情形。❶

【思考题】

1. "行政机关作出行政行为时，未告知公民、法人或者其他组织起诉期限的，起诉期限从公民、法人或者其他组织知道或者应当知道起诉期限之日起计算，但从知道

---

❶ 最高人民法院（2019）最高法行申3688号行政裁定书；最高人民法院（2017）最高法行申7741号行政裁定书；最高人民法院（2017）最高法行申6508号行政裁定书。

或者应当知道行政行为内容之日起最长不得超过一年。"该规定是否改变了行政诉讼六个月的起诉期限？如何理解"最长不得超过一年"的起诉期限限制？

2. 当事人因新冠肺炎疫情居家隔离能否成为起诉期限的扣除情形？

四、行政案件的管辖

案例四　朱某诉温州市人民政府、温州市鹿城区人民政府等行政强制案●

【基本案情】

2018 年 8 月 16 日，温州市鹿城区人民政府双屿街道办事处（以下简称双屿街道办）、温州市鹿城区综合行政执法局（以下简称鹿城区执法局）组织人员准备强制拆除坐落于温州市鹿城区双屿街道马坑路 N 号的房屋，因受住户阻拦，没有拆除房屋但损坏了房门、窗户等附属物。朱某称坐落于马坑路 N 号第六间房屋系其所有，并提起本案诉讼，请求确认温州市人民政府（以下简称温州市政府）、温州市鹿城区人民政府（以下简称鹿城区政府）损坏涉案房屋的门、窗等附属物的行政行为违法。法院生效裁定认为，朱某未能举证证明温州市政府、鹿城区政府实施了被诉强拆行为，故温州市政府、鹿城区政府不是本案适格被告。根据《最高人民法院关于适用〈中华人民共和国行政诉讼法〉的解释》第 69 条第 1 款第 3 项规定，错列被告且拒绝变更，已经立案的，应当裁定驳回起诉。经原审法院释明后，上诉人仍拒绝变更被告，故应裁定驳回其对温州市政府、鹿城区政府的起诉。本案由一审法院移送温州市鹿城区人民法院审理。

【主要法律问题】

1. 以街道办事处为被告的案件应当由哪一级法院管辖？

2. 朱某能否针对一审法院的移送管辖提起上诉？

3. 以县级人民政府为被告的案件是否都由中级人民法院管辖？

4. 原告起诉多个被告，因其中部分被告不适格导致法院没有管辖权，已经立案的法院能否直接以没有管辖权为由裁定驳回起诉？

【主要法律依据】

1. 《行政诉讼法》第 14 条、第 15 条、第 22 条、第 26 条；

2. 《最高人民法院关于适用〈中华人民共和国行政诉讼法〉的解释》第 10 条、第 69 条第 1 款第（3）项。

3. 《最高人民法院关于行政诉讼证据若干问题的规定》第 4 条第 1 款；

● 浙江省高级人民法院（2019）浙行终 1555 号行政裁定书。

4.《最高人民法院关于完善四级法院审级职能定位改革试点的实施办法》第 2 条、第 3 条、第 4 条。

【理论分析】

1. 行政诉讼级别管辖。我国的法院分为四级：基层人民法院、中级人民法院、高级人民法院和最高人民法院。行政诉讼的级别管辖取决于两个因素：案件的重大程度与被告级别。就案件重大程度而言：基层人民法院管辖一般的行政一审案件；中级人民法院管辖本辖区内的重大案件；高级人民法院管辖省辖区内的重大案件；最高人民法院管辖全国范围内的重大案件。就被告级别而言：中级人民法院管辖对国务院部门或者县级以上地方人民政府所作的行政行为提起诉讼的案件；对其他级别行政机关提起的行政诉讼由基层人民法院管辖。2021 年 9 月印发的《最高人民法院关于完善四级法院审级职能定位改革试点的实施办法》，明确了四级法院的职能定位：基层人民法院重在准确查明事实、实质化解纠纷；中级人民法院重在二审有效终审、精准定分止争；高级人民法院重在再审依法纠错、统一裁判尺度；最高人民法院监督指导全国审判工作、确保法律正确统一适用。据此，最高人民法院调整了法院的级别管辖：政府信息公开案件，不履行法定职责的案件，行政复议机关不予受理或者程序性驳回复议申请的案件，土地、山林等自然资源权属争议行政裁决案件，以上四类以县级、地市级人民政府为被告的第一审行政案件由基层人民法院管辖。为了解决大量以县级人民政府为被告的征收拆迁案件给中级人民法院造成的业务压力，最高人民法院 2021 年 3 月发布了《关于正确确定县级以上地方人民政府行政诉讼被告资格若干问题的规定》，通过正确确定县级以上人民政府的被告资格，达到合理配置中级人民法院与基层人民法院管辖案件的目的。

2. 行政诉讼地域管辖。地域管辖是指同级法院之间在各自辖区内受理第一审行政案件的分工和权限。我国行政诉讼地域管辖基本上与行政辖区相一致，即案件由最初作出行政行为的行政机关所在地法院管辖，也被称为一般地域管辖。一般地域管辖以外的特殊地域管辖分两类：第一，对限制人身自由的强制措施不服提起行政诉讼的，由被告或原告所在地法院管辖；第二，因不动产纠纷起诉的，由不动产所在地法院管辖。特殊地域管辖一方面是为了保障当事人权益，为当事人起诉提供便利条件，另一方面也有利于法院调查取证，查明案件事实。行政诉讼地域管辖与行政区划保持一致的制度，被部分学者质疑容易产生司法的地方化，影响法院的中立性与公正性。正是在此背景下，最高人民法院 2013 年通过试点先行确立行政诉讼集中管辖制度。行政案件相对集中管辖，就是将部分基层人民法院管辖的一审行政案件，通过上级法院统一指定的方式，交由其他基层人民法院集中管辖的制度。❶ 但是截至目前，行政诉讼集中管辖仍然只是以试点方式在部分地方实施，没有上升到法律的高度，成为行政诉讼一

---

❶《最高人民法院关于开展行政案件相对集中管辖试点工作的通知》。

般制度。而集中管辖本身也存在着不能有效根除行政诉讼的体制障碍、无法充分利用各级法院既有资源、与行政审判体制改革的长远目标相悖的弊端。❶ 通过完善的行政诉讼地域管辖制度实现合理配置司法资源、便利当事人行使诉权的目标仍旧任重而道远。

【思考题】

1. 集中管辖相对于一般地域管辖有什么优点？能否以集中管辖代替一般地域管辖？

2. 级别管辖调整后，基层法院应从哪些方面提升审判能力以应对日益增长的行政案件数量？

五、复议前置案件的起诉

案例五　肖某与广西壮族自治区百色市人民政府资源行政管理案❷

【基本案情】

肖某因与广西壮族自治区田东县医药公司（以下简称田东县医药公司）存在土地权属纠纷，向田东县人民政府（以下简称田东县政府）申请处理。2016 年 11 月 17 日，田东县政府作出东政处〔2016〕11 号《关于平马镇古榕街居民肖某与县医药公司土地权属纠纷的处理决定》（以下简称 11 号《处理决定》），认为争议地在 1973 年已经田东县革命委员会批准划拨给田东县医药公司使用，对肖某地上附着物已作补偿，田东县医药公司在争议地上建房经营超过 40 年，肖某持有的土地房产契书不能作为土地权属依据。故而决定将争议地使用权确认给田东县医药公司使用。2017 年 2 月 17 日，肖某申请行政复议，请求撤销 11 号《处理决定》。百色市人民政府（以下简称百色市政府）认为肖某申请行政复议超过法定期限，决定不予受理，肖某提起本案行政诉讼，请求撤销 11 号《处理决定》。

最高人民法院认为，复议前置案件经过复议程序实体处理，才能视为经过复议。复议机关对复议申请不予答复，或作出程序性驳回复议申请的决定，不能视为已经经过复议，未经复议当然不能直接对原行政行为提起行政诉讼。行政复议前置案件，复议机关不予答复、作出程序性驳回复议申请决定，当事人只能对复议机关的不予答复、不予受理行为依法提起行政诉讼，无权直接起诉原行政行为。本案中，肖某与田东县医药公司发生土地权属争议，田东县医药公司申请确权。田东县政府作出的 11 号《处理决定》，是政府对土地权属纠纷作出确权处理决定的行政裁决案件，属于《行政复议法》第 30 条第 1 款规定的复议前置案件。肖某没有在法定期限内提出行政复议申请，百色市政府作出不予受理决定，系程序性驳回复议申请。肖某在复议机关程序性驳回

---

❶ 杨建顺. 行政诉讼集中管辖的悖论及其克服 [J]. 行政法学研究，2014（04）：3-19.

❷ 最高人民法院（2019）最高法行申 11287 号行政裁定书。

其复议申请后，直接起诉 11 号《处理决定》，起诉不符合法定条件。

【主要法律问题】

1. 除了平等主体之间土地权属纠纷案件应当复议前置，还有哪些纠纷应当复议前置？
2. 复议机关作出不予受理的决定后，当事人不服是否可以起诉原行政行为？
3. 复议机关驳回申请人的复议申请是否属于"维持原行政行为"？

【主要法律依据】

1.《土地管理法》第 14 条；
2.《行政复议法》第 17 条、第 30 条；
3.《行政诉讼法》第 44 条；
4.《最高人民法院关于适用〈中华人民共和国行政诉讼法〉的解释》第 22 条、第 56 条、第 69 条第 1 款第 5 项。

【理论分析】

1. 复议前置的案件类型。复议前置指的是当事人对行政行为不服的，必须先申请行政复议，而不得越过复议程序直接提起行政诉讼。哪些纠纷必须复议前置，只能由法律、法规设定。《行政复议法》第 30 条规定了侵害已依法取得的自然资源所有权或使用权的行政案件应当复议前置；《税收征收管理法》第 88 条规定纳税人、扣缴义务人、纳税担保人同税务机关在纳税上发生争议时，应当复议前置；《城市居民最低生活保障条例》第 15 条规定的最低生活保障处理决定纠纷应当复议前置；《价格违法行为行政处罚规定》第 20 条规定价格行政处罚案件应当复议前置；《电影产业促进法》第 58 条规定对国务院电影主管部门作出的不准予电影公映的决定不服的，应当先行复议；《反垄断法》第 53 条第 1 款规定的行政机关决定对经营者集中不予禁止纠纷，应当先行复议。其他的复议前置案件类型还包括宗教事务处理纠纷、不许可游行处理纠纷、外国人出入境管理纠纷等。

2. 行政复议与行政诉讼的衔接。行政复议制度实施以来，一直都被视为辅助司法制度发挥纠纷解决功能的途径，定位的偏差阻碍了行政复议制度的完善与发展。复议前置是强化复议制度纠纷解决功能的举措，通过将部分专业性、政策性比较明显的案件纳入必须先行复议的范围，达到分流行政案件、优化司法资源配置的目的。2020 年 2 月 5 日，中央全面依法治国委员会第三次会议审议通过《行政复议体制改革方案》，习近平总书记在会上指出：要推进相关法律、法规修订工作，发挥行政复议公正高效、便民为民的制度优势和化解行政争议的主渠道作用。❶ 行政复议制度作为纠纷解决主渠

---

❶ 习近平. 推进全面依法治国，发挥法治在国家治理体系和治理能力现代化中的积极作用［J］. 中国人大，2020（22）：9-10.

道的改革方向基本奠定，《行政复议法》的修改也被提上日程。围绕着行政复议制度呈现出的公信力不足、功能定位模糊、程序空转等不足，学术界与实务界提出了诸多建设性意见。❶ 一方面，在单行法中增设复议前置的条款，确保专业性、政策性强的行政纠纷优先适用行政复议程序。另一方面，优化行政复议程序，既要发挥行政复议解决行政争议的高效、便捷优势，又要保持行政复议的公正性，加快行政复议程序司法化。

【思考题】

1. 行政复议是由行政机关解决行政纠纷的制度，部分学者质疑行政机关解决行政纠纷与裁判的中立性相违背，应如何回应并消除该疑虑？

2. 行政复议与行政诉讼同为化解行政纠纷的机制，如何理解二者的关系？

六、一事不再理

案例六　郑某等人诉湖南省邵阳市大祥区人民政府签订征收补偿协议行为案❷

【基本案情】

郑某、伍某以"岳某等无权擅自与邵阳市大祥区人民政府成立的大祥区铁路建设项目援建指挥部（以下简称援建指挥部）签订征收补偿协议，涉案房屋为国有土地上房屋，协议约定按集体土地上房屋征收补偿价格予以补偿，违反法律、行政法规的强制性规定无效"为由，向大祥区人民法院提起民事诉讼，请求确认该征收补偿协议无效。法院认定房屋征收补偿协议系双方真实意思表示，不违反法律强制性规定，确认该协议有效并无不当。郑某等人遂提起行政诉讼，以"补偿标准过低，显失公平；援建指挥部误导当事人，告知各户都是按照集体土地上房屋征收补偿标准予以补偿，签署协议存在重大误解"为由，请求撤销与援建指挥部签订的征收补偿协议。

再审过程中，最高人民法院认为《最高人民法院关于执行若干问题的解释》第44条第1款第8项规定，起诉人重复起诉的，人民法院不予受理；该条款第10项规定，诉讼标的为生效判决的效力所羁束的，人民法院不予受理。所谓重复起诉，是指当事人对同一被诉行政行为提起诉讼，经法院依法处理后，再次提起诉讼的情形。其特点是原告和被诉行政行为均为同一个。对于一些案件究竟应当通过民事诉讼途径解决，还是通过行政诉讼途径解决，实践中存有争议的，当事人只能选择一种途径进行救济。

---

❶ 马怀德. 行政复议体制改革与《行政复议法》修改［J］. 中国司法，2022（02）：61-64. 江必新，马世媛. 行政复议制度的改革与完善——基于制度分析的理论框架［J］. 中国政法大学学报，2021（06）：94-109. 曹鎏. 行政复议制度革新的价值立场与核心问题［J］. 当代法学，2022，36（02）：44-54. 徐运凯. 行政复议法修改对实质性解决行政争议的回应［J］. 法学，2021（06）：30-42.

❷ 最高人民法院（2017）最高法行申5519号行政裁定书。

当事人提起民事诉讼败诉后，又对同一争议所涉行政行为再次提起行政诉讼的，亦属于重复起诉的情形。所谓"诉讼标的为生效判决羁束"是指当事人起诉所指向的诉讼标的已经不具有可争议性，诉讼标的物的归属或者法律关系的性质，已经被生效的法院判决所确认。此种情形中，起诉人并非一定是生效判决的起诉人，还包括生效判决案件的诉讼当事人，也包括其他相关联的案外人。生效判决具有对世的法律效力，不仅对案件当事人有拘束力，对案件当事人之外的公民、法人或者其他组织同样具有拘束力。本案中，郑某、伍某曾就征收补偿协议的效力问题以援建指挥部为被告提起过民事诉讼。征收补偿协议的效力争议，与本案对签订协议行为提起的行政诉讼，实质属于同一纠纷。

【主要法律问题】

1. 重复起诉的判断标准是什么？
2. 诉讼标的已为生效民事裁判所羁束的，能否再提起行政诉讼？
3. 重复起诉与诉讼标的已为生效裁判所羁束这两种情形有什么区别？

【主要法律依据】

《最高人民法院关于适用〈中华人民共和国行政诉讼法〉的解释》第 69 条、第 106 条。

【理论分析】

重复起诉的认定与适用。根据《最高人民法院关于适用〈中华人民共和国行政诉讼法〉的解释》第 106 条规定，前诉与后诉的当事人、诉讼标的与诉讼请求均相同的构成重复起诉。但是实践中对重复起诉的认定却并不严格执行当事人、诉讼标的与诉讼请求完全一致的规定。当事人为了避免重复起诉引起的起诉困难，往往会适当改变诉讼标的或诉讼请求，所以实践中很少出现当事人、诉讼标的、诉讼请求完全相同的前后诉讼。前后之诉本质上是否属于同一纠纷则成为实践中常见的重复起诉判断标准。❶ 从这个意义上讲，《最高人民法院关于适用〈中华人民共和国行政诉讼法〉的解释》第 69 条第 1 款第 9 项 "诉讼标的已为生效裁判或者调解书所羁束" 与第 106 条中的 "重复起诉" 并列为驳回起诉的两种不同情形，存在概念混乱与逻辑矛盾。❷ 重复起诉与羁束力限制是 "一事不再理" 规则的两个构成方面，前者承担着程序性过滤作用，后者才是判断 "一事" 的实体标准，不宜混同。因此，重复起诉的判断应以当事人与诉讼请求两个外在因素是否一致为核心，不再考量诉讼标的是否一致。诉讼请求是否已被

---

❶　最高人民法院（2017）最高法行申 6717 号行政裁定书；最高人民法院（2020）最高法行申 3367 号行政裁定书；最高人民法院（2017）最高法行申 3682 号行政裁定书。

❷　马立群．行政诉讼一事不再理原则及重复起诉的判断标准［J］．法学评论，2021，39（05）：111-120.

生效裁判或调解书所羁束，是前诉与后诉在本质上、实体上是否重复的判断标准。

七、立案登记制

案例七　陈某与浙江省人民政府行政复议案❶

【基本案情】

瑞安市塘下镇人民政府（以下简称塘下镇政府）曾与陈某签订聘用合同，聘用陈某为塘下镇联合执法指挥中心临时工作人员，聘期一年。合同到期后，双方未办理续聘或解聘手续，陈某仍继续在塘下镇联合执法指挥中心工作。2012年3月6日，塘下镇政府以陈某长期旷工和迟到严重违反相关规章制度为由，对其作出辞退处理。陈某对塘下镇政府的辞退行为不服，依据《公务员法》向塘下镇政府提出复核申请。塘下镇政府认定陈某不是公务员，无权依据《公务员法》第90条规定提出复核申请，故回函对其申请不予答复。陈某不服塘下镇的回复，先后向瑞安市人力资源和社会保障局、瑞安市人民政府与温州市人民政府（以下简称温州市政府）提出申诉，均未果，遂向浙江省人民政府（以下简称浙江省政府）申请复议。陈某复议要求浙江省政府责令温州市政府履行再申诉处理职责。浙江省政府认为该申请不符合受理条件并告知了陈某。陈某因同一纠纷，还先后提起过多起劳动合同诉讼和行政诉讼。

最高人民法院认为，立案登记制并不是取消立案条件审查，而是从依法保障法院行使职权和依法保护当事人诉权的角度，要求法院在立案时就要针对法定起诉条件等事项，进行更加精细、准确、妥当的审查，并防止不必要审查和过度审查。因此，在坚持立案登记制的同时，法院仍应依据《行政诉讼法》第六章起诉和受理的整体规定，全面把握行政诉讼的立案条件，对立案条件的审查，原则上应在立案环节解决，而尽可能减少在审理环节裁定驳回起诉。参照上述一系列规定精神，根据《最高人民法院关于适用〈中华人民共和国行政诉讼法〉的解释》第55条规定，法院对已经认定为滥用诉权的起诉，可以退回诉状并记录在册。坚持起诉造成诉讼对方或第三人直接损失的，法院可以根据具体情况对无过错方依法提出的赔偿合理的律师费用等正当要求予以支持。

【主要法律问题】

1. 实施立案登记制的目的是什么？
2. 立案登记制与立案审查制的区别在哪里？
3. 立案登记制是否意味着立案庭不应对起诉材料进行审查？
4. 立案登记制下立案庭的功能如何体现？

---

❶ 浙江省杭州市中级人民法院（2015）浙杭行初字第288号行政裁定书；浙江省高级人民法院（2016）浙行终193号行政判决书；最高人民法院（2018）最高法行申6453号行政裁定书。

5. 如何定义"滥诉"并规制滥诉现象？

【主要法律依据】

1.《公务员法》第 90 条；

2.《行政复议法》第 6 条、第 8 条第 1 款、第 17 条第 1 款；

3.《行政诉讼法》第 49 条、第 51 条；

4.《公务员申诉规定（试行）》第 19 条；

5.《最高人民法院关于适用〈中华人民共和国行政诉讼法〉的解释》第 55 条、第 93 条第 2 款；

6.《最高人民法院关于人民法院登记立案若干问题的规定》；

7.《最高人民法院关于人民法院推行立案登记制改革的意见》；

8.《最高人民法院关于进一步推进案件繁简分流优化司法资源配置的若干意见》。

【理论分析】

1. 立案登记制的实施背景与成效。《中共中央关于全面推进依法治国若干重大问题的决定》提出，要改革法院案件受理制度，变立案审查制为立案登记制，对人民法院依法应该受理的案件，做到有案必立、有诉必理，保障当事人诉权。加大对虚假诉讼、恶意诉讼、无理缠诉行为的惩治力度。据此，《行政诉讼法》（2014 年）第 51 条实行立案登记制的规定，改变了《行政诉讼法》（1989 年）第 42 条确立的立案审查制。立案登记制是为了解决"立案难"的现实问题而对司法制度进行的局部调整，要求立案庭对于符合法律规定条件的起诉必须立案。对于无法确定是否符合立案条件的，也应当接收起诉状并在七日内决定是否立案，以最大限度保障当事人的诉权，解决立案难的现实问题。事实证明，立案登记制度对于化解"立案难"问题确实发挥了重要作用。但是，随之而来的是立案登记制相关配套制度不健全和法律规范不协调所引发的一系列问题，如立案登记制下立案庭的功能定位错乱，❶ 立案登记制改革不彻底遗留的新的"立案难"问题。❷

2. 仍有待解决的"立案难"问题。首先，"年底立案难"的问题在行政诉讼中尤为明显，立案登记制以后行政案件数量激增与审判人员数量有限形成了鲜明对比。迫于年底结案率考核的压力，每年的 12 月份都是行政案件"立案难"的高发时期。其次，与民事诉讼、刑事诉讼相比，行政诉讼所涉案件更容易受政策因素影响。这主要表现为法院往往回避行政机关依据政策实施的行政行为，选择以不立案的方式拒绝对其合法性进行审查。最后，立案难没有得到彻底解决的根本原因，在于立案登记制改革不彻底留下的"立案审查"空间在行政审判能力不足的倒逼下已呈逐渐扩张之势。

---

❶ 张嘉军. 立案登记背景下立案庭的定位及其未来走向 [J]. 中国法学, 2018 (04)：217-237.

❷ 梁君瑜. 我国行政诉讼立案登记制的实质意涵与应然面向 [J]. 行政法学研究, 2016 (06)：84-93.

理论上，立案登记与立案审查所涉及的本质都是如何评价起诉的问题。前者之评价对象仅涉及诉的成立要件而无关诉的合法要件；反之，后者则由立案庭合并审查起诉条件与诉讼要件是否齐备。❶《行政诉讼法》第 51 条第 1 款关于立案庭对"符合法定起诉条件"的规定，没有进一步明确立案庭对起诉条件的审查是起诉要件的形式审查还是实质审查（或称合法性审查），实际上仍然保留了立审分离的起诉传统，很大程度上阻塞了行政纠纷诉讼之路。这也说明了解决新的"立案难"问题，应当更加注重在改革立案登记制的同时，完善相关配套机制，如结案率考核机制，并不断提高行政审判能力，优化行政法律规范体系。

3. 合理应对滥诉现象。与立案登记制后行政纠纷大量涌入诉讼程序同时产生的，是大量滥诉案件的出现。最高人民法院在 2017 年印发了《关于进一步保护和规范当事人依法行使行政诉权的若干意见》，提出要正确引导当事人依法行使诉权，严格规制恶意诉讼和无理缠诉等滥诉行为。根据该文件规定，滥诉主要包括恶意诉讼和无理缠诉两种形式，前者指主观上不以解决纠纷为主要目的的诉讼，后者指客观上无法实现解决纠纷目的的诉讼。司法实践中对滥诉的判断主要以起诉人起诉次数、起诉所涉领域、是否具有诉的利益、纠纷是否已经生效裁判或调解书进行了实体处理等为标准。对于滥用诉讼权利、浪费司法资源的起诉，自然应当进行规制，造成相应损害而追究损害赔偿责任也无可厚非。但是对滥诉的规制必须以适度为前提，不能因过度制止滥诉行为而限缩当事人的起诉权利。一方面必须澄清滥诉与不符合起诉条件的本质区别，避免任意扩大滥诉范围与打击面积。另一方面，滥诉的认定必须以法院的实体审理为前提，不能由立案庭以滥诉为由拒绝立案。

【思考题】

1. 有人主张，立案庭的主要功能是接收起诉材料，不应赋予其审查起诉条件的权力，以此实现有案必立的目的，这个问题怎么看？

2. 为了规制滥诉行为，部分地方法院出台了专门文件，对滥诉当事人的代理人采取纳入"黄名单"等惩戒措施，以上做法是否合法？

八、规范性文件的附带审查

案例八　袁某诉江西省于都县人民政府物价行政征收案❷

【基本案情】

袁某的住房位于于都县贡江镇某村组，属于于都县中心城区规划范围。于都县人

---

❶ 段文波. 起诉程序的理论基础与制度前景［J］. 中外法学，2015，27（04）：879-902.

❷ 江西省高级人民法院（2016）赣行终 245 号行政判决书。

民政府（以下简称于都县政府）委托于都县自来水公司，根据袁某户从 2010 年 2 月起至 2015 年 11 月的自来水使用情况，征收了袁某户的污水处理费共计 1 273.2 元。袁某以于都县政府对其征收污水处理费违法为由，诉至法院，同时请求依法对征收污水处理费时所依据的《于都县人民政府办公室关于印发于都县城市污水处理费征收工作实施方案的通知》（以下简称《污水处理费征收实施方案的通知》）的合法性进行审查，即审查该文件是否违反江西省发展和改革委员会《关于统一调整全省城市污水处理费征收标准的通知》、赣州市物价局《关于核定于都县城市污水处理费征收标准的批复》规定。二审法院认为，根据法律、法规的规定，本案所涉及的污水处理费征收范围由征收对象和征收对象实施的行为确定。征收对象为城市污水集中处理规划区范围所有用水单位和个人，且征收对象需实施向城市排污管网和污水集中处理设施排放污水的行为。但《污水处理费征收实施方案的通知》所确定的污水处理费征收范围却扩大至"于都县中心城区规划区范围内所有使用城市供水的企业、单位和个人"，违反法律、法规、规章及上级行政机关规范性文件规定。此后，二审法院向于都县政府发送司法建议，建议其对涉案规范性文件的相关条款予以修改。

【主要法律问题】

1. 规范性文件的特征是什么？

2. 如果于都县政府征收污水处理费的依据不是《污水处理费征收实施方案的通知》，袁某能否请求法院对该实施方案进行附带审查？

3. 法院对规范性文件的合法性审查包括哪些内容？

4. 二审法院除了向于都县政府发送司法建议外，还可以依法采取哪些措施？如何理解法院建议于都县政府修改相关规范性文件的效力？于都县政府收到司法建议后应如何处理？

【主要法律依据】

1.《行政诉讼法》第 53 条、第 64 条、第 70 条、第 87 条、第 89 条第 1 款第 2 项；

2.《最高人民法院关于适用〈中华人民共和国行政诉讼法〉的解释》第 146 条、第 148 条；

3.《水污染防治法》第 44 条第 3 款、第 4 款；

4.《城镇排水与污水处理条例》第 20 条、第 32 条；

5.《污水处理费征收使用管理办法》第 8 条。

【理论分析】

1. 规范性文件附带审查的方式。规范性文件是抽象行政行为的一种，即各类国家行政机关，为实施法律、执行政策，在法定权限内制定的除行政法规和规章以外的具有普遍约束力的决定、命令以及行政措施等。❶ 规范性文件具有主体广泛性、效力从属性、内容规范性等特征，是行政机关行使管理服务职能的重要手段。目前我国对规范性文件的规制主要有两种方式，一种是源头规制，很长一段时间内规范性文件都是参照《规章制定程序条例》的规章制定程序制定的。❷ 2018 年国务院办公厅发布了《关于全面推行行政规范性文件合法性审核机制的指导意见》，从制定主体、程序、内容等方面对规范性文件提出了系统完整的合法性要求，规范性文件的合法性审核才有了独立适用的标准。另一种规制方式则是司法事后监督，指的是行政诉讼中对规范性文件的附带审查。附带审查意味着当事人只能在起诉具体行政行为的同时提请法院审查规范性文件，且所审查的规范性文件应当是被诉行政行为作出的依据。根据《最高人民法院关于适用〈中华人民共和国行政诉讼法〉的解释》第 148 条规定，对规范性文件的附带审查主要包括以下几个方面：制定主体超越职权；内容与上位法相抵触；没有上位法依据，违法减损当事人合法权益或者增加当事人义务；未履行法定程序；等等。

2. 对规范性文件附带审查模式的质疑。一直以来，规范性文件附带审查模式因法院基于"关联性"判断排除司法适用、借由起诉期限排斥附带审查、规避审查党政联合发文等现实困境而饱受争议。❸ 与规范性文件附带审查"启动难"相比，法院对审查的后续处理不力更加有损规制规范性文件功能的发挥。根据规定，规范性文件被认定为违法后，法院不得将其作为认定行政行为合法的依据，并应在裁判理由中予以阐明。除此之外，法院还可以采取向有关行政机关提出司法建议的方式，促使行政机关修改或废止规范性文件，但是司法建议对行政机关而言并不具有强制约束力。规范性文件被认定为违法后，由于法院认定方式本身对制定机关缺乏法律拘束力，再加上向制定机关提出的司法建议缺乏强制执行力等原因，导致认定的效力仅适用于个案，难以达到对违法的规范性文件进行纠正的效果。❹ 为此，有学者提出法院对被诉行政行为所依据的规范性文件，应当予以"主动、全面、审慎、适度"的审查。具体地说，法院有义务依职权主动审查，以确定相关规范性文件在该案中能否适用，不必以原告申请为前提；审查对象包括被诉行政行为实际依据的规范性文件的相关条款，不管它是否被行政决定书援引。❺ 但是，法院对规范性文件的能动、全面审查，容易引发司法过度干预行政管理的担忧，不符合司法被动的基本原理，也很难具体操作。现阶段加强司法机关对规范性文件的合法性监督，应当以优化司法处理措施为核心。具体而言，宜在法院提出司法建议之后，增加行政机关反馈司法建议落实处理意见的强制规定，保障司法建议效力落在实处。

---

❶ 罗豪才，湛中乐. 行政法学 [M]. 4 版. 北京：北京大学出版社，2016：169.

❷ 《规章制定程序条例》第 36 条规定："依法不具有规章制定权的县级以上地方人民政府制定、发布具有普遍约束力的决定、命令，参照本条例规定的程序执行。"

❸ 卢超. 规范性文件附带审查的司法困境及其枢纽功能 [J]. 比较法研究，2020（03）：127-141.

❹ 王春业. 论行政规范性文件附带审查的后续处理 [J]. 法学论坛，2019，34（05）：120-128.

❺ 何海波. 论法院对规范性文件的附带审查 [J]. 中国法学，2021（03）：139-163.

行政诉讼证据

 本章知识要点

（1）证据是以法律规定的形式表现出来的能够证明案件事实的材料，具有真实性、合法性与关联性的属性。（2）法定的行政诉讼证据形式包括：书证；物证；视听资料；电子数据；证人证言；当事人的陈述；鉴定意见；勘验笔录、现场笔录。（3）一般情况下，被告应当对其作出的行政行为合法性承担举证责任。但是行政赔偿案件、行政协议案件等其他案件的举证责任分配则不同。

第一节　证据的概念与属性

证据广泛应用于人们的日常生活与科学研究，其中诉讼证据尤其具有特殊性。证据的收集与运用贯穿了司法审查的全过程。因此有学者主张证据是法律程序的灵魂，离开证据的证明作用，任何设计精巧的法律程序都将变得毫无意义。❶ 得益于三大诉讼制度的不断发展，关于证据的基本理论已经日趋完善。在基本理论面上，三大诉讼制度中的证据具有一致性体现。根据《刑事诉讼法》第50条规定，可以用于证明案件事实的材料都是证据，包括物证、书证、证人证言等类别，即证据是以法律规定的形式表现出来的能够证明案件事实的材料。行政诉讼证据可定义为，行政诉讼主体可以用来证明行政案件事实的材料。❷ 诉讼证据的概念决定了其基本属性。证据具有真实性、关联性与合法性，统称为证据的"三性"，也被称为证据评价的基本要素。真实性是指证据本身及其来源的真实可信性或真实可靠性；关联性是指证据对待证要件事实之证明作用的有无；合法性是指证据是否符合法律对于进入诉讼的证据的基本要求。❸

---

❶ 徐继敏. 行政证据学基本问题研究［M］. 成都：四川大学出版社，2010：23.

❷ 高家伟. 行政诉讼证据的理论与实践［M］. 北京：工商出版社，1998：3.

❸ 郑飞. 证据属性层次论——基于证据规则结构体系的理论反思［J］. 法学研究，2021，43（02）：123-137.

案例一　某餐饮管理有限公司诉新乡市工商行政管理局卫滨分局工商行政管理案❶

【基本案情】

2018 年 3 月 7 日，新乡市工商行政管理局卫滨分局 12315 中心接举报称解放路平原公园南邻新乡市某餐饮管理有限公司（以下简称某餐饮公司）所设的门头招牌广告使用国家领导人名义。其执法人员现场核查，门头广告招牌上内容为"河南名吃，新乡一绝，中华老字号，百年老店，罗锅注册商标图案，繁体字罗锅居总店"，及"发扬老字号传统，弘扬中华民族文化，×××，一九九二年十月题"。卫滨分局认为某餐饮公司违法事实成立，应当予以行政处罚，经集体讨论决定，于 2018 年 5 月 3 日作出责令当事人停止发布违法广告、对其罚款人民币 20 万元的新卫工商罚字〔2018〕011 号《行政处罚决定书》。该餐饮公司认为该行政处罚决定存在程序、处罚事实、法律依据等错误，请求法院予以撤销。庭审中该餐饮公司认为，行政处罚首先应依据《行政处罚法》和河南省关于行政处罚的相关规定，卫滨分局未向法庭提交上述规定，属于没有职权依据。

一审法院认为，根据《行政诉讼法》第 34 条"被告对作出的行政行为负有举证责任，应当提供作出该行政行为的证据和所依据的规范性文件。被告不提供或者无正当理由逾期提供证据，视为没有相应证据……"的规定，卫滨分局举证时，除应提供作出行政行为时的证据，还应提供行政行为所依据的规范性文件，规范性文件不属于证据范畴，不适用证据规则，因此也不适用举证责任制度。二审法院认为，卫滨分局在案涉行政处罚决定书中已写明其作出行政处罚所依据的规范性文件，该规范性文件并不属于证据，而是法院认定行政机关适用法律是否正确的基础，故某餐饮公司认为卫滨分局未在举证期限内提交规范性文件应承担没有规范性文件后果的主张，不予支持。

【主要法律问题】

1. 行政机关作出行政行为所依据的规范性文件是否属于证据？
2. 行政机关作出行政行为的依据和证据有何区别与联系？

【主要法律依据】

《行政诉讼法》第 33 条、第 34 条。

---

❶ 新乡市中级人民法院（2018）豫 07 行终 319 号行政判决书；卫辉市人民法院（2018）豫 0781 行初 32 号行政判决书。

【理论分析】

《民事诉讼法》与《行政诉讼法》都没有明确规定证据的概念，只是列举了证据的种类。最高人民法院关于证据若干问题的规定中也没有给出界定诉讼证据的意见，而是更多聚焦于证据材料这一概念。《刑事诉讼法》（1996 年）对证据的定义为"证明案件真实情况的一切事实，都是证据"。所以，理论界与实务界对证据的定义大多落脚为事实，形成了"事实说"。"事实说"主张诉讼证据是司法人员在诉讼过程中用以证明案件真实情况的各种事实，❶ 更有部分学者强调了诉讼证据是证明案件真实情况的客观事实。❷ 在"事实说"之下，证据与证据材料是应当区分的两个概念：实践中，从诉讼证明的过程来看，在收集、保全、审查、判断等几个"证据"运用的阶段中，通常所说的"证据"实际是指证据材料，唯有在被采信作为定案根据之后，这种"证据"才是我们所说的证据；从诉讼阶段来看，诉前、起诉、质证等几个阶段中的"证据"是指证据材料，判决阶段的"证据"才是我们所说的"证据"。❸《刑事诉讼法》（2012年）首次明确肯定了"材料说"，将证据界定为可以证明案件事实的材料。通过《民事诉讼法》与《刑事诉讼法》以及最高人民法院制定的关于诉讼证据问题的规定可知，诉讼制度中的证据概念并没有严格按照不同证明过程或诉讼阶段进行区分，凡是能够证明案件事实的材料都统称为"证据"或"证据材料"。

《行政诉讼法》第 34 条规定："被告对作出的行政行为负有举证责任，应当提供作出该行政行为的证据和所依据的规范性文件。"行政诉讼往往因事实问题或法律适用问题或二者同时存在争议而引发，因此，有学者主张行政诉讼的证据不应排除"依据"，作出具体行政行为的证据和所依据的规范性文件均属被告举证事项，或者说均为被告应提供的证据，它们实际上分别是指具体行政行为的事实根据和规范性文件依据。❹ 必须明确的是，行政诉讼证据相较于民事诉讼与刑事诉讼证据，具有一定的特殊性，主要在于法院对行政行为合法性的全面审查，其中必然涉及行政机关的职权依据。结合行政机关无法提供法律依据需承担败诉风险的法律规定，将行政行为的依据纳入行政诉讼证据范畴是符合行政诉讼制度要求的。

【思考题】

1. 行政诉讼证据与民事诉讼证据、刑事诉讼证据有何区别？
2. 将行政行为的依据作为证据是否违反证据的基本原理？

---

❶ 陈一云. 证据学 [M]. 北京：中国人民大学出版社，1991：104.

❷ 江伟主. 证据法学 [M]. 北京：法律出版社，1999：206.

❸ 李文杰，罗文禄，袁林，等. 证据法学 [M]. 成都：四川人民出版社，2005：103.

❹ 赵清林，杨小斌. 规范性文件依据也是行政诉讼证据——兼与甘雯先生商榷 [J]. 行政法学研究，2002（03）：60-64.

案例二 马某与郑州市金水区人民政府行政赔偿案❶

【基本案情】

马某在郑州市金水区柳林镇祁圪垱新区×号楼N单元拥有合法房屋,该房屋在金水区东动车所改扩建工程征地拆迁范围之内。2018年8月7日马某的上述房屋被强制拆除。2019年8月24日,马某向金水区人民政府提出国家赔偿申请。2019年10月11日,金水区人民政府作出金政(赔偿)字〔2019〕第36号《国家赔偿决定书》,决定对马某被拆除的房屋部分赔偿损失969200.00元,对其所称物品损失、精神损失费、房屋租金损失等费用不予赔偿。

诉讼程序中,马某提交了以下证据。第一组:1. 关于马某等8人政府信息公开申请的回复。2. 杨金片区房屋均价证明材料。3. 置换协议。该组证据证明马某房屋系政府统一规划的安置房,该房屋的合法面积,以及周边房屋均价及商铺价格。第二组:1. 照片一组。2. 财产损失清单。该组证据证明房屋被强拆后产生的物品损失。第三组:1.《金水区东动车所改扩建工程征地拆迁暨宋庄祁圪垱合村并城项目拆迁补偿安置方案》(以下简称《补偿安置方案》)。2.《金水区东动车所改扩建工程征地拆迁暨宋庄祁圪垱合村并城项目拆迁补偿安置补充标准》(以下简称《补偿安置补充标准》)。3. 致马林村(宋庄及祁圪垱)村民的一封信。该组证据证明金水区人民政府应按照补偿安置方案中规定的标准赔偿马某的各项补偿利益。第四组:郑州铁路运输中级人民法院(2018)豫71行初990号行政判决、河南省高级人民法院(2019)豫行终252号行政判决。该组证据证明金水区人民政府的强拆行为已经被法院确认违法,应当依法承担赔偿责任。

金水区人民政府提交了以下证据。第一组:1.《实施协议》。2.《补偿安置方案》及《补偿安置补充标准》。3. 国家赔偿申请书、金政(赔偿)字〔2019〕第36号《国家赔偿决定书》。该组证据证明,金水区人民政府作为郑万铁路郑州段建设征地拆迁工作项目的实施主体,依照马某的赔偿申请依法作出的《国家赔偿决定书》认定事实清楚,且主体、程序及内容均合法。第二组:4. 国务院关于郑州市城市总体规划的批复,国函〔2010〕80号文。5. 郑州市城市总体规划图。6. 核实资产价值估值报告。该组证据证明,案涉房屋所在土地是集体土地,不在城市规划范围内,其房屋价值不应参照国有土地上房屋补偿标准进行补偿。金水区人民政府依法选择了有相关资质的评估机构,对固定资产(房屋建筑物)进行了评估,马某的房屋赔偿金已得到充分保障。第三组:7. 搬家合同、付款凭证、集中搬迁情况说明书。8. 拆迁现场视频。该组证据证明,马某房屋内的物品已整理打包,由指挥部安排搬家公司将其财产搬离,

---

❶ 郑州市中级人民法院(2019)豫01行赔初102号行政赔偿判决书。

强制拆迁的行为并没有给马某造成物品损失及人身损害，马某的其他赔偿请求没有事实和法律依据，不应予以支持。

郑州市中级人民法院认为，对于马某的第二组证据，其中证据 1、2 能反映涉案房屋拆除前后的情况，予以采信；证据 3 财产损失清单系马某制作的对相关赔偿请求的细化列举，不属于证据，不作为证据采信。金水区人民政府的证据 1、2 与本案缺乏关联性，不予采信；证据 4、5 与本案缺乏关联性，不予采信；证据 6 系金水区人民政府单方委托制作，不符合证据的法定要求，不予采信；证据 7 与本案缺乏关联性，不予采信；证据 8 中的视频无法与涉案房屋进行区分对照，本院不予采信。

【主要法律问题】

1. 诉讼主体一方的单方陈述、情况说明是否均不能作为证据使用？
2. 法院应从哪些方面审查证据的真实性、关联性与合法性？

【主要法律依据】

1.《最高人民法院关于行政诉讼证据若干问题的规定》第 10 条、第 19 条、第 54 条、第 55 条、第 56 条；
2.《最高人民法院关于适用〈中华人民共和国行政诉讼法〉的解释》第 39 条、第 42 条、第 43 条、第 45 条、第 46 条。

【理论分析】

证据属性是判断证据资格的标准，即一项材料只有具备了证据属性才能称之为证据。关于证据的基本属性一直以来有"两性说"与"三性说"的争议。持两性说者认为，证据具有客观性与相关性两种属性；持三性说者则认为，证据具有客观性、相关性和法律性三种属性。❶ 证据的客观性是指证据应该是客观存在的，包含证据内容必须反映客观事物与证据形式必须客观存在两个方面。客观属性因与认识的主观性相矛盾而备受质疑并逐渐被真实性所取代，真实性与关联性、合法性共同构成了证据的三种属性。

证据的真实性即证据内容与来源必须真实可信，不得随意捏造、虚构。长期以来，真实性与客观性是等同的，这是源自大众"真实存在即客观存在"的朴素观念。证据并不是纯粹客观的存在，其形成与展现必然会受到人的主观认识影响。例如证人证言与当事人的陈述，都带有明显的主观色彩。证据材料虽然是客观存在，但其本身即客观存在的反映。为强调证据的客观性而去追究客观存在的原本形态，容易使人陷入无尽的认识循环而无法精准锁定证据的特征。因此，从认识论的角度看，证据既然反映客观存在，就必然意味着证据具有真实性。真实性要求证据必须真实呈现案件事实的

---

❶ 卞建林. 证据法学［M］. 北京：中国政法大学出版社，2000：78.

原貌，以达到"事实清楚"的裁判标准。

证据的合法性又称法律性，指证据必须是按照法律要求和法定程序而形成的材料。具体而言，第一，证据必须由法定人员依照法定的程序和方法收集或提供。行政诉讼中对行政机关有举证期限的要求，对行政机关收集、提供证据也有程序上的要求，如行政机关原则上只能提供作出行政行为时收集到的证据。《最高人民法院关于行政诉讼证据若干问题的规定》第 58 条规定："以违反法律禁止性规定或者侵犯他人合法权益的方法取得的证据，不能作为认定案件事实的依据。"第二，证据必须有合法的形式。《行政诉讼法》规定的证据形式有八种：书证；物证；视听资料；电子数据；证人证言；当事人的陈述；鉴定意见；勘验笔录、现场笔录。持此之外任何形式的材料都因缺乏合法形式而不能成为证据，即便是以上八种形式的证据材料也应当符合特定证据形式的相应要求，如勘验笔录必须有勘验人的签章。第三，证据的来源必须是合法的。鉴定意见应当由具备鉴定资质的主体出具，证人证言必须来源于证人的自愿陈述而不能是受胁迫形成。

证据的关联性是指证据必须与待证明的案件事实之间具有一定联系。其内涵要求证据能够证明待证事实的全部或一部分，也能够证明待证事实的存在或不存在。一般认为，如果所提出的证据有助于认定案件中的某个有争论的问题，那么，该证据就具有关联性。[1] 证据理论中的证据关联属性问题在国外也备受关注，英美法系国家与大陆法系国家都有关于证据关联性的具体法律规定。我国也逐渐出现将证据关联性作为证据根本属性的学术观点，有学者对"证据客观说"的生成原因与现实危害进行了系统的剖析和批判，提出了相关性才是证据的根本属性的观点。[2] 根据证据与待证事实之间关联性的大小，证据被分为直接证据与间接证据，而真实性与合法性均不构成划分证据种类的标准，这也充分说明证据关联性的重要意义。事实上，证据的真实性与合法性都有明确的认定标准，而关联性的认定则需进行严谨的逻辑推理，在证据的收集、举证、质证与认证活动中难度较大。

【思考题】

1. 行政机关出具的情况说明是否属于证据？

2. 是否有必要争论证据的本质属性？证据的真实性、关联性与合法性哪个才是证据的本质属性？

---

[1] 罗远祥，朱道华. 论证据的关联性——证据的唯一特性 [J]. 广西政法管理干部学院学报，2000（03）：43-45.

[2] 张保生，阳平. 证据客观性批判 [J]. 清华法学，2019，13（06）：26-60.

第二节　证据的形式与要求

根据《行政诉讼法》第33条规定，行政诉讼证据的形式共有八种：书证；物证；视听资料；电子数据；证人证言；当事人的陈述；鉴定意见；勘验笔录、现场笔录。证据的分类不同于证据形式，根据证据的证明力和证据特点，以及证据运用规则，我国学理上与实践中习惯依据不同的标准把证据分为原始证据与传来证据、直接证据与间接证据、本证与反证、言词证据与实物证据等不同类别。

案例一　李某诉黑龙江省农垦总局、黑龙江省人民政府劳动教养决定并行政复议案[1]

【基本案情】

2004年11月至2005年7月，李某因土地承包、恢复职工身份并接续工龄等问题，多次上访，上访中不听劝阻，无理纠缠，严重扰乱国家机关的正常工作秩序。在多次对其行政处罚未果的情况下，2009年12月14日，宝泉岭公安分局组织劳教决定前的聆讯。2009年12月21日，黑龙江省农垦总局劳动教养管理委员会作出农教决字〔2009〕第6号劳动教养决定（以下简称6号劳教决定），依据《劳动教养试行办法》第10条第5项之规定，决定对李某劳动教养两年。李某不服6号劳教决定向黑龙江省劳动教养管理委员会申请行政复议，复议决定维持了6号劳教决定。2015年7月20日，李某提起行政诉讼，请求撤销6号劳教决定及行政复议决定。案件审理过程中，黑龙江省农垦总局提供的2009年11月至12月对李某以及与其共同进京上访的邱某、宋某、省农垦总局某农场的工作人员等人的询问笔录，以及鹤岗市驻京信访工作组出具的工作说明等证据，是认定李某非正常信访的证据。

经过一审、二审裁判后，李某主张作为6号劳教决定证据的鹤岗市证人证言未经庭审质证，并向最高人民法院申请再审。最高人民法院认为，《最高人民法院关于行政诉讼证据若干问题的规定》第41条第1款规定："凡是知道案件事实的人，都有出庭作证的义务"；第63条第8项规定："出庭作证的证人证言优于未出庭作证的证人证言"。也即，出庭作证是证人的法定义务，但是，并非所有证人必须出庭作证，只是未出庭作证的证人证言效力低于出庭证人证言的效力。相关证人证言仅是作为认定案件事实的补强证据，不通知证人到庭的，不违反行政诉讼证据采信规则。询问笔录是认定本案事实的主要证据，鹤岗市驻京信访工作组出具的工作说明仅是补强证据，即便

---

[1]　最高人民法院（2016）最高法行申4092号行政裁定书。

是将工作说明认定为证人证言，作为认定案件事实的补强证据，证人未出庭作证并不影响该证据的补强证明效力。同时还认为，根据《最高人民法院关于行政诉讼证据若干问题的规定》第13条规定，证人证言的主体通常应当是自然人，而非法人或其他组织。因为，只有自然人才能直接感知实务，并将自己亲历的事实复述出来，成为证人证言。法人或其他组织出具的有关案件事实的情况说明，实质上是在对相关证人证言以及其他相关证据进行核实的基础上自行认定的事实，应当属于书证的范畴，不属于证人证言。

【主要法律问题】

1. 书证与证人证言的差别与联系有哪些？
2. 如何认定证人证言的真实性、关联性与合法性？

【主要法律依据】

1.《行政诉讼法》第33条；
2.《最高人民法院关于行政诉讼证据若干问题的规定》第13条、第41条、第63条。

【理论分析】

书证是行政诉讼中较为常见的一种证据形式，因为行政机关作出行政行为的结果通常是以各种书面文书为载体实现的，而行政执法过程也遵循卷宗制度，要求以书面形式固定行政执法过程。虽然书证与物证都表现为一定的实物，但是书证是以其记载的内容和表达的思想来证明案件事实，而物证则以事物的外部特征、属性或存在状态证明案件事实。正因如此，书证具有稳定性、直接性的证明特征，在诉讼过程中应用十分广泛。《最高人民法院关于行政诉讼证据若干问题的规定》第10条规定："当事人向人民法院提供书证的，应当符合下列要求：（一）提供书证的原件，原本、正本和副本均属于书证的原件。提供原件确有困难的，可以提供与原件核对无误的复印件、照片、节录本；（二）提供由有关部门保管的书证原件的复制件、影印件或者抄录件的，应当注明出处，经该部门核对无异后加盖其印章；（三）提供报表、图纸、会计账册、专业技术资料、科技文献等书证的，应当附有说明材料；（四）被告提供的被诉具体行政行为所依据的询问、陈述、谈话类笔录，应当有行政执法人员、被询问人、陈述人、谈话人签名或者盖章。法律、法规、司法解释和规章对书证的制作形式另有规定的，从其规定。"

物证是指以其外部特征、存在状态、物质属性等来证明案件事实的一切物品和痕迹。根据《最高人民法院关于行政诉讼证据若干问题的规定》第11条规定："当事人向人民法院提供物证的，应当符合下列要求：（一）提供原物。提供原物确有困难的，可以提供与原物核对无误的复制件或者证明该物证的照片、录像等其他证据；（二）原物为数量较多的种类物的，提供其中的一部分。"物证与书证、证人证言不同，其具体表现为特定的实物或者痕迹，属于实物证据的范畴。物证没有思想内容，物品本身即是证据。因此如果一件物品上记载有文字等信息并且这些信息是认定案件事实的依据，那么该物品虽然属于实物，具备物证的初步特征，但因其不以物的外部特征、存在状态、物质属性为证明依据，该物品也不能成为物证。物证对待证事实的证明作用通常具有间接性和不明显性。物证不能自明其义，只有经过人的能动作用去发现、解读物证与待证事实之间的联系。为了增强物证认证过程中的可信力与有效性，提交物证时一般要求必须提供物证原件，特殊情况下才能提供与原物核对无误的复制件或者证明该物证的照片、录像等其他证据。

证人证言是指除当事人以外的自然人对案件事实所作的陈述。形式上，证人证言既可以是证人的口头形式，也可以以文字方式呈现出来，为了固定证人证言以便日后查证，目前行政诉讼中对证人证言一般都会要求将之形成文字并由证人签字确认。证人证言以证人的感知为存在的内在前提，因此不仅证人具有不可替代性（因为人的感知不能被替代），而且不能正确表达其意志的人也不能成为证人。相应地，证人证言的主观性比较强，对证人证言的审查需要法官具备辨别真伪的能力。这并不意味着证人证言是证人的"一面之词"，而是由于证人本身感受能力随着记忆能力、表达能力等综合因素的不同存在不确定性，使得证人证言无法像视听资料与电子数据一样持续稳定地固定下来。为了保证证人如实作证，《最高人民法院关于行政诉讼证据若干问题的规定》第45条明确规定法庭应当在证人出庭作证前告知其诚实作证的法律义务和作伪证的法律责任。当事人陈述与证人相比，同为对案件事实所作的说明，唯一的不同在于二者的陈述主体前者只能是当事人本人，而后者是除当事人之外的其他人。

【思考题】

1. 行政机关制作、提交的询问笔录与证人证言、书证等其他形式的证据相比，是否具有较强的证明力？

2. 根据法律规定，证据形式的划分依据是什么？目前的证据形式划分是否合理？

案例二　魏某诉安阳市龙安区公安消防大队公安行政管理案[1]

【基本案情】

2013年10月9日，安阳市消防指挥中心接到报警，位于安阳市安彩大道中段的安阳市某木业有限责任公司李某租赁的生产车间发生火灾。过火面积约900平方米，火

---

[1] 安阳市中级人民法院（2016）豫05行终218号行政裁定书；安阳市殷都区人民法院（2016）豫0505行初30号行政裁定书。

灾烧毁该车间及内部机器、棕垫等。2013 年 12 月 27 日，龙安区消防大队对火灾的起火原因作出龙公消火认字〔2013〕第 0003 号火灾事故认定书，安阳市公安消防支队于 2014 年 3 月 10 日作出的安公消火复字〔2014〕第 0001 号火灾事故复核决定书，对龙公消火认字〔2013〕第 0003 号火灾事故认定书予以维持。2014 年 12 月 31 日，安阳市公安局龙祥分局对此火灾以失火案立案，龙安区公安消防大队于 2015 年 5 月 5 日对火灾起火点和起火原因作出龙公消火补认字〔2015〕第 0001 号火灾事故补充认定书，安阳市公安消防支队于 2015 年 6 月 9 日作出的安公消火复字〔2015〕第 0003 号火灾事故复核决定书，对龙公消火补认字〔2015〕第 0001 号火灾事故补充认定书认定结论予以维持。魏某不服龙公消火补认字〔2015〕第 0001 号火灾事故补充认定书认定结论，遂提起行政诉讼，要求撤销该认定结论。

安阳市殷都区人民法院认为，《消防法》第 51 条第 3 款规定："公安机关消防机构制作的火灾事故认定书，作为处理火灾事故的证据"，因此，公安消防机构作出的火灾事故认定书认定仅是从专业角度对火灾的起因作出说明，属于证据的一种，本案中，被告因公安机关失火案立案的侦查需要，对起火点和起火原因作出龙公消火补认字〔2015〕第 0001 号火灾事故补充认定书，仍属于证据的一种，不是行政法意义上的具体行政行为。故裁定驳回了魏某的起诉。魏某不服一审裁定向安阳市中级人民法院上诉，二审法院认为，火灾事故认定是公安消防部门对火灾事故起火的原因进行分析、判断后作出的结论，其内容仅涉及火灾事故发生的时间、地点及起火原因等，未增设或减损当事人的权利、义务。魏某称被诉火灾事故认定对其合法权益产生实际影响、具有可诉性的上诉理由，没有事实根据和法律依据，故而驳回魏某的上诉，维持一审裁定。

【主要法律问题】

1. 火灾事故认定书属于证据还是具体行政行为？

2. 在证据分类上，火灾事故认定书属于哪一种证据类型？

3. 本案中的火灾事故认定书证明的对象是火灾事故存在的事实，还是火灾事故发生的原因？

4. 火灾事故认定书作为证据，其证明力如何？

【主要法律依据】

1. 《消防法》第 51 条第 3 款；

2. 《道路交通安全法》第 73 条；

3. 《医疗事故处理条例》第 20 条、第 21 条、第 22 条。

【理论分析】

公安消防机构作出的火灾事故认定书认定是从专业角度对火灾起因作出的说明，属于证据的一种。与火灾事故认定书一样，日常生活中存在大量交通事故认定书、医疗事故技术鉴定书等专业性认定意见。这些意见往往由专业的行政机构出具，并由部门法具体规定认定方法。《消防法》与《道路交通安全法》都有明确的条文规定认定书的性质，即证据。《医疗事故处理条例》虽然没有规定医疗事故技术鉴定书是证据的一种，但是明确规定当事人对首次医疗事故技术鉴定结论不服的，可以自收到首次鉴定结论之日起 15 日内向医疗机构所在地卫生行政部门提出再次鉴定的申请，没有关于当事人不服医疗事故技术鉴定书可以提起行政诉讼的规定。由此可见，医疗事故技术鉴定本质上也属于证据，而非具体行政行为。

专业认定意见会对行政机关或者司法人员产生较强的说服力，促使最终认定的形成，但是其并不因此具备直接影响当事人权益的法律效力，因此不属于行政行为。从证据的形式上看，专业认定意见更加符合鉴定意见的特征。鉴定意见一般被认为是鉴定人接受委托或聘请，运用自己的专门知识或技能，对案件中某些专门性问题进行分析、判断后作出的结论性意见。❶ 与其他证据形式相比，鉴定意见的专业性无疑大大增强了其可信度。因此，在行政诉讼中，对于被告向法院提供的在行政程序中采用的鉴定结论和法院委托的鉴定部门作出的鉴定结论，除非存在鉴定部门或者鉴定人不具有相应的鉴定资格、鉴定程序严重违法、鉴定结论明显依据不足等明显不能作为证据使用的情形，一般情况下法院会选择尊重鉴定意见的有效性。

【思考题】

1. 法院在什么情况下可以推翻火灾事故认定书的结论？

2. 消防管理部门依据火灾事故认定书结论对当事人进行了行政处罚，能否据此判断火灾事故认定书对当事人的权益产生了实际影响？

第三节 举证责任分配

行政诉讼以对行政行为的合法性审查为主线，被告（行政机关）对作出的行政行为负有举证责任。除此之外，在行政事实行为之诉、行政机关不履行法定职责之诉与行政赔偿之诉中，原告也承担初步举证责任。在以非单方行政行为为对象的诉讼程序中，以原被告各自的主张为依据，按照"谁主张、谁举证"的原则分配举证责任。因此，通说认为行政诉讼在举证责任的分配上形成了以被告举证为主、多元举证主体并存的举证责任分配规则。

---

❶ 何家弘. 新编证据法学 [M]. 北京：法律出版社，2000：242.

案例一 辽宁省凌源市松岭子镇东道村东庄村民组诉辽宁省朝阳市人民政府行政复议案❶

【基本案情】

2012 年 10 月 17 日，辽宁省凌源市人民政府（以下简称凌源市政府）为凌源市松岭子镇东道村东庄村民组（以下简称东庄组）核发了凌林证字〔2012〕第 N 号《林权证》（以下简称涉案林权证）。张某称涉案林权证第五部分林地登记的四至范围将其使用的矿区用地包括在内，于 2017 年 6 月 28 日向辽宁省朝阳市人民政府（以下简称朝阳市政府）提出行政复议申请，要求撤销涉案林权证中 N5 的登记内容。2017 年 8 月 17 日，朝阳市政府认为"凌源市人民政府未能就为东庄核发林权证合法性提供任何证据"，作出朝政行复字第〔2017〕60 号行政复议决定（以下简称被诉复议决定），撤销涉案林权证的登记内容。东庄组不服该复议决定，提起行政诉讼。诉讼期间，东庄组提供了核发涉案林权证的证据，一审法院以朝阳市政府不考虑东庄组提供的证据，未对发证行为进行全面审查为由，判决撤销该复议决定。二审法院维持一审判决。张某向最高人民法院申请再审，称即使凌源市政府核发涉案林权证有证据佐证，但因林地权属存在争议，林权登记未经公示的情况下，也仍存在事实不清、证据不足的问题，也应该撤销该林权证。因此，请求撤销一、二审行政判决，改判驳回东庄组的诉讼请求。

最高人民法院认为，行政复议与行政诉讼的立法目的都是纠正违法行政行为，保护合法权益，监督依法行政。在对原行政行为合法性审查标准上，行政复议与行政诉讼也是一致的，以促进行政复议与行政诉讼的有效衔接。按行政案件的一般证据规则，举证责任由被告即行政机关承担，被告因不提供或无正当理由逾期提供证据而败诉，是被告违反证据规则的法律制裁，但当被诉行政行为涉及第三人合法权益时，为保护第三人在被告不举证情况下的合法权益，《行政诉讼法》第 34 条第 2 款增加了第三人的举证权利。因此，被告不举证或逾期举证，法院不能简单地判决被告败诉，复议机关也不能简单地决定撤销原行政行为。本案中，凌源市政府未能在行政复议程序中提交证明颁发涉案林权证合法性的林权登记档案等证据材料，但涉案林权证的所有权权利人系东庄组，不考虑东庄组提交的证据，未对发证行为合法性进行全面审查的情况下，只因凌源市政府未能提供相关证据而认定发证行为无证据、依据并予以撤销，有违基本法理。原审法院在审理中亦进行了法律宣传与提醒，以期当事人审慎、妥善化解行政争议。最高人民法院驳回了张某的再审申请。

---

❶ 最高人民法院（2020）最高法行申 154 号行政裁定书；辽宁省高级人民法院（2019）辽行终 1032 号行政判决书。

【主要法律问题】

1. 凌源市政府在复议期间未提供颁发涉案林权证的相应证据，是否需要承担举证不能的责任？

2. 东庄组提供证据的行为能否免除凌源市政府的举证责任？

3. 行政机关未能承担举证责任的是否一律视为行政行为没有事实依据和法律依据？

【主要法律依据】

1.《行政诉讼法》第 34 条、第 37 条、第 38 条；

2.《最高人民法院关于适用〈中华人民共和国行政诉讼法〉的解释》第 135 条；

3.《最高人民法院关于行政诉讼证据若干问题的规定》第 1 条、第 2 条、第 3 条、第 6 条。

【理论分析】

行政诉讼中被告对其所作出的行政行为负有举证责任，主要包括三点：第一，在举证主体上，被诉行政行为的合法性应当由行政机关负责证明，即便第三人等其他主体提供了证明行政行为合法性的证据，也不免除行政机关的证明义务。当行政机关不能提供作出行政行为所依据的事实材料和法律根据时，应当承担举证不能的责任。除非被诉行政行为涉及第三人合法权益，而第三人已经提供了证据，法院为了保障第三人合法权益或者维护公共秩序，不会因行政机关未承担举证责任而轻易否定行政行为的合法性。第二，在程序上，法院通过行政机关举证期限制度明确行政机关的举证责任。《行政诉讼法》第 34 条和《最高人民法院关于行政诉讼证据若干问题的规定》第 1 条规定，行政机关提供作出行政行为时的证据材料，应当自收到起诉状副本之日起十日内提交。被告不提供或者无正当理由逾期提供证据的，视为被诉具体行政行为没有相应的证据。第三，在结果上，行政机关不承担举证责任往往伴随着需要承担举证不能的法律后果。这种后果一般情况下表现为法院认定被诉行政行为没有事实和法律依据，从而导致行政机关败诉。

【思考题】

1. 行政诉讼中被告承担举证责任的含义是什么？

2. 举证责任与证明责任的区别与联系是什么？

案例二　李某诉郑州市二七区人民政府、第三人张某撤销拆迁安置补偿协议案❶

【基本案情】

2004 年 1 月 15 日，荆胡村某村民组作为甲方与李某（乙方）签订《承包合同》，主要约定：该村民组将村东头荒地 0.243 亩，承包给乙方自主使用。2009 年 3 月 30 日，李某及荆某作为甲方与乙方张某签订《协议书》，主要约定：甲方将原承包荆胡村东头荒地 0.243 亩转让给乙方，本协议期内如遇国家集体征用土地，甲乙双方应积极配合，土地赔偿款归荆胡村某村民组，建筑物附属物的赔偿归乙方所有，与甲方无关。2010 年 6 月，郑州市二七区荆胡社区改造开发项目指挥部对张某承包宅院面积及所建房屋的建筑面积、安置房面积予以核算、审核、确认，双方于 2010 年 7 月 19 日签订《安置房屋折价抵偿协议》。李某以补偿对象错误为由，诉请撤销郑州市二七区荆胡社区改造开发项目指挥部与第三人张某签订的补偿协议，而对其进行补偿。

一审法院认为，行政机关对于自己具有法定职权、履行法定程序、履行相应法定职责以及订立、履行、变更、解除行政协议等行为的合法性承担举证责任。原告主张撤销行政协议的，对撤销行政协议的事由承担举证责任。原告认为行政协议存在胁迫、欺诈、重大误解、显失公平等情形而请求撤销，法院经审理认为符合法律规定可撤销情形的，可以依法判决撤销该协议。张某与李某、荆某二人就转让承包的荒地所签订的协议书效力的真实性已经法院生效判决予以确认，张某已取得涉案承包地的土地使用权，故郑州市二七区荆胡社区改造开发项目指挥部与张某签订上述协议，认可张某的受偿主体身份，针对张某在涉案承包地上的附属物进行补偿，合法有据。一审驳回了李某的诉讼请求，李某不服，提起上诉，二审法院与一审判决认定一致。

【主要法律问题】

1. 行政协议案件中，举证责任应如何分配？
2. 行政协议案件与具体行政行为案件的举证责任有何差别？

【主要法律依据】

《最高人民法院关于审理行政协议案件若干问题的规定》第 10 条。

【理论分析】

《最高人民法院关于审理行政协议案件若干问题的规定》第 10 条规定："被告对于

---

❶　郑州市中级人民法院（2021）豫 01 行初 124 号行政判决书。

自己具有法定职权、履行法定程序、履行相应法定职责以及订立、履行、变更、解除行政协议等行为的合法性承担举证责任。原告主张撤销、解除行政协议的，对撤销、解除行政协议的事由承担举证责任。对行政协议是否履行发生争议的，由负有履行义务的当事人承担举证责任。"行政协议案件的举证责任分配规则不同于普通的行政案件，这是由行政协议的双重属性决定的。尽管关于行政协议双重属性的主次之争从未停止，但是行政协议同时具有"契约性"与"行政性"双重属性已经成为学界主流观点。为了适应行政协议案件的审理需求，《最高人民法院关于审理行政协议案若干问题的规定》以司法解释的形式，从行政协议案件受理范围、举证责任分配、法律规定适用、判决方式等方面作出了单独规定。根据《最高人民法院关于审理行政协议案件若干问题的规定》第 10 条规定的内容可知，行政机关对于"被告具有法定职权、履行法定程序、履行相应职责"这三个关系行政协议效力的方面，承担举证责任；行政机关对于"被告变更、解除行政协议"这两个行政机关行使行政优益权的行为，承担举证责任；行政机关对于其"订立、履行行政协议"的行为，承担举证责任。主张撤销、解除行政协议的，对撤销、解除行政协议的事由承担举证责任。《最高人民法院关于审理行政协议案件若干问题的规定》开辟了一条根据行政协议与行政协议行为类型区别设置举证规则的道路。

【思考题】

将行政协议案件拆分为协议效力争议、优益权行为争议与自治行为争议，根据以上分类安排举证责任分配是否具备合理性？

案例三 某商贸开发公司诉新疆维吾尔自治区托克逊县住房和城乡建设局行政赔偿案❶

【基本案情】

2006 年 5 月 29 日，新疆维吾尔自治区托克逊县住房和城乡建设局（以下简称托克逊县住建局）向案涉拆迁房屋所有权人吐鲁番地区某商贸开发公司（以下简称某商贸公司）和租赁其商铺的经营户发出了拆迁通知，告知了具体拆迁事项、搬迁时间（2006 年 5 月 30 日至 6 月 5 日）和解决拆迁协议中存在的异议的方式。托克逊县住建局经过与租赁该公司商铺的经营户协商达成了补偿协议，于 2006 年 6 月 27 日起对 11 户进行了现金补偿，共支付拆迁补偿费 183200 元。由于某商贸公司和托克逊县住建局对拆迁认识差异较大，双方未达成拆迁补偿协议，该公司也未按拆迁通知规定的期限搬迁。为确保县整体改扩建工作进度，托克逊县住建局于 2006 年 6 月 1 日至 6 日将该

---

❶ 新疆维吾尔自治区高级人民法院（2020）新行终 14 号行政判决书。

公司的拆迁房产委托给有资质的部门进行评估。经评估，该公司的拆迁房产在评估时价值是 225 万元。2006 年 6 月 8 日，托克逊县住建局将《房地产估价报告》送达某商贸公司，该公司拒收。托克逊县住建局执行留置送达。2006 年 6 月 14 日至 8 月 10 日，托克逊县住建局依据《新疆维吾尔自治区实施〈城市房屋拆迁管理条例〉细则》第 12 条规定，对某商贸公司实施了强制拆迁。托克逊县住建局于 2013 年 5 月 21 日作出托建赔字〔2013〕第 01 号行政赔偿决定书，决定赔偿某商贸公司 225 万元。该公司提起行政诉讼，诉请依法撤销此行政赔偿决定书，判令托克逊县人民政府、托克逊县住建局赔偿因违法强拆某商贸公司合法房产造成的直接经济损失共计 54145791 元。

一审法院认为由于托克逊县住建局强制拆迁，涉案房屋灭失，导致某商贸公司无法就损害情况举证，故托克逊县住建局应当就损害情况承担举证责任。二审法院认为，《行政诉讼法》第 38 条第 2 款规定："在行政赔偿、补偿的案件中，原告应当对行政行为造成的损害提供证据。因被告的原因导致原告无法举证的，由被告承担举证责任。"本案中，因托克逊县住建局拆除某商贸公司涉案房屋过程中存在程序违法的情形，导致该公司在请求赔偿时，无法充分举证证明毁损灭失的财产数量及价值，托克逊县住建局应当对其强制拆除行为造成的财产损失承担举证责任，但这并不是完全免除了该公司的所有举证责任。经对举证难易程度、举证人与证据的关系及举证能力大小进行综合考量，为更有利于查明案件基本事实，某商贸公司在其能力范围内，有义务提交其能够留存或取得的证据。在该公司已尽合理努力并穷尽其举证能力的情况下，应当根据案件具体情况，运用逻辑推理和生活经验，经对现有证据进行全面、客观和公正地分析判断后，对该公司主张损失的合理性进行综合分析，依法对损害作出认定。

【主要法律问题】

1. 行政赔偿案件中应当如何分配举证责任？
2. 行政赔偿诉讼中是否应当遵循民事诉讼"谁主张、谁举证"的举证责任分配原则？

【主要法律依据】

1. 《行政诉讼法》第 38 条第 2 款；
2. 《最高人民法院关于适用〈中华人民共和国行政诉讼法〉的解释》第 47 条；
3. 《最高人民法院关于行政诉讼证据若干问题的规定》第 5 条；
4. 《国家赔偿法》第 15 条。

【理论分析】

与被告承担举证责任的行政行为诉讼不同的是，《行政诉讼法》第 38 条第 2 款确立了原告举证的证据规则。从法律规定及实践规则看，行政赔偿案件中原告的举证范围包括：证明行政机关损害行为或事实存在；证明损害结果的存在；证明行政机关损害行为或事实与损害结果之间具有因果关系。其中，损害结果的证明范围体现为当事人应当对损害大小、程度承担举证责任。例外情况是，因被告原因导致原告无法举证的，举证责任由被告承担。这并不意味着因被告原因导致原告无法举证，被告也无法就以上内容承担举证责任时，就必然引发行政机关败诉或法院支持原告诉请的结果。因此，即便存在因被告原因导致原告无法举证的情形，原告也应当对其赔偿主张承担一定程度的举证责任，在足以令法官信服的前提下，才能实现原告的赔偿请求。

有学者主张应当区分行政赔偿诉讼中原告的举证责任，认为原告的举证责任分为两种情形，第一种情况是原告既承担主观举证责任，也承担客观举证责任。在原告举证能力没有因被告而受到阻碍的一般情况下，原告提出赔偿主张，其对损害的事实最为清楚，应该承担举证责任，需要证明是否有损害以及损害的价值；除此之外，原告也应该证明符合起诉条件。❶ 也有学者提出，行政赔偿诉讼在法治机理、司法推理进程与审判内容、证据规则等方面与司法审查体制中的行政诉讼显然不同，在本质上更接近于民事侵权赔偿诉讼。因此应当改变传统观念，依照行政赔偿诉讼的民事诉讼本质来重构行政赔偿诉讼制度，建立区别于行政诉讼的行政赔偿诉讼类型。❷ 在这种情况下，行政赔偿诉讼的举证责任分配应当参照民事侵权诉讼，引入"谁主张、谁举证"的规则。行政赔偿诉讼与民事侵权诉讼在构造原理上存在一定的相通性，但目前来看，当事人仍然处于弱势地位，如果按照"谁主张、谁举证"的规则分配举证责任，会造成当事人寻求行政赔偿救济的困难。因此，在赔偿理念上可以借鉴民事侵权赔偿的思路，如损失范围的界定、因果关系的认定。但是在举证责任分配上，还是应当在现有的"原告举证+例外情况下被告承担举证责任"的模式上，适当倾向保护原告权益，降低原告救济难度。

【思考题】

1. 因被告原因导致原告无法举证时，由被告承担举证责任，如果被告也无法举证，此时法官应如何裁判？

2. 如何理解行政赔偿诉讼中损害行为与损害结果之间的因果关系？原告应当从哪些方面证明因果关系的存在？

❶ 罗智敏. 行政赔偿案件中原被告举证责任辨析 [J]. 中国法学, 2019 (06): 261-281.

❷ 陈国栋. 行政赔偿诉讼是行政诉讼吗——从比较的角度看我国行政赔偿诉讼制度重构 [J]. 政治与法律, 2009 (10): 111-120.

审理和判决

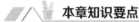 **本章知识要点**

（1）审理和判决，即审判权、国家判断权的实施，是抽象的国家权力向具体案件裁判权的转化，也是审判权从抽象行使主体分配至具体审判组织的过程。（2）我国行政诉讼审判制度的设计兼顾行政效率和权利保障，《行政诉讼法》确立全程审查行政案件案由、开庭全面审理、一并审理民事纠纷、规范性文件附带审查、行政负责人出庭应诉等审理制度，规定第一审普通程序、简易程序、第二审程序、审判监督程序等审理程序，明确驳回原告诉讼请求判决、撤销或者撤销重作判决、限期履行法定职责判决、给付判决、确认违法判决、确认无效判决、变更判决等判决方式，构建了以行政行为为中心的行政诉讼审理和判决制度。（3）行政审判应以监督行政机关依法行政为基础，以保护公民合法权益为底线，采取有效的审理和裁判方式，力争实质性化解行政争议。

第一节　行政审理的主要制度

一、全程审查行政案件案由制度

📚 **案例一　河南省荥阳市广武镇冯庄村某村民组诉荥阳市人民政府履行法定职责案❶**

【基本案情】

冯庄村某村民组不服河南省高级人民法院行政判决，向最高人民法院申请再审称：冯庄村某村民组的诉讼请求与案涉土地的所有权无关，一、二审法院将本案的案由确

---

❶ 最高人民法院（2019）最高法行申 12863 号行政裁定书。

定为"不服土地所有权处理决定"错误。根据河南省人民政府豫政土〔2012〕471号批复的规定，补偿安置不到位，不得使用土地。一、二审法院认为荥阳市政府依据法定程序进行了征地补偿安置，缺乏证据支持。请求撤销一、二审判决，改判支持该村民组的诉讼请求。

最高人民法院认为，一、二审法院将案由确定为"土地所有权处理决定"确有不当。关于补偿问题，据一、二审法院所查，冯庄行政村于2013年1月7日出具证明，涉及征用冯庄村某村另一组、该村民组的土地163.6845亩，补偿费6432801元已经足额支付给被征地村民，并附有土地补偿款及安置补助款结算票据。冯庄村某村民组关于一、二审法院认定补偿安置问题缺乏证据支持的理由，不能成立。依照《最高人民法院关于适用〈行政诉讼法〉的解释》第116第2款之规定，裁定驳回冯庄村某村民组的再审申请。

【主要法律问题】

如何确定行政案件的案由？

【主要法律依据】

《最高人民法院关于行政案件案由的暂行规定》（以下简称《案由暂行规定》）。

【理论分析】

冯庄村某村民组提出的诉讼请求是判决荥阳市政府收回其批准郑州大众汽车中等专业学校使用的涉及征收该村组的土地，交由该村组继续耕种至征地补偿款安置到位时止，该诉讼属于履行职责之诉，一、二审法院将案由确定为"土地所有权处理决定"确有不当。在申请再审程序中，最高人民法院将案由纠正为"履行法定职责"是正确的。2021年1月1日起施行的《案由暂行规定》构建了一个内容完整、联结紧密、逻辑合理的行政案件案由体系。

1. 案由的确定方法。

（1）明确案由具体名称。一级案由为"行政行为"，是指行政机关与行政职权相关的所有作为和不作为。二级案由为种类化的行政行为，是在2004年《最高人民法院关于规范行政案件案由的通知》列举的行政行为种类基础上，根据立法和行政审判、行政执法实践，进行重新归纳和部分拓展作出的列举。目前列举的二级案由共计22个，包括行政处罚、行政强制措施、行政强制执行、行政许可、行政征收或者征用、行政登记、行政确认、行政给付、行政允诺、行政征缴、行政奖励、行政收费、政府信息公开、行政批复、行政处理、行政复议、行政裁决、行政协议、行政补偿、行政赔偿及不履行职责、公益诉讼等。三级案由依照现行有效的法律、法规、规章及司法解释等列举的行政行为名称，以及行政行为涉及的权利内容等，对二级案由进一步细化。

（2）遵守具体适用规则。首先适用三级案由；无对应的三级案由时，适用二级案由；二级案由仍然无对应名称的，适用一级案由。例如，起诉行政机关作出的罚款行政处罚，该案案由只能按照三级案由确定为"罚款"，不能适用二级或者一级案由。对于《案由暂行规定》未列举案由的案件，可依据相关法律、法规、规章及司法解释对被诉行政行为的表述来确定案由。

（3）案由的基本结构应当具有行政管理范围和具体行政行为种类两个要素。例如，公安机关所作的行政拘留处罚，案由确定为"治安行政处罚"；如一并提起行政赔偿，案由确定为"治安行政处罚及行政赔偿"。

2. 实践中的理解和具体操作。

（1）要正确认识行政案件案由的性质与功能，不得将《案由暂行规定》等同于行政诉讼的受理条件或范围。行政案件案由主要是对行政诉讼中被诉对象，也即行政行为的列举，以方便案件的定性和法律适用；行政诉讼受理范围着眼于界定可以进入司法审查的行政行为范围，主要目的是明确司法权对行政权监督的边界。

（2）《案由暂行规定》具有一定开放性。由于行政管理领域宽泛，行政行为种类众多，《案由暂行规定》仅能在二、三级案由中列举法院受理的行政案件中常见的被诉行政行为。对案由中未列举的被诉行政行为，法院可依据相关法律、法规、规章及司法解释对被诉行政行为的表述来确定案由。若没有相应的明确规定，可以通过概括当事人起诉的行政行为或争议事项等来表述案由。

（3）案由适用全覆盖。适用于立案、审理、裁判、执行各阶段；也适用于一审、二审、申请再审和再审各审判程序。在立案阶段，法院可以根据起诉状所列被诉行政行为确定初步案由。法院在审理、裁判阶段发现初步确定的案由不准确时，可以重新确定案由。在二审、申请再审、再审程序中发现原审案由不准确的，应当重新确定案由。在执行阶段，法院应当采用据以执行的生效法律文书确定的结案案由。案件卷宗封面、开庭传票、送达回证等材料上应当填写案由。司法统计一般以生效法律文书确定的案由为准，也可以根据统计目的的实际需要，按照相应诉讼阶段或者程序确定的案由进行统计。

（4）行政案件的名称表述应当与案由的表述保持一致。行政案件案由是行政案件名称的核心组成部分，行政案件名称一般表述为"××（原告）诉××（行政机关）××（行政行为）案"，不得表述为"××（原告）与××（行政机关）××行政纠纷案"。

3. 难以确定案由情况的处理。

当行政管理范围和具体行政行为种类难以界定、案由难以确定时，可按例外情形酌情处理。如起诉乡镇人民政府的一些越权行政行为或者不作为案件，很难确定管理范围和行为种类，可以用"乡（镇）政府行政处理""诉乡（镇）政府不履行法定职责"等作为案由。不属于行政诉讼的受案范围的案件，在裁定不予受理、裁定驳回起诉时，案由可通过概括当事人诉讼请求的方式来确定。

【思考题】

确定行政案件案由应遵循什么原则？

二、"行政行为+诉讼请求"全面审理制度

案例二　郭某诉河南省襄城县自然资源局行政合同纠纷案❶

【基本案情】

襄城县自然资源局、招标投标管理中心经县人民政府批准，出让某宗地。郭某缴纳竞买保证金1658万元竞得宗地，与襄城县自然资源局签订《拍卖成交确认书》《国有建设用地使用权出让合同》。后因郭某未按约定期限支付出让价款，襄城县自然资源局作出《关于解除〈国有建设用地使用权出让合同〉的通知》。郭某诉至法院，请求判令襄城县自然资源局返还土地出让金1658万元及利息。

许昌市魏都区人民法院作出行政判决，驳回郭某的诉讼请求。郭某提起上诉。许昌市中级人民法院作出行政判决：1. 撤销一审判决；2. 酌定襄城县自然资源局于判决生效之日起一个月内向郭某返还200万元；3. 驳回郭某的其他诉讼请求。郭某与襄城县自然资源局分别申请再审。河南省高级人民法院作出行政判决：1. 维持二审判决第1项、第3项；2. 变更二审判决的第2项为"限襄城县自然资源局于判决生效之日起30日内向郭某返还202万元"。

【主要法律问题】

1. 行政案件审判遵循的基本思路是什么？
2. 行政案件审判的审理对象如何确定？

【主要法律依据】

1.《行政诉讼法》第6条；
2.《合同法》（1999年）第115条、第116条；
3.《担保法》（1995年）第91条；
4.《最高人民法院关于适用〈中华人民共和国担保法〉若干问题的解释》第121条；
5.《招标拍卖挂牌出让国有建设用地使用权规定》第21条。

【理论分析】

首先，案涉宗地符合出让条件，行政协议合法。在土地使用权出让合同关系中，确保用于出让的土地符合现行法律和政策规定、不存在权属障碍，是合同目的得以实现的关键。案涉宗地为国有建设用地，权属清晰，四至明确，进行招拍挂出让时符合

---

❶ 河南省高级人民法院（2021）豫行再2号行政判决书。

土地利用总体规划、城市规划和年度建设用地计划等法定出让条件。其次，郭某缴纳的 1650 万元款项的性质属于定金，其未按合同约定支付剩余款项，已构成违约。襄城县自然资源局三次向郭某发出履约通知书，积极督促郭某履约，推动合同全面履行，一直未果才解除合同，符合双方约定。《合同法》第 115 条规定："当事人可以依照《中华人民共和国担保法》约定一方向对方给付定金作为债权的担保。债务人履行债务后，定金应当抵作价款或者收回。给付定金的一方不履行约定的债务的，无权要求返还定金"；第 116 条规定："当事人既约定违约金，又约定定金的，一方违约时，对方可以选择适用违约金或者定金条款。"本案出让方选择适用定金条款，不违反法律规定，且能够保护出让方代表国家享有的正当合同利益。《担保法》第 91 条规定："定金的数额由当事人约定，但不得超过主合同标的额的 20%。"《最高人民法院关于适用〈中华人民共和国担保法〉若干问题的解释》第 121 条规定："当事人约定的定金数额超过主合同标的额百分之二十的，超过的部分，人民法院不予支持。"案涉宗地双方约定定金为 1658 万元，违反了上述规定，应当按主合同标的额 7280 万元的 20% 即1456 万元予以保护，超出的 202 万元不予支持。根据《招标拍卖挂牌出让国有建设用地使用权规定》第 21 条"中标人、竞得人应当按照中标通知书或者成交确认书约定的时间，与出让人签订国有建设用地使用权出让合同。中标人、竞得人支付的投标、竞买保证金抵作土地出让价款；其他投标人、竞买人支付的投标、竞买保证金，出让人必须在招标拍卖挂牌活动结束后 5 个工作日内予以退还，不计利息"之规定，郭某请求判令自然资源局返还土地出让金利息于法无据，不予支持。据此，再审作出改判。

行政审判基本理念和审判方式的形成是一个长期积累和沉淀的过程。实践中，行政案件呈现出民事化审理的趋势，脱离了《行政诉讼法》的基本审理方向，极大削弱了司法权威。行政审判审理的对象是行政行为，与民事审判审理当事人的具体诉讼请求有明显区别。民事诉讼属于私法诉讼，审理的是平等诉讼主体之间的纠纷，当事人对自己的民事权利有处分权，应坚持诉什么审什么，除非涉及国家利益或他人合法权益。行政诉讼属于公法诉讼，与国家利益和社会公共利益休戚相关，对行政行为合法性的审查应当贯穿行政诉讼的全过程，审理的对象为行政行为，而不单纯是诉讼请求，应对行政行为合法性进行全面审查，不受当事人诉讼请求和具体理由的限制，在行政行为是否合法的基础上，结合案件焦点和当事人诉讼请求，对行政行为存在的问题以及原告对法律和事实的错误认识进行分析回应，即法院的判决不受当事人诉讼请求的制约。

【思考题】

如何防止行政案件的民事化审理？

三、"复议决定+原行政行为"一并裁判制度

案例三 赵某诉河南省新郑市公安局行政处罚及行政复议案[1]

【基本案情】

新郑市公安局作出行政处罚决定,认定"白某甲、荆某、白某乙殴打赵某并致伤",对赵某行政拘留7日,并处罚款200元。赵某申请行政复议,郑州市公安局作出行政复议决定,以"赵某与白某甲、荆某、白某乙因琐事引发打架,赵某用桌子腿将白某甲头部砸伤,经鉴定,赵某和白某甲人体损伤程度均为轻微伤"为由,予以维持。赵某提起本案诉讼,请求撤销上述处罚决定及复议决定。郑州铁路运输法院一审作出行政判决:驳回赵某的诉讼请求。郑州铁路运输中级人民法院二审作出行政判决:撤销一审判决;撤销处罚决定及复议决定;责令新郑市公安局对赵某的涉案行为重新作出行政行为。河南省高级人民法院再审作出行政判决:维持二审判决。

【主要法律问题】

如何审查对复议维持行政行为的合法性?

【主要法律依据】

《最高人民法院关于适用〈行政诉讼法〉的解释》第22条第1款;第135条第1款。

【理论分析】

1. 关于对复议维持行政行为合法性审查时的法律适用问题。

(1)根据《最高人民法院关于适用〈行政诉讼法〉的解释》第22条第1款的规定,复议机关改变原行政行为所认定的主要事实和证据、改变原行政行为所适用的规范依据,但未改变原行政行为处理结果的,视为复议机关维持原行政行为。该规定明确将复议决定改变原行政行为的判断标准仅限为处理结果的改变,意味着复议决定维持原行政行为的前提下,复议机关可以根据所调查事实和对法律适用的理解,改变原行政行为认定的事实、证据及理由。本案中,郑州市公安局的行政复议决定虽对被诉处罚决定查明事实记载不完整情况进行了补正,但结论是维持被诉处罚决定,应认定为维持原行政处罚决定,即属于复议机关维持原行政行为。

(2)根据《最高人民法院关于适用〈中华人民共和国行政诉讼法〉的解释》第135条第1款的规定:"复议机关决定维持原行政行为的,人民法院应当在审查原行政

---

❶ 河南省高级人民法院(2020)豫行再122号行政判决书。

行为合法性的同时，一并审查复议决定的合法性。"即复议决定未改变原行政行为的处理结果，但改变了原行政行为认定的事实、证据或依据时，法院必须将经改变后的事实、证据和依据统一到原行政行为中审查，而非仅作为复议决定的合法性问题审查。具体到本案，被诉复议决定对原处罚决定有关案件事实内容记载不完整的问题予以纠正并完善，但最终对处罚决定结果予以维持，应当对原行政行为的合法性和复议决定的合法性一并进行审查。

（3）法院应当将原行政行为与复议维持决定视为必须合一确定的诉讼标的。法院的审理对象，根本上来说是原告可以通过诉讼应当被实现的实体权利的主张，只要对此能够查明，就能最终作出实体判决，而不应拘泥于审查原行政行为抑或复议决定。若不如此，当事人随后可能还会针对另一个尚未被诉的行政行为（复议行为）提起诉讼，可能导致审理的重复和裁判的矛盾，不利于统一解决行政争议。

因此，二审法院将原行政行为和复议决定割裂开来进行审查，不符合司法解释的规定，属于法律适用错误。

2. 原行政行为与复议决定关系之审视。

行政一体原则，指将复议决定和原行政行为视为一个整体，将基于行政监督权能形成的行政复议决定，视为行政系统内部的最终行政处理意见，并由复议机关（或者其代表的政府）出面代表行政体系接受司法审查。❶ 合法性审查原则要求行政机关以当时的事实和法律为行为标准，禁止事后调查和取证。如认为复议改变原行政行为认定的主要事实后，原行政行为即属合法，不符合行政一体原则。但如将复议行为视为整个行政处分链条的一个环节，复议机关以复议时的事实、证据和依据对行政实体法律关系作出认定，则不违反上述原则。此时，不应由原行政机关对复议改变后的行政行为承担举证责任，而应由复议机关承担，尤其在复议机关与原行政机关对事实和定性立场不一致时，要求原行政机关对复议改变的事实加以举证，不具有可期待性。

在原行政行为与复议决定的关系上，应当体现行政行为形成过程一体化、违法责任后果承担一体化、争议解决功能效果一体化。具体来说，应当在整个政府体系内，将原行政行为与复议决定共同看作经由多个行政程序阶段作出的（一个）行政行为。其中，原行政行为作为前续行政程序，复议决定作为后续行政程序，前续程序最终通过后续程序对外表达统一的行政意志，后续程序最终替代前续程序的法律效力。政府作为复议机关，在特定情况下，可以不以原行为作出时的事实和法律情形为准，而以复议时的事实和法律情形为准，并有权改变下级机关的决定。政府通过复议决定对外宣示的，并非赞同或者附议原行政机关的效果意思，而是表达其自身的意志，并确保

---

❶ 耿宝建. 行政复议法修改展望［M］. 北京：法律出版社，2016：146.

行政系统对外执法的一致性和正确性。❶ 如果原行政行为根本上就是错误的，比如对不应当处罚的当事人予以行政处罚，通过行政复议直接撤销和纠正，基于行政机关在行政诉讼中恒为被告的特点，在行政相对人不另行提起诉讼的前提下，复议决定对权利的救济无疑更便捷、有效。

3. 行政复议与行政诉讼的有效衔接。

行政复议应成为解决行政争议的主渠道，即主要由地方政府基于行政一体原则，先行监督和变更原行政行为，将大量的行政争议先通过行政系统"过滤"或者说"瑕疵治愈"，对相对人的实质诉求作出回应，实现程序经济和便捷高效的权利保护。

（1）以复议前置为原则。复议机关故意不进入复议程序、不受理复议申请、不作出复议决定的，允许行政相对人直接提起行政诉讼。

（2）强化行政复议的纠错功能。复议机关较之法院应更为积极主动，享有更为独立的调查取证权、事实认定权、程序补救权、法律适用权和最终决定权。复议机关可以利用调取的证据支持和补强原行政行为；可以完善、补正或者治愈原行政行为的瑕疵；同时加大对行政专门问题的合规性审查，以及对行政裁量权的合理性审查，通过对行政实体法律关系进行调整，保障当事人获得实质救济。

（3）认可行政复议"准司法性""准一审性"。行政复议的审理模式应围绕全面查明案件事实，以对席审理的直接言词方式为主，充分把握案件的实质争议并作出决定。在被申请人未能尽到举证责任时，不能简单因为事实不清将行政行为一撤了之，而应主动采取必要调查措施查明案件事实，避免再次启动行政执法程序，实现争议的实质终结。在上述"准司法性"的基础上，认可行政复议的"准一审性"，即类似于一审法院审理和裁判的效力。法院宜坚持"卷宗审查主义"，除法律规定的"新的证据"以外，原则上不再接受复议阶段未形成的证据，并主要针对行政卷宗和复议卷宗已经涉及和记载的事项进行审理，对当事人在复议阶段未提出异议的证据，以及复议过程中已经充分质证的证据，可以由当事人重点发表不同意见，无需另行逐一举证和质证。

总之，作为行政机关内部的行政复议，宜定位于"未病先防""已病防变"，通过依法行政，尽职履责，妥善化解已生之行政纠纷于萌芽，以防行政纠纷激化。而作为行政机关外部的行政诉讼，宜定位于"社会公平正义的最后一道防线"，体现司法最终原则，并通过个案裁判指导和统一行政复议、行政执法的法律适用，重在确立标准而不仅仅是个案纠纷解决。

【思考题】

行政协议中约定的义务，是否需要进行合法性审查？

---

❶ 耿宝建，殷勤.《行政复议法》修改如何体现"行政一体原则"？[J]. 河南财经政法大学学报，2020，35（06）：19-29.

四、民行争议一并审理制度

案例四　吉林省白山市人民检察院诉白山市江源区卫生和计划生育局等环境公益诉讼案❶

【基本案情】

江源区中医院新建综合楼时，未建设符合环保要求的污水处理设施即投入使用。白山市人民检察院得到该线索后，调查发现中医院通过渗井、渗坑排放医疗污水。另还发现江源区卫生和计划生育局（以下简称江源区卫计局）在中医院未提交环评合格报告的情况下，对其《医疗机构执业许可证》校验为合格，且对其违法排放医疗污水的行为未及时制止，存在违法行为。检察机关在履行提起公益诉讼的前置程序后诉至法院，请求：1.确认江源区卫计局 2015 年 5 月 18 日为江源区中医院校验《医疗机构执业许可证》的行为违法；2.判令江源区卫计局履行法定监管职责，责令其限期对江源区中医院的医疗污水净化处理设施进行整改；3.判令江源区中医院立即停止违法排放医疗污水。

白山市中级人民法院作出行政判决，支持了检察机关的第 1、2 项诉讼请求。同日，作出民事判决，支持了检察机关的第 3 项诉讼请求。

【主要法律问题】

民行争议案件的裁判方式如何确定？

【主要法律依据】

1.《行政诉讼法》第 61 条；
2.《最高人民法院关于适用〈中华人民共和国行政诉讼法〉的解释》第 137 条。

【理论分析】

《行政诉讼法》第 61 条设立一并审理民行争议制度。就民事争议部分而言，法院应当按照《民事诉讼法》及其司法解释的规定，依法进行审理和判决。行政诉讼部分则应当以民事判决结果为事实根据，按照《行政诉讼法》及其司法解释的相关规定，依法进行审理和判决。

1.行政诉讼一并解决民事争议必须符合法定要件。

（1）前提是有一个已经成立的行政诉讼，且符合《行政诉讼法》第 49 条规定起诉

---

❶　最高人民法院.指导案例 136 号：吉林省白山市人民检察院诉白山市江源区卫生和计划生育局、白山市江源区中医院环境公益诉讼案［EB/OL］.（2020-01-14）［2021-11-26］. https://www.court.gov.cn/shenpan-xiangqing-216981.html.

条件。民事争议的当事人一方必须先行提起了一个行政诉讼，或者是在提起行政诉讼的同时，作为行政诉讼原告的当事人对相关民事争议一并提起了民事诉讼。如果特殊情况下，当事人先行提起了民事诉讼，之后相关行政争议亦被提起行政诉讼，法院认为需要将两个案件合并，由审理行政争议案件的合议庭按照《行政诉讼法》的规定一并审理。

（2）适用范围法定。一并审理民行争议仅适用于行政许可、登记、征收、征用和行政机关对平等主体之间的民事争议所作的行政裁决这五种以民事争议为基础的行政案件。法院应当鼓励一并提起民事诉讼，司法解释中关于其他不宜一并提起的事项，应当限定在法律规定的范围之内。

（3）提起民事诉讼的时间。《最高人民法院关于适用〈中华人民共和国行政诉讼法〉的解释》第137条规定："公民、法人或者其他组织请求一并审理行政诉讼法第六十一条规定的相关民事争议，应当在第一审开庭审理前提出；有正当理由的，也可以在法庭调查中提出。"这里的"第一审开庭审理前"指一审首次开庭审理前，不包括庭前证据交换程序。所谓"正当理由"，包括当事人不懂法、不了解一并审理民行争议制度，经法官释明后，在法庭调查中提出一并审理民事争议诉讼请求的情形。"法庭调查中"涵盖法庭调查结束前的任何时候，包括多次开庭情况下，最后一次开庭法庭调查前。提出一并审理民事争议诉讼请求后，法院通过推迟开庭时间、宣布休庭择日另行继续开庭等方式，充分保障民事诉讼被告一方法定的答辩期限，被告一方明确同意放弃的除外。

（4）提起的民事诉讼和之前的行政诉讼具有一定的相关性。不能一并解决民事争议并不影响当事人合法权利的行使，当事人可另行提起行政或者民事诉讼，不将本案所涉的纠纷一并解决对其实体权利不造成实际影响。

2. 行政诉讼一并解决民事争议的实务操作。

（1）对民事争议单独立案，一并审理，同时判决，不得先民后行。第一，当事人请求对民事争议一并审理，起诉必须符合法定立案条件。单独立案是为对当事人的起诉是否符合法定条件进行审查。第二，另行提起民事诉讼需要缴纳诉讼费，如果起诉人不按期、足额缴纳诉讼费，又不符合缓、减缴费条件的，不能一并审理民事争议。第三，民事案件单独立案，并不意味着单独审理和另行判决。民事争议单独立案后，应当由审理行政争议案件的合议庭与行政案件并案审理，同时判决。第四，法院对当事人民事和行政诉求应当分别裁判，不得漏审漏判，原则上可以制作一份判决书，名称为"某某人民法院行政判决书"。两个案号在一份判决书中分两行，先行政后民事，上下排列。裁判主文先对民事部分作出判决，之后再对行政部分作出判决。

法院应当尽可能鼓励当事人一并提起民事诉讼，由行政审判庭同一合议庭对民行争议一并审理作出判决，实质性解决民行争议；当事人对基础民事争议另行提起民事诉讼的，审理行政案件的法院应当裁定中止案件审理，等待民事案件的判决结果；当事人既不一并、也不另行提起民事诉讼，只是在行政诉讼中以基础民事事实不成立为由，主张被诉行政行为违法的，法院应当将与被诉行政行为合法性直接相关的基础民事争议作为被诉行政行为的主要事实，进行审查并作出认定和裁判，与被诉行政行为合法性无关的基础民事履行争议不属于行政诉讼的审理范围。

（2）审理民事争议的法律适用。对于行政争议，法院优先选择适用行政法律、法规的规定，在不与行政法律、法规基本原则相冲突的情形下，可以适用民事法律规范。民事争议的解决，应当适用相关民事法律规则。也有例外情况，如果法律对相关民事争议的处理确有特别规定，根据特别法优于一般法的法律适用规则，应当适用特别法规定。在行政赔偿诉讼中，法院主持调解时，当事人为达成调解协议而对案件事实的认可，不得在其后的诉讼中作为对其不利的证据。当事人在民事调解中为达成调解协议，对事实的认可及对民事权益的处分，不能作为审查被诉行政行为合法性的根据。诉讼程序方面，一并审理民行争议中，因主诉是行政诉讼，整体上诉讼程序应当按照《行政诉讼法》规定的程序进行。但是，就民事争议部分而言，原则上适用《民事诉讼法》的规定。❶

（3）上诉和再审问题。无论当事人对行政、民事判决哪一部分提出上诉，二审都应当全案审查，发现未上诉部分确有错误的，通过审判监督程序予以纠正。第一，无论当事人对民事判决、行政判决，抑或是民事、行政判决全部上诉，一审法院都应当将民行案件的全部案卷材料报送二审法院，由二审法院行政审判庭审理。第二，一并审理民行争议案件时，民事争议是基础，如果二审对上诉的一审行政判决作出改判，大多会动摇民事判决的结果，如果发现未上诉部分判决确有错误，不对未上诉部分作出改判将产生一、二审判决之间冲突的，二审法院在对上诉部分作出改判的同时，应当由同一合议庭按照审判监督程序对未上诉部分依法进行改判。换句话说，在一并审理民行争议案件中，二审法院实质上应当是全案审理，不受当事人上诉范围的限制。只是在审理程序上，对于当事人未提出上诉的部分发现确有错误的，不是通过上诉程序，而是通过审判监督程序予以纠正。在极少数情况下，因当事人提出上诉的部分确与另一未上诉的判决没有关联性，法院行政审判庭可仅对当事人上诉部分进行审理和判决。

【思考题】

民行交叉行政案件中，当事人对基础民事争议既不一并也不另行提起民事诉讼，法院对基础民事法律关系应当审查到什么程度？

---

❶ 江必新. 新行政诉讼法专题讲座［M］. 北京：中国法制出版社，2015：220.

五、规范性文件附带审查制度

案例五　某盐业进出口有限公司苏州分公司诉江苏省苏州市盐务管理局盐业行政处罚案❶

【基本案情】

2007 年 11 月 12 日，某盐业进出口有限公司苏州分公司（以下简称某盐业苏州分公司）从江西等地购进 360 吨工业盐。苏州市盐务管理局（以下简称苏州盐务局）认为某盐业苏州分公司进行工业盐购销和运输时，应当按照《江苏省〈盐业管理条例〉实施办法》（以下简称《江苏盐业实施办法》）的规定办理工业盐准运证，该公司未办理工业盐准运证即从省外购进工业盐涉嫌违法。2009 年 2 月 26 日，苏州盐务局经听证、集体讨论后认为该公司未经江苏省盐业公司调拨或盐业行政主管部门批准从省外购进盐产品的行为，违反了《盐业管理条例》第 20 条、《江苏盐业实施办法》第 23 条、第 32 条第 2 项的规定，并根据《江苏盐业实施办法》第 42 条的规定，对该公司作出处罚决定，没收该公司违法购进的精制工业盐 121.7 吨、粉盐 93.1 吨，并处罚款 122363 元。某盐业苏州分公司不服该决定，于 2 月 27 日申请行政复议。苏州市人民政府于 4 月 24 日作出复议决定，维持了苏州盐务局作出的处罚决定。

法院生效裁判认为，法律及《盐业管理条例》没有设定工业盐准运证这一行政许可，地方政府规章不能设定工业盐准运证制度。苏州盐务局在依职权对某盐业苏州分公司作出行政处罚时，虽然适用了《江苏盐业实施办法》，但是未遵循《立法法》第 79 条关于法律效力等级的规定，未依照《行政许可法》《行政处罚法》的相关规定，属于适用法律错误，依法应予撤销。

【主要法律问题】

1. 规范性文件是否属于法院的审查范围？
2. 如何对规范性文件进行附带审查？

【主要法律依据】

1. 《行政诉讼法》第 13 条、第 64 条；
2. 《最高人民法院关于适用〈中华人民共和国行政诉讼法〉的解释》第 145 条、第 146 条、第 147 条、第 148 条、第 149 条、第 150 条、第 151 条；

---

❶ 最高人民法院. 指导案例 5 号：鲁潍（福建）盐业进出口有限公司苏州分公司诉江苏省苏州市盐务管理局盐业行政处罚案［EB/OL］. （2012-04-10）［2021-10-15］. https://www.court.gov.cn/shenpan-xiangqing-4218.html.

3.《立法法》第 94 条、第 95 条。

【理论分析】

1. 规范性文件属于法院审查范围。

全面审查行政行为的合法性是行政诉讼所遵循的基本原则，包括：制定规范性文件是否超越其法定权限；规范性文件内容是否与同位阶合法有效的规范性文件相冲突；规范性文件是否与高位阶的法律规范相抵触；选择适用规范性文件的操作程序是否合法；特定的规范性文件内容本身是否合法。通过审查，对于合法、有效并合理、适当的行政规范，可以作为衡量和判断行政行为是否合法的依据，并在判决书中予以引用，否则不予适用。

2. 规范性文件附带审查的方法。

（1）审查的前提——精准识别规范性文件。可从两方面甄别：其一，审查是否具备规范性文件的本质特征，即行政行为应当是对权利义务的调整，对合法权益明显产生实际影响，亦即减损权利或增设义务。其二，审查是否具备如下要件：涉及公民、法人以及其他组织权利义务的外部行政事务；具有规范性和普遍约束力；调整对象为不特定的行政相对人或事项；针对未来事项且需要通过具体行为执行或落实，在一定期限内能够反复适用。如果不是规范性文件，相对人的附带审查之诉，在立案阶段法院就不应受理；进入审判阶段，就应裁定驳回起诉。

（2）审查的重点——判断规范性文件的可诉性。根据《行政诉讼法》第 13 条的规定，法院不受理行政机关制定、发布的具有普遍约束力的决定、命令。由此看来，规范性文件的诉权具有高度依附性。第一，不可单独诉。行政机关依据被诉规范性文件而作出的行政行为符合行政诉讼受案范围，单独就规范性文件提起行政诉讼的，不属于行政诉讼受案范围。第二，不可脱离诉。只有直接作为行政行为依据的规范性文件，法院才可以附带审查。在被诉的规范性文件与具体行政行为没有直接关联但有间接关联时，也不可诉。

（3）审查的限度——规范性文件附带审查是司法全面审查的例外。其特殊性表现在以下几个方面：第一，不诉不审。相对人不提起附带审查的诉讼请求，法院通常不会依职权审查案涉规范性文件。第二，只做条款审查。只审查与被诉行政行为密切相关的规范性文件条款，而不是对整部规范性文件进行审查，法院也不能就整部规范性文件的合法性作出判断。第三，通常不审查程序。除非规范性文件因未向社会公开不具效力，否则对规范性文件合法性审查主要是实体审查，理由在于审查规范性文件的制定程序是否合法是对其进行的整体审查。所以，基于规范性文件的复杂性和司法审查的附带性，通常不以制定程序存在问题而认定规范性文件不合法。第四，通常不审查合理性。对于规范性文件的内容是否合理、是否适当，很多情况下法院不掌握技术、资源，不掌握信息，不了解行政经验，无法对此判断，无法审查合理性问题。不过，依据《行政诉讼法》"明显不当"的审查标准，如果发现被诉规范性文件存在的合理性问题已达到"明显不当"之程度，可依照《行政诉讼法》第64条规定认定被诉规范性文件不合法，将其不作为认定行政行为合法的依据，并向制定机关提出处理建议。

（4）审查的附带义务——释明规范性文件的可诉性。在立案阶段，法院应当告知原告提出附带审查请求的时间，即可以在提起行政诉讼时一并提起，与此相应，还应就附带审查的特殊性即"不可单独诉""不可脱离诉"予以释明，原告不按法官释明而变更附带审查请求的，一概不予受理。在庭审前阶段，如果未能在提起诉讼时一并提出审查请求，至迟应当在第一审开庭审理前提出。在庭审阶段，依照《最高人民法院关于适用〈中华人民共和国行政诉讼法〉的解释》第146条规定告知原告，除非确有正当理由可以在第一审法庭调查中提出，否则法院对原告附带审查请求不予接受，庭审中对原告延迟提出附带审查请求理由予以审查后，如果发现原告故意拖延至法庭调查时才提出，法院即可当庭驳回原告附带审查之请求。

【思考题】

地方性法规和规范性文件能否作为审查被诉行政行为合法性的依据？

六、行政机关负责人出庭应诉制度

案例六　赵某诉辽宁省辽阳市人民政府不予受理行政复议决定案❶

【基本案情】

赵某于2014年1月13日以辽宁省灯塔市人民政府为被申请人向辽阳市人民政府提出行政复议申请，辽阳市人民政府认为，赵某提出的行政复议申请不符合《行政复议法》受案范围，决定不予受理，并将决定书以特快专递方式送达给赵某。赵某不服，提起行政诉讼。一审判决驳回赵某的诉讼请求。二审判决驳回上诉，维持原判。

赵某申请再审，其中要求之一是"要求辽阳市政府和灯塔市政府的主要负责人亲自出庭应诉"。最高人民法院对此经审查认为，关于行政负责人出庭应诉问题，两被诉行政机关负责人因公务未能出庭，委托相关工作人员到庭应诉，不违反《行政诉讼法》的规定。赵某主张辽阳市人民政府和灯塔市人民政府的行政负责人不出庭应诉违法，理由不能成立。

【主要法律问题】

如何理解行政机关负责人出庭应诉的要求？

---

❶ 最高人民法院（2015）行监字第1681号行政裁定书。

【主要法律依据】

1. 《行政诉讼法》第 3 条第 3 款；
2. 《最高人民法院关于行政机关负责人出庭应诉若干问题的规定》；
3. 《国务院办公厅关于加强和改进行政应诉工作的意见》。

【理论分析】

1. 行政机关负责人出庭应诉的基本理解。

（1）根据《最高人民法院关于行政机关负责人出庭应诉若干问题的规定》，出庭应诉的行政机关负责人，包括正职负责人、副职负责人以及其他参与分管的负责人。具体来说，"正职负责人"即行政首长，是该行政机关的法定代表人。"副职负责人"是指分管被诉行政行为具体实施工作或者分管法制工作的行政机关副职负责人。"其他参与分管的负责人"是指参与分管的被诉行政机关具体实施工作或者参与分管法制工作的行政机关副职级别的其他负责人。

（2）对于需要行政机关负责人出庭应诉的，法院可以根据案件具体情况，本着实质性化解行政纠纷的原则予以确定。包括：被诉行政行为涉及公民、法人或者其他组织重大人身、财产权益的；行政公益诉讼；被诉行政机关的上级机关规范性文件要求行政机关负责人出庭应诉的；法院认为需要通知行政机关负责人出庭应诉的其他情形。

（3）法院在向行政机关送达的权利义务告知书中，应当一并告知负责人出庭应诉的法定义务及相关法律后果等事项。法院应当对出庭应诉负责人及相应的工作人员的身份进行审查，经审查认为不符合条件但可以补正的，应当告知行政机关予以补正；不能补正或者补正可能影响正常开庭的，视为行政机关负责人未出庭或者未委托相应的工作人员应诉。

2. 负责人出庭应诉制度的具体适用。

（1）出庭应诉的应当是分管、熟悉行政执法业务的负责人或者相应的工作人员。为了实质性化解纠纷，出庭负责人应当具有表态权，应当对涉诉事项具有一定程度的决定权限；出庭的工作人员应当对被诉行政行为具有全面的、专业的掌握。

（2）庭审过程中，负责人要积极发言，参与涉案行政争议的实质性化解。法院在庭审中要求行政机关负责人就有关问题进行解释或者说明，明确要求行政机关负责人出庭应诉的，行政机关负责人应当就实质性解决行政争议发表意见。

（3）行政机关负责人或者行政机关委托的相应的工作人员在庭审过程中应当就案件情况进行陈述、答辩、辩论、最后陈述、提交证据，对所依据的规范性文件进行解释说明等。

3. 行政机关负责人未履行出庭应诉义务的处理措施。

根据《国务院办公厅关于加强和改进行政应诉工作的意见》（国办发〔2016〕54号）的规定，被诉行政机关负责人不出庭应诉也不委托相应的工作人员出庭的，由任免机关或者监察机关依照法律规定对相关责任人员严肃处理。根据《最高人民法院关于行政诉讼应诉若干问题的通知》规定，对于行政机关负责人未履行出庭义务的，法院可以建议任免机关、监察机关或者上一级行政机关对相关责任人员作出处理。

【思考题】

对行政机关负责人不能出庭的理由如何进行审查？

七、回避制度

案例七　刘某诉湖南省宁乡市人民政府信息公开申请案❶

【基本案情】

刘某向湖南省宁乡市人民政府申请政府信息公开，宁乡市人民政府作出《依申请公开答复书》，告知刘某对其申请获取的信息不予公开。刘某提起诉讼，一审驳回刘某的诉讼请求，二审予以维持。刘某不服，向最高人民法院申请再审，其理由之一为"法院未对刘某提出的回避申请及复议申请作出处理，未告知延长审限的情况，程序违法"。

最高人民法院认为，刘某在第一审程序中提出的回避申请，明显不符合《行政诉讼法》第 55 条第 1 款及《最高人民法院关于审判人员在诉讼活动中执行回避制度若干问题的规定》第 1、2 条规定的回避事由，一审合议庭休庭后经院长决定当庭宣布刘某的回避申请不能成立，并予以释明，符合法律规定。第一审法院未针对刘某的回避复议申请作出复议决定虽有不当，但未影响案件的公正审判。

【主要法律问题】

对行政诉讼过程中，当事人提出的回避申请应如何处理？

【主要法律依据】

1. 《行政诉讼法》第 55 条；
2. 《最高人民法院关于适用〈中华人民共和国行政诉讼法〉的解释》第 74 条；
3. 《最高人民法院关于审判人员在诉讼活动中执行回避制度若干问题的规定》。

【理论分析】

1. 行政诉讼中回避申请应当符合的标准。

法院审理当事人的回避申请重点在于是否符合以下要求。

（1）应当明确回避申请的对象是法定的。只能限定于法定范围的审判人员（包括

---

❶　最高人民法院（2018）最高法行申 6882 号行政裁定书。

各级法院院长、副院长、审判委员会委员、庭长、副庭长、审判员和助理审判员）、书记员、人民陪审员、执行员、翻译人员、鉴定人、勘验人，法官助理作为审判辅助人员参照回避规定执行。

（2）有正当的回避申请理由。根据《最高人民法院关于审判人员在诉讼活动中执行回避制度若干问题的规定》，审判人员或其他回避主体应予回避情形可以分为两大类，即"存在利害关系"和"存在不正当行为"。所谓"存在利害关系"主要有：是本案的当事人或者与当事人有近亲属关系的；本人或者其近亲属与本案有利害关系的；担任过本案的证人、翻译人员、鉴定人、勘验人、诉讼代理人、辩护人的；与本案的诉讼代理人、辩护人有夫妻、父母、子女或者兄弟姐妹关系的；在一个审判程序中参与过本案审判工作的审判人员，不得再参与该案其他程序的审判。所谓"存在不正当行为"主要指审判人员或其他回避主体因违反法律规定或职业伦理的行为而产生的回避情形。

（3）当事人申请回避时应当提供客观真实的证据，或是提供确实的线索，便于法院进行核实。既未提交证据，也不能提供线索供法院查证的，或者该证据经核实不成立的，法院对申请理由和申请事项不予支持。

2. 行政诉讼中回避的方式和时限。

除了一般诉讼程序中的当事人申请回避和审判人员自行回避外，《最高人民法院关于审判人员在诉讼活动中执行回避制度若干问题的规定》第4条还明确了"职权回避"的方式，即审判人员应当回避，本人没有自行回避，当事人及其法定代理人也没有申请其回避的，院长或者审判委员会应当决定其回避。

《最高人民法院关于适用〈中华人民共和国行政诉讼法〉的解释》规定，当事人应在案件开始审理时提出回避申请，不能迟于法庭辩论终结前。对审判人员申请回避的时限未作规定，在案件审理的各个环节皆可。即使在裁判发生法律效力后，因存在应当回避而未回避的情形，在当事人提出或法院发现后，亦可按相关规定启动审判监督程序。

3. 回避事项的落实和救济。

《行政诉讼法》第55条规定："院长担任审判长时的回避，由审判委员会决定；审判人员的回避，由院长决定；其他人员的回避，由审判长决定。当事人对决定不服的，可以申请复议一次。"根据《最高人民法院关于适用〈中华人民共和国行政诉讼法〉的解释》第74条的规定，回避决定作出前，除紧急情况外，被申请回避者应当暂停参与本案工作；对当事人提出的回避申请，法院应在三日内以口头或书面形式作出决定；法庭可以当庭驳回明显不属于法定回避事由的申请；申请人对驳回决定不服，可向作出决定的法院申请复议一次，被申请回避人于复议期间不停止参与本案的工作；法院应当在三日内作出复议决定并通知复议申请人。

【思考题】

如何认定行政诉讼回避制度中的"一个审判程序"？

八、诉讼不停止执行制度

案例八 刘某等诉海南省五指山市人民政府行政赔偿案❶

【基本案情】

本案争议土地位于海南省五指山市某地，面积为127.1亩。1993年原通什市人民政府向甲公司颁发涉案国有土地使用证。1994年甲公司与原通什市土地管理局签订《国有土地使用权出让合同》。2002年海口市中级人民法院作出第73-7号民事裁定，将涉案土地使用权作价368.08万元，抵偿甲公司对乙公司的银行贷款债务，但乙公司一直没有办理土地权属变更登记手续。2006年乙公司向五指山市土地管理局提交申请，请求核发涉案土地换地权益书。2012年6月五指山市政府批复同意五指山市国土环境资源局以现金支付方式收回涉案土地使用权。2012年7月26日，五指山市国土环境资源局作出299号收回国有土地使用权决定，以评估价94.562万元收回涉案土地使用权。2012年10月刘某等通过竞买方式，与乙公司签订《买卖合同》，以210万元的价格取得第73-7号裁定项下土地权益，并通过法院判决确认《买卖合同》合法有效。后刘某等人提起行政诉讼并经法院判决撤销299号收回决定。2013年五指山市政府将涉案土地中的104亩分成5小块，挂牌出让给丙公司，并分别给丙公司颁发5份《国有土地使用证》。刘某等人提起行政诉讼经法院判决确认五指山市政府颁发的5份《国有土地使用证》行为违法。2015年刘某等人申请行政赔偿未果，提起本案诉讼，请求判令五指山市政府赔偿土地损失并承担评估费用。

海南省第一中级人民法院作出行政赔偿判决，判决五指山市政府赔偿刘某等人430万元。刘某等人不服，提起上诉，海南省高级人民法院作出行政赔偿判决，驳回上诉，维持原判。刘某等人向最高人民法院提起再审申请。

最高人民法院认为，五指山市国土环境资源局作出的299号收回决定已发生法律效力，乙公司不服，应当通过行政复议、行政诉讼途径解决。但是，乙公司为对抗299号收回决定，在复议、诉讼过程中，通过拍卖方式，将已被299号收回决定收回的第73-7号裁定项下的土地权益转让给刘某等人，刘某等人在明知涉案土地已经被收回的情形下，仍购买该项权益。尽管299号收回决定最终被生效行政判决撤销，但是双方在诉讼过程中无视法院的审理活动，转让争议标的物的行为，以及审理299号收回决定案件的复议机关和法院未对交易行为予以制止的行为，显属不妥。同时，五指山市国土环境资源局为对抗乙公司的拍卖转让土地行为，在诉讼中将案件标的物分割后出让给他人，造成土地已经出让的既成事实，以此影响法院的裁判结果，审理299号收回决定案件的法院未依法裁定停止299号收回决定的执行，暂停出让涉案土地行为，

---

❶ 最高人民法院（2017）最高法行赔申112号行政裁定书。

亦属不妥。

【主要法律问题】

法院发现当事人处分涉案标的物可能影响案件裁判和执行的，应当如何处理？

【主要法律依据】

《行政诉讼法》第 44 条。

【理论分析】

1. 行政诉讼确立不停止执行原则的考量因素。

（1）行政行为的公定力理论。基于公定力理论，一般认为生效的行政行为具有确定权利义务关系的确定力、约束各方当事人的拘束力、具有可以付诸执行的执行力。即使进入诉讼期间，为了维持法律关系的稳定，原则上也不应停止执行。

（2）行政效率的需要。行政行为在顾及合法性的同时，还需考虑行政管理效率的问题。如果一个行政行为，只因相对人提起了诉讼就停止执行，会使行政的有效性和连续性遭受重创，削弱国家的行政管理职能。

（3）保护社会公共利益的需要。在行政诉讼法律关系中，一方是代表公民个人利益的行政相对人，另一方是代表国家利益和社会公共利益的行政机关。行政机关作出行政行为是为了维护国家利益和社会公共利益，具有权威性，要求被尊重和执行。

（4）对行政行为错误矫正机制的信任。随着行政机关依法行政观念的增强，依照法定权限和程序作出的行政行为违法的可能性越来越低。且法院经过审理认为行政行为违法，可以判决撤销该行政行为或者确认该行政行为违法，同时对造成的损失判决予以赔偿。

2. 诉讼不停止执行原则的例外情形。

（1）被告认为需要停止执行的。在发现行政行为自身错误或者情势变更不适宜执行的，可由作出行政行为的行政机关依职权决定停止行政行为的执行。

（2）原告或者利害关系人申请停止执行，法院认为该行政行为的执行会造成难以弥补的损失，并且停止执行不损害国家利益、社会公共利益的。为了贯彻行政诉讼保护公民、法人和其他组织合法权益的宗旨，法律赋予原告或者利害关系人申请停止执行的权利。同时为了平衡原告利益与国家利益、社会公共利益，法律赋予法院对原告或者利害关系人申请停止执行的要求进行审查的权力。

（3）法院认为该行政行为的执行会给国家利益、社会公共利益造成重大损害的。在某些特殊情况下，原告没有申请或者无法申请，为了维护国家利益、社会公共利益，应当允许法院在必要时依职权裁定停止执行。

（4）其他法律、法规规定停止执行的。如《治安管理处罚法》第 107 条规定："被处罚人不服行政拘留处罚决定，申请行政复议、提起行政诉讼的，可以向公安机关提出暂缓执行行政拘留的申请。公安机关认为暂缓执行行政拘留不致发生社会危险的，由被处罚人或者其近亲属提出符合本法第一百零八条规定条件的担保人，或者按每日行政拘留二百元的标准交纳保证金，行政拘留的处罚决定暂缓执行。"

3. 当事人对停止或者不停止执行的裁定不服的救济。

申请停止执行是当事人在行政诉讼中的一项重要的程序权利，能够通过临时性救济避免造成不可弥补的损失，往往关系到胜诉以后能否顺利实现其实体权利。为了保障当事人申请停止执行的权利，当事人对停止执行或者不停止执行的裁定不服的，可以申请复议一次。

【思考题】

行政诉讼中起诉不停止执行制度所应遵循的原则有哪些？

九、先予执行制度

案例九　吴某诉徐闻县人民政府履行法定职责案❶

【基本案情】

吴某原系某糖厂职工，1991年经其申请并经该糖厂同意调往深圳某公司工作，某糖厂出具《某糖厂干部、工人调动通知书》《企业职工工资关系介绍信》《调动介绍信》，后吴某一直在深圳某公司工作。2000年4月，某糖厂依法宣告破产。吴某以其仍是该糖厂职工为由，向破产清算组提出安置经济补偿的要求，未果。吴某先后申请仲裁、提起民事诉讼。2002年法院作出民事裁定驳回起诉。吴某继续就相关事宜申请信访处理。2006年徐闻县人民政府作出徐府函〔2006〕286号《信访事项复查意见书》（以下简称286号《复查意见》）：确认吴某与某糖厂已不存在劳动关系，吴某在生活上的实际困难由徐闻县公有资产经营管理公司协助某镇龙发居委会解决。2008年湛江市人民政府作出湛府函〔2008〕154号《信访事项复核意见书》，维持286号《复查意见》。2015年吴某提起行政诉讼，请求判决徐闻县人民政府履行下列职责：先予执行在京的维权生活费每月2000元；执行《信访条例》第28条、第32条第1项、第38条、第40条和《关于创新群众工作方法解决信访突出问题的意见》第11条……做到诉求合理的解决问题到位……等法律规定；赔偿因政府不作为的诉讼预计损失2866元；依法追究相关人员的渎职责任。

湛江市中级人民法院一审裁定驳回吴某的起诉。广东省高级人民法院二审裁定驳回上诉，维持一审裁定。后吴某向最高人民法院申请再审。其中，对于吴某先予执行生活费的主张，最高人民法院认为，吴某直接提起行政诉讼要求先予执行生活费，没

---

❶　最高人民法院（2017）最高法行申2590号行政裁定书。

有法律依据，不予支持。

【主要法律问题】

行政案件中的先予执行。

【主要法律依据】

《行政诉讼法》第 57 条。

【理论分析】

1. 先予执行的适用情形。

（1）没有依法支付抚恤金的案件。主要是指军人、国家机关工作人员、参战民兵等因公牺牲或者伤残，由民政部门依法支付给死者家属或者伤残人员的费用，是一种必要的经济上的帮助。因此，一旦当事人提出申请，需要先予执行时，法院可以裁定先予执行。

（2）没有依法支付最低生活保障金的案件。《社会救助暂行办法》第 9 条规定："国家对共同生活的家庭成员人均收入低于当地最低生活保障标准，且符合当地最低生活保障家庭财产状况规定的家庭，给予最低生活保障。"这是一项制度源于《宪法》规定的低生活保障权。

（3）没有依法支付工伤社会保险金的案件。工伤社会保险是指给予工伤劳动者及其亲属必要的物质帮助和损失补偿，使他们达到基本生活水平，从而保障社会生产和社会安定的一种社会保障制度。若是相应行政机关未及时依法履行支付工伤社会保险金的义务，可能导致以上述费用为生活来源的公民陷入困难。

（4）没有依法支付医疗社会保险金的案件。行政诉讼中要求支付工伤、医疗社会保险金的案件可以申请先予执行，是考虑到这两项是职工最基本的生存权利和先予执行制度本身设置的前提条件，有助于消除因工伤、疾病带来的社会不安定因素，是调整社会关系和社会矛盾的重要社会机制。

先予执行应当同时满足两个要求：一是明确性要求，即权利义务关系明确；二是急迫性要求，不先予执行将严重影响原告的生活。先予执行以原告的申请为前提，法院根据原告的申请，裁定是否先予执行。

2. 先予执行的救济。

先予执行的裁定由法院根据原告申请作出，可能裁定不先予执行，也可能裁定先予执行，当事人对先予执行裁定不服的，可以申请复议一次。复议期间不停止裁定的执行。

"申请复议一次"是指向作出先予执行裁定的法院申请复议，不是向上一级法院申请。先予执行只是临时性救济措施，并不是对当事人权利义务关系的最终判决，由原审法院复议更为便利，也不会对当事人权利造成严重影响。为了提高诉讼效率，当事人对先予执行裁定不服申请复议的应以一次为限。"复议期间不停止裁定的执行"是关于先予执行裁定与复议关系的规定。先予执行裁定一经作出，立即发生法律效力。关于先予执行的裁定，尤其是法院裁定行政机关先行给付的裁定，是为了避免严重影响原告生活而采取的临时性救济措施。为了让临时性救济措施及早发挥作用，特别规定复议期间不停止裁定的执行。

3. 申请先予执行的程序。

（1）先予执行以原告的申请为前提。对于符合先予执行案件范围和条件的申请，法院应当裁定先予执行并立即执行。对于不符合先予执行案件范围和条件的，法院应当裁定驳回申请。

（2）申请先予执行必须在案件审理后、法院判决前提出，不能就先予执行单独提起行政诉讼；必须是权利义务关系明确、不先予执行将严重影响原告生活的情况下方可申请。

（3）行政诉讼中先予执行是否提供担保的认定。对申请先予执行是否需要提供担保，《行政诉讼法》未作明确规定。一般情况下，申请人无须就其申请提供担保，但一旦法院根据具体情况责令申请人提供担保，申请人不提供担保的，驳回先予执行申请。

【思考题】

行政诉讼中的先予执行与民事诉讼中的先予执行有什么区别？

十、撤诉制度

案例十　侯某诉山东省茌平县人民政府土地行政登记案[1]

【基本案情】

侯某曾于2015年5月15日就与本案相同的事实、相同的诉讼请求向山东省茌平县人民法院（以下简称茌平县法院）提起行政诉讼，茌平县法院开庭审理后侯某申请撤诉，茌平县法院裁定准许。侯某在庭审中称，其确曾向茌平县法院提起行政诉讼，因当时审理期限即将届满，其暂时无法补充相关新证据，故申请撤诉。现在其调取到新证据，且茌平县法院对此案并无管辖权，其有正当理由重新起诉。由此，侯某请求撤销其拥有合法使用权却被颁发给牛某的茌集用〔2004〕第N号集体土地使用证。聊城市中级人民法院（以下简称聊城中院）作出一审裁定，驳回侯某的起诉。山东省高级人民法院作出二审裁定，驳回上诉，维持原裁定。侯某不服上述裁定，向最高人民法院申请再审。

最高人民法院经审查认为：1. 关于茌平县法院作出的准予撤诉裁定的法律效力问

[1]　最高人民法院（2016）最高法行申2747号行政裁定书。

题。茌平县法院没有将案件移送至有管辖权的聊城中院，并作出了准予侯某撤诉的裁定，该处理欠妥。但也不能未经法定程序就径行否定该裁定的法律效力。若准予撤诉的裁定确有错误，原告申请再审的，法院应当通过审判监督程序撤销原准予撤诉的裁定，重新对案件进行审理。因此，茌平县法院根据侯某的申请作出准予其撤诉的裁定后，侯某以茌平县法院对该案无管辖权为由，认为该准予撤诉裁定无效的主张不能成立。2. 关于侯某撤回起诉后是否能够再行起诉的问题。侯某申请撤诉系其自愿提出，其以茌平县法院因对该案无管辖权而作出的准予撤诉裁定无效并进而认为该裁定不能认定其撤回了起诉为由再行起诉，属于无正当理由。

【主要法律问题】

行政诉讼中，原告申请撤诉，在法院作出准予撤诉的裁定之后，原告以同一事实和理由再行起诉，应如何处理？

【主要法律依据】

1. 《行政诉讼法》第 62 条；
2. 《最高人民法院关于行政诉讼撤诉若干问题的规定》。

【理论分析】

1. 行政诉讼撤诉制度的基本内容。

根据《最高人民法院关于行政诉讼撤诉若干问题的规定》，被告改变被诉具体行政行为，原告申请撤诉，符合下列条件的，法院应当裁定准许：申请撤诉是当事人真实意思表示；被告改变被诉具体行政行为，不违反法律、法规的禁止性规定，不超越或者放弃职权，不损害公共利益和他人合法权益；被告已经改变或者决定改变被诉具体行政行为，并书面告知法院；第三人无异议。

其中"被告改变其所作的具体行政行为"是指，改变被诉具体行政行为所认定的主要事实和证据；改变被诉具体行政行为所适用的规范依据且对定性产生影响；撤销、部分撤销或者变更被诉具体行政行为处理结果。对于根据原告的请求依法履行法定职责；采取相应的补救、补偿等措施；在行政裁决案件中，书面认可原告与第三人达成的和解的情形，可以视为"被告改变其所作的具体行政行为"。

申请撤诉不符合法定条件，或者被告改变被诉具体行政行为后当事人不撤诉的，法院应当及时作出裁判。

2. 法院对行政诉讼撤诉申请的审查。

按照《行政诉讼法》的规定，法院必须确保原告申请撤诉自愿和合法，所以对撤诉申请的审查应注重自愿性审查和撤诉行为的合法性审查。除此之外，还要对申请撤诉的时机、方式、步骤、形式等方面进行程序性审查。

（1）自愿性审查。自愿性审查的实质是审查当事人撤诉的意思表示是否真实，主要从以下两个方面来判断。第一，审查申请人对于诉讼后果和被诉行政行为是否存在重大误解、欺诈以及串通虚假行为。第二，审查申请人的撤诉行为是否因胁迫等外在压力所致。

（2）合法性审查。即审查申请人的撤诉行为是否有规避法律的情况存在，其不同于审理程序中对行政行为合法性的审查。司法实践中，第一，准予撤诉不一定以被诉行政行为合法为前提。行政行为违法与否，只有到案件审理终结时才能确定。如果当事人的撤诉行为确实属于自愿行为，并无其他规避法律的行为，也不损害他人合法权益，法院应当准予撤诉。第二，准予撤诉不以原告违法行为的严重程度为前提。在诉讼过程中，原告发现自己的违法事实大于或者多于被诉行政机关所认定的违法事实，或者发现自己行为的性质比被诉行政行为所认定的性质更为严重，或者发现被诉行政机关对自己的处罚偏轻等，继续诉讼可能对自己更为不利，因而申请撤诉，法院应当准予撤诉。

（3）拟制撤诉的审查。对于视为申请撤诉的，法院也应当进行审查。对于原告虽然没有到庭，但是委托诉讼代理人参加诉讼的，不能视为申请撤诉。

【思考题】

1. 上诉人经合法传唤，无正当理由拒不到庭的，是否可以按照撤诉处理？
2. 谈谈诉讼和解在行政诉讼中的地位。

十一、调解制度

案例十一　杨某诉山西省人力资源和社会保障厅政府信息公开案❶

【基本案情】

杨某因对其诉山西省人社厅政府信息公开一案，不服山西省高级人民法院行政判决，申请再审。最高人民法院在审查期间，对本案进行了调解，杨某申请撤回再审申请。

最高人民法院认为，杨某提起诉讼，是要求行政机关提供一份政府信息的复印件，行政机关拒绝了其申请，尽管此前曾允许他对该信息进行查阅、摘抄。案件的争执在于政府信息公开的方式和形式问题，对此行政机关拥有较大裁量空间。对于这类纠纷，与其兴师动众、刚性裁判，不如协商调解更为经济和彻底。经合议庭建议，行政机关决定向杨某提供复印件。杨某拿到复印件后当场写了撤回再审申请，请行政机关帮他邮寄。合议庭一致认为杨某的申请应予准许。另外，将本案的调解协议内容公开，不仅没有当事人敏感信息被披露的危险，而且通过对双方当事人理性与合作态度的宣传，

---

❶　最高人民法院（2018）最高法行申 142 号行政裁定书。

可以引导行政机关更好地服务人民群众，引导公民、法人或者其他组织更理性地行使诉讼权利，在全社会营造减少诉讼、增进和谐的风气。

【主要法律问题】

1. 行政诉讼中，在哪些情形下可适用调解？

2. 行政诉讼中的调解过程和调解协议内容能否公开？

【主要法律依据】

1.《行政诉讼法》第 60 条第 1 款；

2.《最高人民法院关于适用〈中华人民共和国行政诉讼法〉的解释》第 86 条第 1款、第 3 款。

【理论分析】

1. 行政诉讼不适用调解及其例外情形。

法院审理行政案件不适用调解是行政诉讼的基本原则。行政诉讼主要定位于客观诉讼，特别是法院对行政行为的合法性进行审查，而对于行政行为的合法性，行政机关没有处分权，行政机关也不能拿行政行为的合法性来做交易。但这并不影响法院通过撤诉或者和解的方式解决争议。根据相关法律、法规的规定，在行政赔偿、补偿以及行政机关行使法律、法规规定的自由裁量权的案件中，可以适用调解。这不仅有利于妥善处理行政争议，增进当事人与行政机关的相互理解与信任，还能减轻双方当事人的诉累，节约司法资源。

2. 调解必须遵循的原则。

（1）自愿原则。调解必须完全基于各方当事人的意愿，各方都同意调解，法院才能主持调解；达成的协议必须是各方的合意，不得采取压制、威胁的方式，迫使当事人签订调解协议。

（2）合法原则。行政诉讼调解应当在查清事实、分清是非的基础上进行调解，不能放弃行政审判监督行政机关依法行政的职能作用，放弃保护公民、法人和其他组织合法权益的诉讼目的，应按照法律、法规规定的程序进行，协议内容不得违反法律、法规的规定。

（3）不得损害国家利益、社会公共利益和其他人合法权益原则。行政调解尤其须防止当事人恶意串通，通过司法调解掩盖违法甚至犯罪行为，让法院为其违法行为背书。

3. 行政诉讼调解协议内容原则上不公开以及例外情形。

调解过程实际上大多是当事人之间相互妥协和让步，可能还会涉及当事人个人隐私等情况，所以调解协议内容原则上不予公开。但法院发现调解协议内容有可能会涉及国家利益、社会公共利益或者其他人合法权益的，经过利益衡量后认为确有必要公开的，也可对调解协议内容予以公开。

【思考题】

简述第三人在行政诉讼调解中的地位和权利义务。

十二、司法建议制度

案例十二　崔某诉河南省辉县市人民政府提高抚恤金标准再审案❶

【基本案情】

崔某向河南省新乡市中级人民法院起诉称，其因辉县市兴修水利工程致残，辉县市人民政府（以下简称辉县市政府）发放抚恤金标准一直按辉县市政府下发的文件《关于调整对水利工程因公伤亡民工抚恤照顾规定的通知》（以下简称《通知》）执行，后经 2008 年、2011 年、2014 年三次调整，因调整后的标准过低，其生活困难，向各级部门反映却得不到解决。其于 2016 年 4 月 1 日致函辉县市政府要求调整抚恤金标准未得到答复，故诉至法院要求判令辉县市政府作出提高发放抚恤金标准的行政行为。一审裁定驳回崔某的起诉。河南省高级人民法院二审裁定维持。后崔某向最高人民法院申请再审。

其中，对于《通知》确定的抚恤金标准是否可诉，二审法院认为，涉案水利伤残抚恤金的标准由辉县市政府根据当地的经济发展状况和居民收入水平等因素综合确定，没有可直接适用或参照的法定标准，属于当地政府的行政裁量权范围。因法院不能替代行政机关直接行使行政裁量权，对行政机关行使自由裁量权行政行为的司法变更限于该行为畸轻或畸重的情形，故在辉县市政府没有对该标准调整的情况下，法院不宜通过裁判方式直接确定抚恤标准。

最高人民法院认为，从法律层面讲，生效的二审裁定应当得到支持，但简单地驳回再审申请人的再审申请，又对伤残民工的生活境况心怀不忍，为此委派合议庭成员专门到当地了解实际情况。经了解，为解决当地水利建设民工伤亡抚恤问题，辉县市政府自对水利民工伤亡抚恤的原则、补助标准等进行规范以来，三十余年间共出台十多个文件，从不同角度规范水利伤残民工的抚恤和生活补助工作，并先后多次以增加生活补助、提高抚恤标准以及减免税费等方式提高水利伤残民工的抚恤水平。此外，当地政府还通过建设水利医院、为水利伤残人员原伤复发提供免费治疗等措施，减轻伤残人员的看病负担。本案二审裁定作出后，辉县市政府又再次将伤残抚恤照顾金提高 20%，且已实际发放完毕。在此基础上，辉县市政府还初步研究决定，"根据物价上涨情况和我市财力状况情况，原则上对抚恤金照顾标准每三年调整一次"。最高人民法

---

❶　最高人民法院（2017）最高法行申 7074 号行政裁定书。

院专门发出司法建议，建议辉县市政府依据与当前居民收入水平和经济发展状况相适应的原则，就本案伤残抚恤金标准及相关问题统筹研究，在财政状况等条件允许的范围内，提高抚恤金发放基准，以保障和改善水利伤残人员的生活水平。

【主要法律问题】

对于行政机关采取的存在较大裁量余地、具有较多政策因素的处理行为，法院可否进行司法审查？

【主要法律依据】

《行政诉讼法》第 66 条第 2 款、第 96 条第 4 项。

【理论分析】

司法建议是指法院在审理案件的过程中，发现与案件有关、但不属于法院审判能解决的问题，向其他国家机关提出解决问题的合理化建议。

1. 实践中法院可提出司法建议的情形。

（1）对于案件审理中发现政府决策和行政管理活动中出现的共性问题，法院可以提出司法建议，为行政决策和改进工作提供参考。

（2）对于行政机关拒绝履行判决、裁定、调解书的，法院可向该行政机关的上一级行政机关或者监察机关提出司法建议。

（3）行政决定违法，行政机关未按规定将划拨的存款、汇款以及拍卖和依法处理所得的款项上缴国库或者划入财政专户的，法院可以发出司法建议。

（4）对被告拒不到庭或者中途退庭的情况，法院可予以公告，并可向监察机关或者被告的上一级行政机关提出依法给予其主要负责人或者直接责任人员处分的司法建议。

2. 对司法建议的监督落实。

对于法院而言，发出的司法建议要做到"用事实说话"，对案件所反映出来的问题进行详细分析，提出的解决措施要具体、可行，避免空泛议论。对于行政机关而言，司法建议具有一定的法律效力，接到司法建议的行政机关有义务予以依法处理，并将处理情况告知法院。

【思考题】

在行政机关未将划拨的存款、汇款或者拍卖和依法处理所得的款项上缴国库或者划入财政专户的情况下，法院是否可以判决行政机关直接将上述款项返还当事人？

第二节　行政裁判的法定类型

我国《行政诉讼法》没有直接引入诉讼种类的概念，只是对判决种类作了详细规定：驳回诉讼请求判决（第 69 条）、撤销判决（第 70 条）、重新作出行政行为判决（第 70 条）、履行职责判决（第 72 条）、履行给付义务判决（第 73 条）、确认违法但不予撤销判决（第 74 条）、确认无效判决（第 75 条）、变更判决（第 77 条），构成了行政裁判的法定类型。

一、驳回原告诉讼请求判决

案例一　吴某诉山东省德州市人民政府行政复议案[1]

【基本案情】

吴某以德州市人民政府（以下简称德州市政府）未对其申请事项作出书面答复为由，提起本案行政诉讼，请求责令德州市政府出具书面意见，依据《中国共产党党内监督条例》的规定，监督德州市政府履行法定职责，并从德州市政府同级组织中支付吴某的损失费用。

山东省德州市中级人民法院一审审理认为，国家设置行政复议及行政诉讼的目的在于保护公民、法人和其他组织的合法权益不受侵害，行政资源和司法资源的有限性决定了行政机关和司法机关只能满足当事人有效的行政及司法需求。诉的利益是原告存在司法救济的客观需要，没有诉讼利益或者仅仅是为了借助诉讼攻击对方当事人的情形不应当受到保护。本案中，2017 年 2 月 16 日庭前会议时吴某不仅无意解决纠纷，而且任由不符合法律规定代理手续的其他人员哄闹法庭，背离了行政诉讼制度设计目的。由此，该法院裁定驳回吴某的起诉。吴某不服一审裁定，向山东省高级人民法院提起上诉。二审法院基于与一审法院相同的理由，裁定驳回上诉、维持一审裁定。随后，吴某向最高人民法院申请再审。

最高人民法院认为：《行政复议法》第 6 条规定了申请行政复议的行政行为的范围。虽然吴某向德州市政府邮寄的材料名为复议审查申请，但其所列申请事项并非《行政复议法》第 6 条所列行政复议的范围，德州市政府对该复议申请明显没有法定职责。根据《最高人民法院关于适用〈中华人民共和国行政诉讼法〉的解释》第 93 条的规定，一、二审法院裁定驳回吴某的起诉正确，应予维持。故裁定驳回吴某的再审申请。

---

[1] 最高人民法院（2018）最高法行申 1253 号行政裁定书。

【主要法律问题】

对于被告没有原告所请求的法定职责或者给付义务的情形，法院应如何裁判？

【主要法律依据】

1. 《行政诉讼法》第 69 条；
2. 《最高人民法院关于适用〈中华人民共和国行政诉讼法〉的解释》第 93 条。

【理论分析】

驳回原告诉讼请求判决，就是原告败诉，由原告承担相应败诉责任，适用情形有以下几种。

1. 行政行为合法，即证据确凿，适用法律、法规正确，符合法定程序。包括多种情形，如行政行为完全合法、合法但不合理、合法但应改变或者废止等。首先，"证据确凿"，指的是证据确实、充分，足以证明行政行为所依据的全部事实。其次，"适用法律、法规正确"，需作广义理解，至少应包括以下内容：第一，行政行为的内容必须在法律、法规赋予该机关的权限范围之内。第二，行政行为必须符合法律的目的、原则和精神。行政机关要合法、正当地行使行政权，不能有滥用职权和显失公正之虞。第三，行政行为所适用的法律规范必须是与案涉法律关系相适应的法律规范，行政行为在适用法律方面无技术性错误。最后，"符合法定程序"是指符合法律确定的完成行政行为所必须遵循的行政程序。

2. 原告要求被告履行职责或者给付义务但理由不成立的。实践中，法院对以下情形适用判决驳回原告诉讼请求：一是行政机关不具有作为的法定义务；二是行政机关已经依法作出行政行为；三是行政机关不作为或延迟履行有正当理由；四是行政机关无法作出一定行政行为；五是原告无法举证证明申请的事实。《行政诉讼法》第 73 条还规定："人民法院经过审理，查明被告依法负有给付义务的，判决被告履行给付义务。"但是如果原告申请给付义务的理由不能成立，则应当判决驳回诉讼请求。

3. 行政许可中第三人提供或者法院调取的证据能够证明许可行为合法。如《最高人民法院关于审理行政许可案件若干问题的规定》第 8 条规定，与被诉行政许可行为有利害关系的公民、法人或者其他组织或者法院调取的证据能够证明行政许可行为合法，但由于被诉行政机关没有提供证据或者无正当理由逾期提供证据，法院如果作出维持判决，不利于对被诉行政机关的监督，不利于强化其举证意识，更可能使行政机关在类似案件中出现怠惰举证。为了保障被诉行政行为所保障的第三人的合法权益，法院可以作出驳回原告诉讼请求判决。

4. 其他应当作出驳回诉讼请求判决的情形。一是被诉行政行为合法但存在合理性问题。法院审理行政案件，只能对被诉行政行为是否合法进行审查，属于合理性范围问题的，法院无权裁判。对于合法但不合理的行为，可以判决驳回原告诉讼请求。判决后，被告可以自行作出纠正。二是被诉行政行为合法，但因法律、政策变化需要变更或者废止。法院对这种情况判决撤销不合适，可以适用驳回诉讼请求判决。三是其他应当判决驳回诉讼请求的情形，需要法院根据实际情况作出合理裁量。

【思考题】

简述行政诉讼法中驳回原告诉讼请求判决与维持判决的区别。

二、撤销判决（重作判决）

案例二　刘某诉黑龙江省海林市人民政府土地征收补偿决定案❶

【基本案情】

刘某为海林镇秦家村农民，其家庭有合法的农村土地承包经营权证。2015 年 4 月 25 日海林市人民政府（以下简称海林市政府）组织人员对刘某等七人家庭承包的基本农田强制征收。刘某等七人提起诉讼，牡丹江市中级人民法院于 2015 年 12 月 11 日作出行政判决。2016 年 10 月 31 日，海林市政府作出《关于刘某等七人家庭使用的土地征收补偿的决定》，刘某不服该决定，向牡丹江市中级人民法院提起诉讼。一审判决撤销海林市政府作出的《关于刘某等七人家庭使用的土地征收补偿的决定》，责令海林市政府重新作出行政行为。刘某不服，向黑龙江省高级人民法院提起上诉。二审判决驳回刘某上诉，维持一审判决。刘某向最高人民法院申请再审。

最高人民法院经审查认为，一审判决撤销被诉土地征收补偿决定，责令海林市政府重新作出行政行为，认定事实清楚，适用法律正确。《最高人民法院关于执行〈中华人民共和国行政诉讼法〉若干问题的解释》第 60 条第 1 款规定："人民法院判决被告重新作出具体行政行为，如不及时重新作出具体行政行为，将会给国家利益、公共利益或者当事人利益造成损失的，可以限定重新作出具体行政行为的期限。"故一审判决未限定海林市政府重新作出土地征收补偿决定的期限，并无不妥，属其自由裁量权范围。刘某承包的集体土地被强制征收，应当依法及时获得补偿，海林市政府作出征收补偿决定亦不需要专业的调查或者裁量。二审判决对一审判决予以指正，并判令海林市政府在判决发生法律效力之日起 60 日内针对刘某的征收补偿事宜重新作出补偿决定，符合本案实际情况，更有利于保护刘某的合法权益，本院予以支持。故裁定驳回刘某的再审申请。

【主要法律问题】

法院在判决被告重新作出行政行为时是否应当限定重作期限？

---

❶　最高人民法院（2018）最高法行申 7623 号行政裁定书。

【主要法律依据】

《行政诉讼法》第 70 条、第 71 条。

【理论分析】

撤销判决通过撤销为原告设定的负担性行政行为的方式形成权利，是一种形成诉讼。

1. 撤销判决的适用条件。

撤销判决适用的前提条件是行政机关已经作出行政行为，即行政机关已经在客观上为人所知地作出了行为。适用撤销判决必须同时满足以下条件：一是被诉行政行为违法。二是被诉行政行为成立且有约束力。三是被诉行政行为属于"作为"行为。四是具有可撤销内容。如果违法的行政行为不具有可撤销的内容，则应当作出确认违法的判决。五是被诉行政行为仍然存在。如果违法的行政行为已经被变更或者撤销，则应当作出确认违法判决。六是撤销不会给国家利益、社会公共利益造成重大损失。判决撤销会导致被诉行政行为自始无效，如果该撤销判决会给国家利益或社会公共利益造成重大损失，则应当判决确认违法并保留其效力。

2. 撤销判决的法定理由。

（1）主要证据不足。行政诉讼既要查清事实，又要兼顾行政管理特点和实际情况，其证明标准介于刑事诉讼和民事诉讼之间，比刑事诉讼中排除合理怀疑的标准要低，比民事诉讼中优势证据的标准要高。"主要证据不足"这一法定撤销条件的设定，包括了对证据量的要求和质的要求，证据要充分且确实。一方面要求被诉行政行为的每一个法定事实要件都有相应的证据证明；另一方面要求相应事实有主要证据证明。

（2）适用法律、法规错误。"适用法律、法规错误"从总体上来说是指行政机关在作出行政行为时，适用了不应该适用的法律、法规，或者没有适用应当适用的法律、法规。从实质上讲，适用法律、法规错误，除了某些技术性的错误以外（这种错误也可以导致定性和处理结果上的差错），通常表现为行政机关对事实的定性错误，对法律、法规适用范围和效力的把握错误，对法律、法规的原意、本质含义和法律精神理解、解释错误，或者有意片面适用有关法律、法规等。

（3）违反法定程序。行政机关作出行政行为，不仅要结果正确，还要程序合法。《行政处罚法》《行政许可法》《行政强制法》等很多法律、法规都规定了行政程序，违反了法定程序，就属于行政违法，被诉行政行为应当被撤销，这是原则性规定。考虑到程序性观念目前在我国很有必要树立，有些程序轻微违法但对原告权利不产生实际影响的，判决确认该行政行为违法。

（4）超越职权。司法实践中，法院审查被诉行政行为，往往第一步就看被告是否有权作出行政行为。超越职权，即用权超过法定职权范围，使得超过部分没有法律依据。这里的超越职权应作广义理解，包括根本没有行政主体资格、超越事务管辖权

（甲机关行使了乙机关的职权）、超越地域管辖权（甲地机关行使了乙地机关的职权）、超越级别管辖权（下级机关行使了上级机关的职权）、超越了法律规定的职权（法律规定的是罚款权但行使了责令停产停业权）等。

（5）滥用职权。认定滥用职权应当考虑主、客观两个方面：主观方面必须具有违反法律规定的目的的情况存在，通常表现在，一是行政机关行使权力的目的不是出于公共利益；二是行政机关行使权力的目的符合公共利益，但不符合法律赋予这种权力的特定目的；三是不适当的考虑，即考虑了不应当考虑的因素，或者没有考虑应当考虑的因素。客观方面必须具有很不合理、显失公正等情况，包括违背一般人的理智，违反平等适用原则，违反通常的比例原则，或违反一般公平观念的情形，也包括行政机关严重违背"尽其最善"的原则，或者无视具体情况或对象，带有明显任性倾向的情形。

（6）明显不当。明显不当与滥用职权，都针对行政自由裁量权，但规范角度不同，明显不当是从客观结果角度提出的，滥用职权则是从主观角度提出的。考虑到合法性审查原则的统帅地位，对明显不当不能做过宽理解，应界定为"被诉行政行为结果的畸轻畸重"为宜。明显不当的情形主要包括：第一，对违法行为的处理显失公正的，同类违法行为的程度、后果相似而处理决定明显不同，畸轻畸重；第二，明显违背国家基本方针政策的；第三，为地方利益而影响大局工作的行政行为；第四，其他应认定为明显不当的情形。

3. 撤销判决的效力。

（1）全部撤销判决的效力。一方面，行政行为不再对相对人发生任何效力，相对人有权请求赔偿行政行为对其造成的伤害；另一方面，被诉行政机关应承担败诉的法律后果。

（2）部分撤销判决的效力。通常适用于行政行为具有可分性且行政行为部分合法、部分违法的情况，此时应撤销违法部分，保留正确部分。

（3）责令重新作出行政行为的撤销判决的效力。法院判决撤销被诉行政行为并责令被诉行政机关重新作出行政行为，应根据具体情况处理。一般情况下，不应限定重作的期限，但不限定重作的期限可能会导致相关利益损失的，可以但不是必须限定重作期限。如本案中，一审判决未限定原行政机关重新作出土地征收补偿决定的期限，属其自由裁量权范围。

【思考题】

1. 行政诉讼撤销判决中，对于"滥用职权"和"明显不当"的判断方法有什么不同？

2. 责令重新作出行政行为的撤销判决时，对于是否确定履行期限应考虑哪些因素？

三、履行判决（给付判决）

案例三　李某诉山东省人民政府不履行法定职责案❶

【基本案情】

2015 年 7 月 6 日，李某向山东省人民政府（以下简称山东省政府）邮寄《致省政府关于现居住公房包括自管公房职工参加房改请求报告》，请求其按照"每个城镇居民和在职职工都有享受一次房改的权利"的规定，对鲁政发〔1994〕1 号《山东省人民政府关于城镇住房制度改革的意见（试行）》中关于平房和自管公房的房改具体问题和事项进行明确解释，并将执行和落实情况通知本人，可以使本人居有其所；请求山东省政府对 1984 年搬迁安置房出现的问题，尽快出台法规和政策，并执行和落实好"历史遗留的"产权调换和危房安置、安鉴问题。山东省政府 7 月 7 日收到该报告后，将其归类于人民群众来信来访事项，转到山东省信访局，按照信访事项进行处理。李某不服，提起诉讼，请求法院判令山东省政府依法对其请求事项予以处理。济南市中级人民法院一审认为山东省政府无信访事项处理职权，其将李某反映问题转交信访部门处理符合法律规定。山东省政府对李某反映信访事项予以转办处理的行为，不属于行政案件的受案范围，由此裁定驳回李某的起诉。山东省高级人民法院二审以同一理由裁定驳回上诉，维持原裁定。李某向最高人民法院申请再审。

最高人民法院认为，李某在再审申请中称其邮寄的请求报告与平时的人民来信不同，此主张具有一定道理，法院也不宜任意扩大对于信访事项的归类，以此简单地排除出行政诉讼的受案范围。但李某认为由此就构成"人民法院立案受理的前提"，却没有相应的法律依据支持。李某所提诉讼在诉讼类型上应当属于履行职责之诉，如果其申请解决的是本人的住房居所问题，则属于请求行政机关针对其本人作出一个具体的、特定的处理，但即使如此省级政府显然也不具有直接处理该项个人事务的职责。从李某请求报告的内容来看，其核心是请求山东省政府对相关政策进行解释并要求尽快出台相关法规政策。这种请求在性质上属于要求行政机关进行一般性的规范创制。应当承认，公民、法人或者其他组织的合法权益，不仅会由于具体行政行为而遭受侵害，也会由于行政机关应当颁布而未颁布相应规范而受到影响，但是，《行政诉讼法》只是规定公民、法人或者其他组织在针对行政机关作出的行政行为起诉时才可以一并请求对该行政行为所依据的规范性文件进行审查，并没有规定可以直接提起要求行政机关依照其申请制定规范或解释规范的规范颁布之诉，从这个意义上讲，李某提起的本案之诉，既不符合履行职责之诉的法定起诉条件，也不属于行政诉讼的受案范围。原一、二审法院分别裁定驳回李某的起诉和上诉，并无不当。故裁定驳回李某的再审申请。

---

❶ 最高人民法院（2016）最高法行申 2864 号行政裁定书。

【主要法律问题】

何种情形下，公民、法人或者其他组织可以提起要求行政机关履行职责之诉？

【主要法律依据】

《行政诉讼法》第72条、第96条。

【理论分析】

履行职责判决，是由法院判断是否作出行政行为，涉及司法权与行政权的分工问题。我国1989年《行政诉讼法》制定时，就明确了履行职责判决，赋予了法院要求行政机关作出一定行为的判断权，有利于行政争议的实质解决。

1. 履行职责判决适用的前提条件。

公民、法人或者其他组织提起履行职责之诉应当具备以下条件：第一，向行政机关提出过申请，并且行政机关明确予以拒绝或者逾期不予答复。第二，所申请的事项具有实体法上的请求权基础。这种请求权基础可以产生于或者基于某一法律、某一行政机关的保证以及某一行政合同。第三，向一个有管辖权的行政机关提出。这种管辖权既包括该行政机关是否主管申请人所申请的专业事务，也包括同一专业事务中不同地域、不同级别的行政机关之间对于管辖权的具体分工。第四，申请行政机关作出的行为应当是一个具体的、特定的行政行为。第五，行政机关对于原告申请的拒绝，可能侵害的必须是属于原告自己的主观权利。

2. 履行职责判决的适用情形。

履行判决中"不履行法定职责"的情形主要包括：第一，拒绝履行，指行政机关超出法定或者合理期限拒绝履行。《行政诉讼法》第47条有"2个月"的期限规定，对于没有法定期限或者合理期限，或者需要行政机关即时履行的，不受此限。第二，部分履行，指行政机关虽履行了部分义务，但未履行全部义务。第三，拖延履行，指行政机关在法定或者合理的时间内以不作为的方式不履行行政义务。

理解履行职责判决的适用情形，需要注意，不履行的是法定职责，即法律、法规明确规定的职责，原则上约定职责、后续义务等不属于履行职责判决的适用情形，应当作为行政协议争议解决。❶ 不履行法定职责认定要与《行政诉讼法》适用范围相对应，防止做过宽或者过窄理解，不能把行政机关裁量范围内的事项以"未采取一定措施"为由一律划入不作为范围内。

3. 履行职责判决的内容。

（1）应当遵循司法权与行政权的分工。《行政诉讼法》未对履行职责判决的内容做进一步规定，法院在具体作出时既要考虑实质解决行政争议，也要遵循司法权与行政

---

❶ 信春鹰.《中华人民共和国行政诉讼法》释义 [M]. 北京：法律出版社，2014：193.

权的分工原则。实践中主要有三种做法：要求被告依法履行职责、要求被告依法履行职责且对履行职责的方式等提出原则要求、明确履行的具体内容。其中明确履行具体内容的判决，法院应当慎重处理，只有在根据法律、法规规定，行政机关履行法定职责是非常清楚的，行政机关没有自由裁量权的情形时才可作出。

（2）应当明确一定的履行期限。履行判决以限定履责期限为原则，以不限定期限为例外。一般情况下，此期限应当短于程序法规定的履行期限，在特定情境下，依申请事项本身的性质，履行期限也可能大于法律规定。在没有法定期限时，法院应当依据案件的具体情况以及行政机关为行政行为的需要，并参照诉讼法关于起诉期限的规定，判决确定具体履行期限。只有在极少数情况下，确定履行期限十分困难，有可能妨碍行政实体法目标实现，此时方可对履行期限不作要求。

【思考题】

谈谈行政诉讼给付判决与履行判决的区别。

四、确认判决

案例四　甲公司与乙公司、海口市人民政府颁发国有土地使用证纠纷再审案❶

【基本案情】

原登记在乙公司 N1 号土地证项下的土地（200 亩）与澄迈县政府颁发给甲公司的 N2 号土地证项下的土地（191.6 亩）有 171.2 亩重叠。2007 年，甲公司 N2 号土地证地籍档案及相关资料由澄迈县国土局移交给海口市国土局。2011 年 4 月，因建设海口市某项目需要，海口市国土局收回甲公司 N2 号土地证项下宗地中大部分土地使用权，注销 N2 号土地证并办理变更登记。2012 年，海口市政府给甲公司颁发 N3 号土地证和 N4 号土地证。经一审二审，甲公司向最高人民法院申请再审。

最高人民法院认为，本案被诉行政行为是海口市政府为甲公司进行土地登记并颁发 N3 号土地证的行政行为，应当对被诉登记及颁证行为的合法性问题作出判断。澄迈县政府关于无偿收回乙公司涉案土地使用权的 9 号处罚决定及 132 号通知函已被海南省高级人民法院 2004 年 5 月 17 日作出的 23 号行政判决认定无效和撤销。此外，海南省高级人民法院于 2008 年 6 月 16 日作出 168 号判决，责令澄迈县政府和澄迈县国土局于判决生效后 30 日内给乙公司颁发涉案土地使用权证书。2012 年 2 月，海口市国土局就涉案土地换证有关问题向澄迈县国土局发函征询时，上述 23 号判决已经发生法律效力，168 号判决已进入再审程序，澄迈县政府、澄迈县国土局对涉案土地争议情况及相

---

❶　最高人民法院（2016）最高法行再 2 号行政裁定书。

关判决情况未向海口市政府如实告知和说明，致使海口市政府在不知道涉案土地存有争议的情况下向甲公司颁发 N3 号土地证。此后，海南省高级人民法院于 2013 年 5 月 7 日作出行政判决，变更 168 号判决为：责令澄迈县政府及澄迈县国土局为乙公司换发涉案土地使用权证。2014 年 6 月 6 日海南省高级人民法院作出判决，确认澄迈县政府为甲公司颁发的 N2 号土地证与乙公司 N1 号土地证项下重叠部分违法。上述判决均已发生法律效力，根据生效判决的既判力，澄迈县政府为甲公司进行土地登记并颁发 N2 号土地证的行为侵害了乙公司的合法权益，而海口市政府为甲公司颁发的 N3 号土地证承继自 N2 号土地证，故对于海口市政府为甲公司进行土地登记并颁发 N3 号土地证的违法性予以确认。

其中，甲公司在涉案土地上建成的大量地上建筑物无法预售，主要影响的是特定主体甲公司的个体利益，不属于社会公共利益的范畴，故本案不符合损害社会公共利益的情形。甲公司关于撤销土地证将损害社会公共利益的主张不能成立，本院不予支持。

【主要法律问题】

如何理解当"行政行为依法应当撤销，但撤销行政行为会给国家利益、社会公共利益造成重大损害"时适用确认违法判决？

【主要法律依据】

《行政诉讼法》第 74 条、第 75 条、第 76 条。

【理论分析】

确认判决是法院对被诉行政行为的合法性、效力以及行政法律关系之有无作出的司法判断。《行政诉讼法》规定的确认违法和确认无效判决属于否定型确认判决。其中，确认违法判决是从合法性角度作出的否定性评价，确认无效判决是从效力层面作出的否定性评价。

1. 确认违法判决。

（1）确认违法判决的适用情形。

确认违法判决又分为两类，一类称为情况判决，即被诉行政行为虽违法，但考虑其他法益，该行政行为仍然有效，不予撤销。被告应当采取补救措施，承担败诉责任，如赔偿责任、诉讼费承担等。同时，被诉行政行为不予以撤销，其效力仍继续存在。包括：第一，行政行为依法应当撤销，但撤销行政行为会给国家利益、社会公共利益造成重大损害的。第二，行政行为程序轻微违法，但对原告权利不产生实际影响的。另一类被诉行政行为虽违法，但客观上不需要撤销，只需宣告该行政行为违法，应当由被告承担败诉责任。另一类为内容判决，包括：第一，行政行为违法，但不具有可撤销内容的。第二，被告改变原违法行政行为，原告仍要求确认原行政行为违法的。

第三，被告不履行或者拖延履行法定职责，判决履行没有意义。

（2）确认违法判决的适用特点。

第一，补充性。确认判决本身没有形成力也没有执行力，不能直接消除行政行为对其造成的损害。而形成判决和给付判决对于公民的保障更为全面、彻底和有利，基于诉讼经济的考虑，公民应当优先选择该两种诉讼类型。

第二，宣示性。确认判决只是对特定事项作出宣示性的确认，目的在于作成经法律证实、宣示性的、有确定力的认定，不包含任何给付命令，没有可以强制执行的内容。

2. 确认无效判决。

（1）确认无效判决适用的法定情形。

对"重大明显违法"的认定，通常标准是，其违法情形已重大明显到任何有理智的人均能够判断的程度，因而其没有公定力，不必经法院等权威机构确认，公民就可以根据自己的判断而不服从。具体情形包括：其一，不具有行政主体资格。其二，被诉行政行为没有依据。其三，其他重大且明显违法情形，包括：违背地域专属管辖；无法辨认作出行政处理决定的行政机关；未依法作成书面决定；客观上不可能实施的行为；行政行为的实施可能导致相对人犯罪等。

（2）适用确认无效判决应注意的问题。

鉴于无效行政行为自始、当然、绝对无效的特征，在适用确认无效判决时应慎重判断，需要注意：第一，一般情况下，对于确认无效诉讼，应首先经过行政处理，即首先由行政机关予以确认。第二，无效行政行为是具有法定情形的存在瑕疵行政行为，是否属于无效的行政行为，应当根据《行政诉讼法》第75条的规定和《最高人民法院关于适用〈中华人民共和国行政诉讼法〉的解释》第99条的规定予以判断。第三，法院判决确认无效的，应当以原告提出确认无效的申请为前提。

【思考题】

对被诉行政行为作出否定性评价是否意味着该行政行为必须撤销？

五、变更判决

案例五　某农业经济合作社诉广西壮族自治区隆林各族自治县人民政府等山林确权裁决复议纠纷案❶

【基本案情】

广西壮族自治区隆林各族自治县某镇某村民委员会甲、乙农业经济合作社（以下

---

❶ 最高人民法院（2019）最高法行再134号行政裁定书。

简称甲社、乙社）有山林确权纠纷，一审法院认为，乙社持有 8 份《土地房产所有证》涉及争议地，但已失去法律效力；8 份土地承包经营权证真实性存疑。甲社以林权证主张权属，有事实和法律依据。隆林各族自治县人民政府（以下简称隆林县政府）作出的 4 号土地权属纠纷的处理决定（以下简称 4 号处理决定），将争议地确权归甲社所有正确；百色市人民政府作出的第 7 号行政复议决定书（以下简称 7 号复议决定），维持 4 号处理决定并无不当。判决驳回乙社诉求。二审法院认为，乙社持有的 5 份土地房产所有证存于该县档案局，争议各方对其真实性无异议，且涉及争议地，应当作为本案确权依据。甲社没有提供×号林权证中登记的某地块的权属来源依据，不能证明颁证程序合法。4 号处理决定认定事实不清，适用法律不当，7 号复议决定维持 4 号处理决定错误，一审判决驳回乙社的诉讼请求错误。二审判决撤销一审判决、4 号处理决定、7 号复议决定，由隆林县政府重新作出处理决定。

最高人民法院再审审查认为，二审判决在查清案件事实、证据充分情形下，未对争议地权属直接作出判决，而是判决隆林县政府重新作出行政行为，有违行政诉讼法实质化解行政争议的立法目的，可能存在适用法律和判决方式不当，裁定提审。

最高人民法院再审审理认为，基于乙社提交的 5 份土地房产所有证和长期管业事实，可以确认争议地应属于乙社集体所有。根据《行政诉讼法》第 60 条第 1 款和《最高人民法院关于适用〈中华人民共和国行政诉讼法〉的解释》第 140 条第 2 款关于审理行政裁决案件，一并审理民事争议的，不另行立案的规定，结合自然资源确权行政裁决行为涉及款额的确定，符合变更判决适用条件。再审判决撤销一、二审行政判决，撤销 7 号复议决定，变更 4 号处理决定关于争议地权利归属的内容，争议地可属乙社农民集体所有。

【主要法律问题】

行政裁决案件中，当事人争议的核心是相关民事权利的归属。民事争议原本属于法院传统裁判领域，法院享有包括变更权在内的完整司法裁判权。法院审理行政裁决案件，依法享有司法变更权，有权直接对争议的民事权利归属作出判决。变更判决与撤销重作判决，均属于行政诉讼法规定的法定判决方式。但是，与撤销重作判决相比较，变更判决直接确定争议事项的处理结果，无需被告另行作出行政行为，更有利于行政争议的实质化解。因此，在符合变更判决法定适用条件的情形下，法院选择适用撤销重作判决，违背行政诉讼法关于解决行政争议的立法目的，适用法律和判决方式错误，依法应予改判。

【主要法律依据】

《行政诉讼法》第 77 条第 1 款。

【理论分析】

土地、山林等自然资源权属纠纷，法律规定应当由行政机关先行作出行政裁决，当事人不服行政裁决，可以依法提起行政诉讼。法院对行政裁决行为所处理的民事争议，享有完全的司法裁判权。为了在行政诉讼中实质化解争议，经审理认为被诉行政裁决行为违法、裁决结果错误，且根据现有证据能够确定争议地权利归属的，法院可依照《行政诉讼法》第77条规定作出变更判决，直接确定争议地的权利归属，实质化解行政争议。

1. 行政裁决的民事基础法律关系。

行政裁决的基础法律关系原本属于民事关系，因行政机关的介入产生行政裁决的结果，故其引发的行政诉讼具有民事性、居间性和准司法性。当事人针对行政裁决提起行政诉讼时，其民事权益请求已包含并转化为一种行政诉讼请求。行政裁决案件的审理中，既有行政法律关系，又有民事法律关系；既有行政争议，又有民事争议，行政裁决与其所涉民事争议密不可分，行政争议、民事争议中的事实认定、证据采信以及裁判理由和结果必然相互影响。根据行政诉讼法全面审查被诉行政行为合法性原则以及实质解决行政争议的诉讼目的，法院在对行政行为合法性作出判决的同时，应当对相关民事争议一并处理。

2. 山林确权行政裁决案件中适用变更判决涉及的司法权边界。

与撤销判决不同，变更判决是司法权对行政权的直接介入，是司法机关替行政机关作出了新的行政行为。对于必须由行政机关作出行为行使职权的带有明显行政权特征的事项，涉及司法权和行政权的冲突和边界，法院不宜直接作出变更判决，来替代原行政行为。但山林确权行政裁决案件有特殊性，其本质属民事争议，而非对行政权的判断和评估，法院在查清案件事实后直接变更行政裁决内容，是司法裁判对民事权利的最后救济和终局保障，并不构成司法权对行政权的扩张，也非司法机关替行政机关作出了新的行政行为。变更判决的核心价值在于追求诉讼经济与维护行政相对人的合法权益，彻底解决纠纷。

3. 变更判决的法定适用条件。

《行政诉讼法》第77条第1款规定："行政处罚明显不当或者其他行政行为涉及对款额的确定、认定确有错误的，人民法院可以判决变更。"包括两种情形：一是行政补偿、行政赔偿案件中，涉及赔偿、补偿具体数额的计算确有错误的；二是土地、山林、草原确权行政裁决案件中，涉及争议地中各方权利归属具体面积数额的确定确有错误的。

本案中，争议山林的权属问题是争议的核心问题。4号处理决定将争议山林权属确权给甲社集体所有。二审经审理认为，4号处理决定将争议山林认定归甲社所有确有错误，应属于乙社所有，案件属于行政行为涉及对款额的认定确有错误的情形，二审本应依照《行政诉讼法》第77条规定依法作出变更判决，实质化解争议，但却作出了撤销重作判决。该判决适用法律和判决方式错误，依法应予再审改判。

【思考题】

本应适用变更判决却适用撤销重作判决的案件后续会带来什么影响？

六、赔偿判决

案例六 陈某诉福建省福州市长乐区人民政府营前街道办事处行政赔偿案❶

【基本案情】

关于陈某诉福建省福州市长乐区人民政府营前街道办事处（以下简称营前街道办）行政赔偿一案，福州市中级人民法院作出行政赔偿判决，营前街道办于判决生效之日起3个月内对陈某因其强制填埋承包地所造成的损失作出赔偿决定。陈某提起上诉，福建省高级人民法院二审判决驳回上诉，维持原判。陈某提起再审申请。

最高人民法院认为，本案的争议核心系法院是否应当对陈某的损失数额进行直接认定。从原审法院查明的事实看，营前街道办的行政强制行为已经被法院的生效判决书确认违法，陈某有权就此违法行为造成的损失主张行政赔偿，并有义务就其受到的损失承担初步举证责任，但双方均未对涉案土地上的农作物数量和价值提供有效的证据，故法院难以根据现有证据对陈某的损失作出直接判断。考虑到陈某的实际损失的确存在，为维护其合法权益，原审法院责令营前街道办限期作出赔偿决定，并未造成陈某实体权益的损害，本院应予认可。对于营前街道办履行赔偿义务是否到位，陈某后续仍有权寻求司法救济。因此，一、二审法院判决并无不当，陈某申请再审的理由和提交的相关材料不足以推翻原审法院认定事实和判决结果，裁定驳回陈某的再审申请。

【主要法律问题】

在行政赔偿判决中，法院应否直接认定当事人实际损失的数额？

【主要法律依据】

1. 《行政诉讼法》第76条；
2. 《最高人民法院关于审理行政赔偿案件若干问题的规定》。

【理论分析】

行政赔偿判决有以下特点：其一，一并提出行政诉讼和行政赔偿诉讼的，法院分别立案，再根据具体情况决定合并或单独审理。其二，原告在行政赔偿诉讼中对自己的主

---

❶ 最高人民法院（2019）最高法行赔申899号行政裁定书。

张承担举证责任，被告有权提供不予赔偿或者减少赔偿数额方面的证据。被告的行政行为违法但尚未对原告合法权益造成损害的，或者原告请求没有事实根据或法律根据的，法院应当判决驳回原告的赔偿请求。其三，行政赔偿判决具有稳定性、排他性和强制性，判决发生效力后，任何国家机关无权随意变更，必须遵照执行。当事人不得另行起诉，法院未依法撤销原判前，任何法院、行政机关都不能再作新的判决、处理决定。行政判决以国家强制力保证其履行，如果当事人不履行，法院就会强制执行。

司法实践中，从便捷当事人维护自身实体权益的角度出发，法院在行政赔偿判决书中可以在详细查明事实基础上对相关当事人的实际损失一并进行判决；但在针对一些明显缺乏相关证据，或者需要针对诸多专业化细节直接组织评估、鉴定活动等复杂情形时，为进一步明确行政机关的责任担当，利用好有限的司法资源，发挥行政机关的专业优势与协调优势，为后续做好当事人实体权益救济留有空间，亦可以根据《国家赔偿法》第 9 条和《行政诉讼法》第 76 条之规定精神，判决责令行政机关采取补救措施或者承担赔偿责任，而非必须明确赔偿数额。当事人对于行政机关后续作出的赔偿决定不服或者对于行政机关不履行赔偿义务等情形，仍可进一步寻求司法救济。

【思考题】

判决责令行政机关采取补救措施和判决行政机关承担赔偿责任的适用条件有什么不同？

第三节　再审案件的审理判决

审判监督程序并非行政案件的必经程序，也不是二审程序的继续，只有在生效裁判确有错误，需要进行再审时才适用。审判监督程序的目的在于贯彻审判工作实事求是、有错必纠的原则，及时纠正错案，在保障公平正义的同时兼顾稳定与效率。

一、"再审一次+抗诉一次"的有限再审

案例一　张某等诉四川省简阳市人民政府侵犯客运人力三轮车经营权案❶

【基本案情】

四川省简阳市人民政府（以下简称简阳市政府）以通告的形式对本市区范围内客运人力三轮车实行限额管理，对有偿使用期限已届满两年的客运人力三轮车，发布

---

❶ 最高人民法院. 指导案例 88 号：张道文、陶仁等诉四川省简阳市人民政府侵犯客运人力三轮车经营权案 [EB/OL]. （2017-11-24）［2021-12-23］. https://www.court.gov.cn/shenpan-xiangqing-74102.html.

《关于整顿城区小型车辆营运秩序的公告》（以下简称《公告》）、《关于整顿城区小型车辆营运秩序的补充公告》（以下简称《补充公告》），要求"原已具有合法证照的客运人力三轮车经营者必须到市交警大队办公室重新登记"，"经审查，取得经营权的登记者，每辆车按 8000 元的标准交纳经营权有偿使用费"。张某等 182 名客运人力三轮车经营者认为《公告》第 6 条和《补充公告》第 2 条的规定形成重复收费，侵犯其合法经营权，起诉要求判决撤销《公告》《补充公告》。

简阳市人民法院一审判决维持简阳市政府作出《公告》《补充公告》的行政行为。资阳市中级人民法院二审判决，驳回上诉，维持原判。四川省高级人民法院作出行政裁定指令资阳市中级人民法院再审。资阳市中级人民法院作出判决，撤销一审、二审判决，驳回张某等 182 人的诉讼请求。张某等提出申诉。四川省高级人民法院作出驳回再审申请通知书。张某等不服，申请再审，最高人民法院裁定提审本案。

最高人民法院认为，案涉《公告》《补充公告》在行政程序上存在瑕疵，属于明显不当。但虑及本案被诉行政行为作出之后，简阳市城区交通秩序好转，城市道路运行能力提高，城区市容市貌持续改善，通过两次"惠民"行动，绝大多数三轮车已经分批次完成置换，如果判决撤销被诉行政行为，将会给行政管理秩序和社会公共利益带来明显不利影响。于是作出行政判决，撤销资阳市中级人民法院再审判决；确认简阳市人民政府作出的《公告》《补充公告》违法。

【主要法律问题】

再审判决、裁定生效后能否再提出再审申请？

【主要法律依据】

《行政诉讼法》第 89 条第 1 款第 2 项、第 90 条、第 91 条。

【理论分析】

当事人有申请再审的权利，当其认为已经发生法律效力的判决、裁定、调解书确有错误的，可以向上一级法院申请再审。需要注意的是，此处是申请权，而非启动再审的权利，且申请再审不停止执行。当事人若申请再审，限于判决、裁定发生法律效力后 6 个月内提出，但有下列情形之一的，应自知道或者应当知道之日起 6 个月内提出：有新的证据，足以推翻原判决、裁定的；原判决、裁定认定事实的主要证据是伪造的；据以作出原判决、裁定的法律文书被撤销或者变更的；审判人员在审理该案件时有贪污受贿、徇私舞弊、枉法裁判行为的。

目前，行政案件无限再审、无限申诉的情况较严重，损害了生效裁判的既判力和法院的公信力，影响了社会稳定。《行政诉讼法》第 101 条规定："人民检察院对行政案件受理、审理、裁判、执行的监督，本法没有规定的，适用《民事诉讼法》的相关规定。"《民事诉讼法》第 216 条第 2 款规定："人民检察院对当事人的申请应当在三个月内进行审查，作出提出或者不予提出检察建议或者抗诉的决定。当事人不得再次向人民检察院申请检察建议或者抗诉。"《最高人民法院关于正确适用〈关于人民法院对民事案件发回重审和指令再审有关问题的规定〉的通知》规定："各级人民法院对本院已经发生法律效力的民事判决、裁定，不论以何种方式启动审判监督程序，只能再审一次。"即当事人再审申请被驳回后，或者再审判决、裁定生效后，当事人对再审判决、裁定仍然不服的，只能向检察院寻求救济，人民检察院认为驳回再审申请的裁定或者再审判决、裁定确有错误的，可以向法院抗诉。由此确立了对于法院再审过的行政案件，只能向检察院申请一次检察建议和抗诉的"一次再审一次抗诉"的诉讼"路线图"。

【思考题】

1. 法院对不提起上诉当事人提出的再审申请应如何处理？
2. 因检察院抗诉或者提出再审检察建议而进入再审的行政案件，是否需要在再审裁判主文中撤销驳回再审申请的裁定？

二、法院自我纠错的再审

案例二　张某珠诉河南省信阳市房产管理局撤销房产证案[●]

【基本案情】

河南省信阳市房产管理局（以下简称信阳房管局）于 1988 年 8 月 22 日为张某军办理了 N1 号房屋所有权证，将涉案房屋确权为张某军所有，共有人为张某强。1992 年根据规划，涉案房屋需在原有基础上加盖四层，以张某强、张某军为甲方，经与中国银行协商，由中国银行出资建房，建成交中国银行使用 15 年后由原房主使用。之后，张某强、张某军及张某珠分工建房后交于中国银行使用。2000 年 11 月 29 日，张某强、张某军分别申请办理案涉房屋所有权证，信阳房管局于 2001 年 3 月、2002 年 9 月分别为张某强、张某军办理 N2 号、N3 号房屋所有权证。张某珠不服，提起诉讼。

浉河区人民法院作出一审判决，撤销信阳房管局办理的 N1、N2、N3 号房屋所有权证。张某强、张某军不服，提起上诉，信阳市中级人民法院作出二审判决，撤销一审判决书；确认信阳房管局颁发的 N1、N2、N3 号房屋所有权证的行为合法有效。张某珠不服，向信阳市中级人民法院申诉，该院裁定撤销一、二审判决，发回浉河区人民法院重审。张某珠仍不服，向信阳市中级人民法院申诉，经该院审判委员会讨论后

[●] 信阳市浉河区人民法院（2003）信浉行初字第 10 号行政判决书；信阳市中级人民法院（2003）信中法行终字第 55 号行政判决书；信阳市中级人民法院（2006）信中法行申字第 1 号行政裁定书；信阳市中级人民法院（2006）信中法行再申字第 3 号行政裁定书；信阳市中级人民法院（2008）信中法行申字第 1 号行政裁定书；信阳市中级人民法院（2008）信中法行再终字第 1 号行政判决书。

作出裁定，决定对本案进行再审。后信阳市中级人民法院再审判决，撤销一、二审判决；确认信阳市房管局办理的 N1、N2、N3 号房屋所有权证无效。

【主要法律问题】

当事人对已经发生法律效力的判决、裁定向人民法院提起申诉，人民法院应如何处理？

【主要法律依据】

1. 《行政诉讼法》（1990 年）第 92 条；
2. 《最高人民法院关于适用〈中华人民共和国行政诉讼法〉的解释》第 151 条。

【理论分析】

法院依职权再审，是指当事人没有在判决、裁定、调解书发生法律效力后的 6 个月内申请再审，又认为符合再审事由，从而提出申诉，由审判委员会决定后再审，本案即属此情形。依职权启动再审的主体包括各级人民法院院长、最高人民法院及上级人民法院。

各级人民法院应当对本院作出的生效裁判负责。《行政诉讼法》第 4 条规定："人民法院审理行政案件，以事实为根据，以法律为准绳。"这一原则要求法院在审理行政案件过程中，要查明案件事实真相，以法律为尺度，作出公正的裁判。因此《人民法院组织法》第 13 条第 1 款规定："各级人民法院院长对本院已经发生法律效力的判决和裁定，如果发现在认定事实上或者在适用法律上确有错误，必须提交审判委员会处理。"

最高人民法院和上级人民法院有权提审或者指令下级法院再审。按照《人民法院组织法》规定，最高人民法院是国家的最高审判机关，有权监督地方各级人民法院和专门人民法院的审判工作。同时，上级人民法院有权监督下级人民法院的审判工作。上级法院对下级法院监督的主要内容之一就是对下级法院已经发生法律效力的判决、裁定，发现确有错误的，有权提审或者指令下级法院再审。其中对上级法院的理解不仅限于上一级法院，包括最高人民法院在内的所有上级法院对其下级法院的错误裁判，均有提起再审的权力。

需要注意的是，法院依职权再审的对象必须是已经发生法律效力的判决、裁定，如果尚未生效的判决、裁定确有错误的，应通过上诉程序来纠正。法院依职权再审的实质条件必须是已生效的判决、裁定违反了法律、法规的规定。其中"违反法律、法规规定"的情形为：原判决、裁定认定的事实主要证据不足；原判决、裁定适用法律、法规确有错误；违反法定程序，可能影响案件正确裁判；其他违反法律、法规的情形。

【思考题】

法院依职权再审的案件需要符合哪些条件？

三、检察院抗诉引起的再审

案例三　郑某诉河南省平顶山市公安局交通管理支队履行法定职责案❶

【基本案情】

2018 年 2 月 28 日，郑某为其小型汽车在平顶山市某机动车检测服务有限公司检测，结论为机动车安全技术检验表、机动车安全技术检验报告及点燃式发动机汽车简易瞬态工况法排气污染物检测报告均合格。后郑某向平顶山市公安局交通管理支队（以下简称平顶山交警支队）申请对案涉车辆发放机动车检验合格标志，平顶山交警支队以案涉车辆违章未处理完毕为由拒绝发放。郑某提起诉讼，河南省郏县人民法院判决平顶山交警支队在判决生效之日起七日内为郑某的小型汽车依法发放机动车检验合格标志。平顶山交警支队不服，提起上诉。

河南省平顶山市中级人民法院作出二审判决，撤销一审判决，驳回郑某的诉讼请求。郑某不服二审判决，向河南省高级人民法院申请再审，被驳回。郑某向检察机关申请监督。河南省人民检察院作出行政抗诉书，向河南省高级人民法院提出抗诉。河南省高级人民法院作出行政裁定，提审本案，并依法组成合议庭，于 2020 年 12 月 21 日公开开庭审理了此案。

河南省高级人民法院认为，不能因驾驶人的违法驾驶行为未处理完毕而不予核发机动车检验合格标志。合法行政要求"法律优先"，法律已经明确规定的不能违反。《道路交通安全法》第 13 条第 1 款明确规定："对提供机动车行驶证和机动车第三者责任强制保险单的，机动车安全技术检验机构应当予以检验，任何单位不得附加其他条件。对符合机动车国家安全技术标准的，公安机关交通管理部门应当发放检验合格标志。"由此看来，只要申请人提供机动车行驶证、第三者责任强制保险单，且机动车经安全技术检验合格，公安交通管理部门就应当核发检验合格标志，对涉及尚未处理完毕的道路交通安全违法行为或道路交通事故的送检机动车，应提醒机动车所有人及时到公安机关交通管理部门处理，而不能以此为由拒发机动车检验合格标志。本案中，郑某提出了申请，提供了所需材料，且车辆检验合格，平顶山交警支队应当作出核发机动车检验合格标志的行政行为。

【主要法律问题】

1. 对于检察院提起抗诉的案件，法院应当如何处理？

---

❶ 河南省郏县人民法院（2018）豫 0425 行初 3 号行政判决书；河南省平顶山市中级人民法院（2018）豫 04 行终 110 号行政判决书；河南省高级人民法院（2020）豫行抗 21 号行政裁定书；河南省高级人民法院（2020）豫行再 139 号行政判决书；河南省人民检察院豫检行监〔2020〕41000000059 号行政抗诉书。

2. 法院对于抗诉案件经过审理后，是否需要在再审裁判主文中撤销驳回再审申请的裁定？

【主要法律依据】

1. 《行政诉讼法》（2019 年）第 11 条、第 64 条、第 93 条、第 101 条。
2. 《最高人民法院关于适用〈中华人民共和国行政诉讼法〉的解释》第 75 条。

【理论分析】

《行政诉讼法》第 93 条规定："最高人民检察院对各级人民法院已经发生法律效力的判决、裁定，上级人民检察院对下级人民法院已经发生法律效力的判决、裁定，发现有本法第九十一条规定情形之一，或者发现调解书损害国家利益、社会公共利益的，应当提出抗诉。地方各级人民检察院对同级人民法院已经发生法律效力的判决、裁定，发现有本法第九十一条规定情形之一，或者发现调解书损害国家利益、社会公共利益的，可以向同级人民法院提出检察建议，并报上级人民检察院备案；也可以提请上级人民检察院向同级人民法院提出抗诉。各级人民检察院对审判监督程序以外的其他审判程序中审判人员的违法行为，有权向同级人民法院提出检察建议。"《最高人民法院关于适用〈中华人民共和国行政诉讼法〉的解释》第 75 条规定："对人民检察院按照审判监督程序提出抗诉的案件，人民法院应当再审。"

法院接到检察院的抗诉书后必须进入再审，且再审裁定必须在 30 日内作出。如果该案已经下一级法院再审的，不得再次指令再审。抗诉只能"上级抗"而不能"同级抗"，抗诉必然引起再审，而检察建议不必然引起再审。《最高人民法院、最高人民检察院关于对民事审判活动与行政诉讼实行法律监督的若干意见（试行）》第 7 条第 2 款规定："人民法院收到再审检察建议后，应当在三个月内进行审查并将审查结果书面回复人民检察院。人民法院认为需要再审的，应当通知当事人。人民检察院认为人民法院不予再审的决定不当的，应当提请上级人民检察院提出抗诉。"需要说明的是，最高人民检察院可以进行"同级抗"，即最高人民检察院对最高人民法院已经发生法律效力的判决、裁定，发现有《行政诉讼法》第 91 条规定情形之一的，有权向最高人民法院提出抗诉。

司法实践中，常常出现在审查申请再审时或者因当事人申请而裁定再审时，检察机关同时抗诉的情况。此时的审理主要看法院裁定再审时间与收到抗诉书时间的先后，法院裁定再审在前的，抗诉并入，不作为抗诉案件审理；抗诉时法院未启动再审的，法院审查则并入抗诉再审，按抗诉案件审理。

【思考题】

1. 行政诉讼中法院如何对再审检察建议进行审查？
2. 行政诉讼中驳回当事人再审申请裁定对检察院抗诉或检察建议有没有影响？简述理由。

行政赔偿与行政补偿

 **本章知识要点**

（1）行政赔偿，是指国家行政机关及其工作人员在行使职权过程中，违法侵犯公民、法人和其他组织的合法权益并造成损害，由国家承担的赔偿责任。（2）行政补偿，是指行政主体合法行使权力的行为损害了行政相对人的合法权益，或行政相对人为公共利益而使自己的合法权益受到损害，国家弥补行政相对人损失的给付救济。

第一节　行政赔偿

行政赔偿与行政补偿都是因行政职权的行使给公民、法人和其他组织的合法权益造成损失而由国家给予一定弥补的方式。二者有相同之处，也存在显著差别，其中性质不同是区分二者的主要标志。行政赔偿是由违法行政行为造成的，行政补偿是由合法行政行为引起的。司法实践中应根据具体情形，恰当选择适用赔偿或补偿方式。

案例一　许某诉金华市婺城区人民政府房屋行政强制及行政赔偿案❶

【基本案情】

2014 年 8 月 31 日，金华市婺城区人民政府（以下简称婺城区政府）在《金华日报》上发布《婺城区人民政府关于二七区块旧城改造房屋征收范围的公告》，并公布了房屋征收范围图，明确对二七区块范围实施改造。2014 年 9 月 26 日许某案涉房屋由婺城区政府组织拆除。2014 年 10 月 25 日，婺城区政府作出《金华市婺城区人民政府关

---

❶ 最高人民法院. 许水云诉金华市婺城区人民政府房屋行政强制及行政赔偿案 [J/OL]. 中华人民共和国最高人民法院公报，2018（06）. http://gongbao.court.gov.cn/Details/5d7a27f0ecf3a6159404b2069c5e5a.html.

于迎宾巷区块旧城改造建设项目房屋征收的决定》，载明：因旧城区改建的需要，决定对迎宾巷区块范围内房屋实行征收；房屋征收部门为金华市婺城区住房和城乡建设局，房屋征收实施单位为金华市婺城区二七区块改造工程指挥部（以下简称改造工程指挥部）；签约期限为 45 天，搬迁期限为 30 天，具体起止日期在房屋征收评估机构选定后，由房屋征收部门另行公告；附件为《征收补偿方案》。2014 年 10 月 26 日，《房屋征收决定》《征收补偿方案》在《金华日报》上公布许某位于金华市婺城区五一路迎宾巷的房屋被纳入房屋征收范围。

【主要法律问题】

1. 如何认定案涉强制拆除行为的主体？
2. 案涉强制拆除行为是否合法？
3. 本案应适用行政赔偿还是行政补偿程序进行救济？

【主要法律依据】

1. 《国有土地上房屋征收与补偿条例》第 4 条、第 5 条、第 23 条、第 24 条、第 27 条；
2. 《国家赔偿法》第 4 条、第 15 条、第 32 条、第 36 条；
3. 《行政诉讼法》第 38 条、第 89 条。

【理论分析】

1. 房屋征收部门对房屋征收实施单位在委托范围内实施的房屋征收与补偿行为的后果承担法律责任。在国有土地上房屋征收过程中，有且仅有市、县级人民政府及其确定的房屋征收部门才具有依法强制拆除合法建筑的职权，建设单位、施工单位等民事主体并无实施强制拆除他人合法房屋的权力。除非市、县级人民政府能举证证明房屋确系在其不知情的情况下由相关民事主体违法强拆的，则应推定强制拆除系市、县级人民政府委托实施，法院可以认定市、县级人民政府为实施强制拆除的行政主体，并应承担相应的赔偿责任。本案中，婺城区政府虽主张改造工程指挥部委托婺城建筑公司对已达成补偿安置协议的案外人的房屋进行拆除时，因操作不慎导致案涉房屋坍塌，否认强拆行为系由政府组织实施，婺城建筑公司亦出具情况说明作出类似陈述。但综合考虑案涉房屋系在婺城区政府进行征收过程中被强制拆除，被拆除前婺城区政府即发布旧城改造房屋征收公告，将其纳入征收范围。因此，案涉房屋被强制拆除行为首先应推定系由婺城区政府及其确定的房屋征收部门实施，应由其承担相应责任。虽然婺城建筑公司主动承认"误拆"，但改造工程指挥部工作人员给许某发送的短信显示，将对案涉房屋进行公证检查，许某提供的拆除现场的现场照片及有关新闻报道等，均能证实案涉强制拆除系在政府主导下进行。鉴于此，三级法院一致认定婺城建筑公司拆除案涉房屋行为的法律责任应由委托其拆除的改造工程指挥部的组建者婺城区政府承担。

2. 实施房屋征收应当先补偿、后搬迁。案涉房屋系许某取得所有权的合法房屋，任何单位和个人均不得侵犯。国家因公共利益需要确需征收的，应根据《国有土地上房屋征收与补偿条例》规定，给予房屋所有权人公平补偿，并按该条例第27条的规定，先给予补偿，后实施搬迁。房屋所有权人在签订补偿协议或者收到补偿决定确定的补偿内容后，也有主动配合并支持房屋征收的义务和责任。《国有土地上房屋征收与补偿条例》《最高人民法院关于办理申请人民法院强制执行国有土地上房屋征收补偿决定案件若干问题的规定》对市、县级人民政府及房屋征收部门如何实施征收、进行补偿、强制搬迁以及保障被征收人获得以市场评估价格为基础的公平补偿的权利进行了系统严密的规定。同时，为了确保因公共利益需要而进行的房屋征收顺利高效实施，专门规定对极少数不履行补偿决定又不主动搬迁的被征收人可以依法强制搬迁。具体到本案中，婺城区政府应当先行作出房屋征收决定并公告，后与许某就补偿方式、补偿金额和支付期限等事项订立补偿协议；如双方在征收补偿方案确定的签约期限内达不成补偿协议，婺城区政府应依法单方作出补偿决定。许某如对补偿决定不服，可依法申请行政复议或提起行政诉讼；许某在法定期限内不申请行政复议或不提起行政诉讼，在补偿决定规定的期限内又不搬迁的，婺城区政府应依法申请法院强制执行。而婺城区政府在既未作出补偿决定又未通过补偿协议解决案涉房屋补偿问题的情况下，实施强制拆除行为，不符合上述法律、法规的规定。

3. 强制拆除行为被确认违法的，对所造成损失应依法赔偿。在国有土地上房屋征收过程中，征收及与征收相关联的行政行为违法造成损失的赔偿问题较为复杂。尤其是在因强制拆除引发的行政赔偿中，应当结合违法行为类型与情节轻重，综合适用《国家赔偿法》规定的赔偿方式、项目、标准与《国有土地上房屋征收与补偿条例》规定的补偿方式、项目、标准，依法、科学确定赔偿项目和数额，保证被征收人得到的赔偿不低于其依照征收补偿方案获得的补偿。通常强制拆除房屋应依据已生效的补偿决定，而补偿决定应当已经解决房屋本身的补偿问题。因此，即使强制拆除行为被认定为违法，也仅涉及对房屋内物品损失的赔偿问题，不涉及房屋本身的补偿或者赔偿问题。但本案在强制拆除前，既无征收决定、补偿决定，也未达成补偿安置协议，许某未得到任何形式的补偿，强制拆除已构成重大且明显违法，应当依法赔偿。对许某房屋损失的赔偿，不应再依据《国有土地上房屋征收与补偿条例》所规定的市场价格基准确定方式，而应按照有利于保障许某房屋产权得到充分赔偿的原则予以确定。同时，许某在正常征收补偿程序中依据法律和当地政策应得到的利益损失，也属于《国家赔偿法》第36条第8项规定的直接损失范围，也应由婺城区政府参照补偿方案依法予以赔偿。因此，本案存在行政赔偿项目、标准与行政补偿项目、标准相互融合的情形，适用赔偿方式方能确保许某的损失得到公平合理的弥补。

【思考题】

1. 由民事主体具体实施行为造成的房屋毁损是否必然导致民事侵权赔偿纠纷？

2. 因强制拆除行为引发的赔偿与通过正常征收获得的补偿是否存在不同？

公民、法人和其他组织因受到国家行政机关及其工作人员违法行使职权行为侵犯并造成损害，可以向国家主张行政赔偿责任，但并不意味着所有的利益损失均属于行政赔偿的范围。获得行政赔偿的前提是合法权益受到违法侵害，如果公民、法人和其他组织遭受的损害是不法利益，即使因违法行政行为造成，也不能导致国家承担行政赔偿责任。

案例二　某纤维厂诉祁县人民政府行政赔偿案❶

【基本案情】

祁县某纤维厂于 2003 年 8 月经祁县发展计划局祁计字〔2003〕90 号文件批准成立，主要产品为二硫化碳及化工产品。该批文要求该厂收文后办理土地、城建、环保、工商、税务等手续。之后该厂请专家设计并购买生产设备，同年 11 月投产，12 月 24 日祁县人民政府（以下简称祁县政府）以该厂无环保手续为由对其行政处罚 3000 元。为此该厂向有关部门申请办理了工商营业执照（2003 年 12 月 12 日办理）、税务登记证、组织机构代码证、防雷设施安全检查合格证、产品质量技术检验报告等手续。2005 年 8 月，祁县政府以"祁县挂牌督办环保环境违法企业名单"通知该厂完善环保审批手续。同年 11 月，晋中市环保监察大队因该厂无任何审批手续对其罚款 10000 元，并要求其立即完善环保手续。2006 年 4 月 11 日，祁县政府在执法检查中，认定该厂是挂牌督办违法企业，该厂向祁县政府交纳环境监测费 3000 元并申请办理环保手续未果。2007 年 5 月 25 日，祁县政府下发祁政发〔2007〕20 号文件决定淘汰该厂，下令于 2007 年 5 月 27 日关闭该厂。同年 6 月 8 日祁县政府专项行动领导组对该厂采取断电停水查封措施，强制停止生产。此后，该厂对祁县政府上述具体行政行为不服提起行政诉讼，晋中市中级人民法院作出行政判决，对祁县政府该具体行政行为予以撤销。祁县政府提起上诉后撤诉，山西省高级人民法院裁定准予撤诉。该厂遂向祁县政府提出赔偿请求，祁县政府作出祁行赔决字〔2009〕1 号不予行政赔偿决定书驳回行政赔偿申请。另外，该厂投产后至诉讼之日未取得环境影响评价手续、安全生产许可证和企业占地合法手续。

【主要法律问题】

1. 公民、法人和其他组织受到违法行政行为侵犯，是否必然获得行政赔偿？
2. 公民、法人和其他组织所遭受损失可以获得行政赔偿的条件有哪些？

---

❶ 最高人民法院. 祁县华誉纤维厂诉祁县人民政府行政赔偿案〔J/OL〕. 中华人民共和国最高人民法院公报，2011（04）. http://gongbao.court.gov.cn/Details/2666ea9154c5498f1138d42f5d7535.html?sw=.

【主要法律依据】

1. 《国家赔偿法》（2010 年）第 2 条；
2. 《行政许可法》（2003 年）第 81 条；
3. 《安全生产许可证条例》（2004 年）第 19 条；
4. 《危险化学品安全管理条例》（2002 年）第 7 条。

【理论分析】

1. 违法利益不属于国家行政赔偿范围。《国家赔偿法》将国家承担行政赔偿责任范围限定于对"合法权益造成的损害"，即坚持违法利益不属于行政赔偿范围的原则。如果公民、法人和其他组织受到的损害是不法利益，即使相关行政行为已被确认违法，国家也不承担行政赔偿责任。两级法院对本案赔偿请求的判断即适用了这一原则。某纤维厂未取得合法用地批准手续、环保评价手续、安全生产许可证便投入生产，违反了当时有效的《行政许可法》第 81 条、《安全生产许可证条例》第 19 条、《危险化学品安全管理条例》第 7 条的规定，属于违法行为。故该厂主张赔偿的生产经营收益不属于合法权益范畴，不受法律保护。虽然某纤维厂所主张损失系因祁县政府相应行政行为引起，仍不属于《国家赔偿法》规定的行政赔偿范围。但需要强调的是，本案中对某纤维厂非法利益的认定系以其违法行为为基础，并不包括其生产设备等财产的直接损失，如果存在上述财产直接损失，则不宜排除。

2. 国家行政赔偿责任的成立需要具备一定构成要件。从历次《国家赔偿法》的规定或修改来看，行政机关及其工作人员违法行使职权，侵犯公民、法人和其他组织合法权益造成损害的，公民、法人和其他组织有权获得行政赔偿。因此国家行政赔偿责任的构成要件应包括：行政机关及其工作人员实施了违法行使职权的行为；公民、法人和其他组织的合法权益受到侵害且造成损失；违法行使职权的行为与合法权益受到的损害之间存在因果关系。三要件只有同时具备才能引起国家承担行政赔偿责任的结果。具体到本案，某纤维厂的赔偿请求无法获得支持即是因为其所主张系非法利益，欠缺合法权益受到损害这一要件。

【思考题】

1. 行政机关强制拆除违章建筑的行为被确认违法是否必然导致国家承担行政赔偿责任？
2. 如果违法强制拆除违章建筑引发行政赔偿责任，赔偿范围是什么？

行政赔偿是因公民、法人和其他组织受到国家行政机关及其工作人员违法行使职权行为侵犯，造成损害，由国家承担赔偿责任的制度。但某一损害结果可能同时由不同行为主体的不同致害行为共同导致，即存在多因一果情形。在公民、法人和其他组织的合法权益损失因行政主体的违法行政行为以及其他非行政主体的行为共同作用而发生时，行政主体是否应承担行政赔偿责任以及行政赔偿责任应按何原则确定等问题值得探讨。

案例三　中国银行江西分行诉南昌市房管局违法办理抵押登记案[❶]

【基本案情】

1995 年 4 月 5 日，南昌市甲实业集团公司（以下简称甲公司）以购买货物需流动资金为由，向原中国银行江西信托咨询公司（以下简称信托公司）申请贷款 700 万元。信托公司同意在甲公司落实贷款抵押手续、确保贷款无风险前提下办理贷款。同年 4 月 14 日，甲公司法定代表人颜某向江西省南昌市房产交易管理所（以下简称南昌市房交所）提出对该公司在江西省南昌市某区某路×号 2482.15 平方米房屋办理贷款抵押登记手续的申请，并提交了甲公司与南昌某房地产开发公司的购房协议书及×号房屋所有权证。同日，信托公司委托江西省南昌市房产价格评估所（以下简称南昌市房产评估所）对甲公司作为贷款抵押的房产进行价格评估。同年 4 月 17 日，南昌市房产评估所作出（95）洪房估字《估价书》，以市值的 75% 评估抵押房产的价值为 6515643 元。同日，信托公司与甲公司签订了 700 万元的《借款合同》，借款期限自 1995 年 4 月 26 日至 1995 年 9 月 25 日，贷款利率月息为 10.98‰。江西乙实业有限公司在借款合同中写明同意承担 50 万元贷款本息的担保责任。同年 4 月 26 日，南昌市房交所作出 No. N《房屋抵押贷款通知书》，认定抵押人颜某提交的 2482.15 平方米房产的产权人为甲公司，产权证号为×，抵押权人为信托公司，抵押贷款金额为 700 万元，抵押期限为 1995 年 4 月 26 日至 1995 年 9 月 25 日共 5 个月，并在备注栏内注明："银行（信用社）见此通知书可办理贷款手续，并收存此通知书；抵押贷款期满，贷款人凭本通知和银行（信用社）出具的还清贷款证明办理抵押贷款注销手续。"据此，信托公司于同年 4 月 26 日、4 月 30 日和 5 月 3 日先后分 3 次共支付 700 万元贷款给甲公司。同年 6 月 13 日，南昌市房管局以其下属部门南昌市房产评估所的名义函告信托公司，发现颜某未在市房屋产权监理处办理房屋产权证书，即用假产权证办理了房产抵押贷款手续。信托公司得知情况后，于次日收回甲公司尚未使用的贷款余额 88.5 万元。同年 6 月 16 日，江西省南昌市公安局对颜某利用假房产证诈骗贷款一案立案侦查，追缴到颜某一部林肯卧车，经江西省价格事务所鉴定，价值 15 万元；另追缴到贷款利差款 96 万元。1996 年 5 月 7 日，信托公司以南昌市房管局为赔偿义务机关向其提出行政赔偿申请。南昌市房管局在法定期限内未作出是否赔偿的决定。同年 8 月 28 日，信托公司向法院提起行政赔偿诉讼。在本案审理期间，信托公司于 1998 年 2 月 10 日经江西省工商行政

❶　中国银行江西分行诉南昌市房管局违法办理抵押登记案［J］. 中华人民共和国最高人民法院公报，2004（02）：22—27.

管理局核准，注销企业法人登记，其债权债务由中国银行江西省分行承担。为此，本案原告由信托公司变更为中国银行江西省分行。甲公司因未参加 1997 年度年检，于 1998 年 8 月被江西省南昌市工商行政管理局吊销了营业执照，且查无开办和主管单位。1999 年 10 月 29 日，颜某被缉拿归案。2000 年 10 月 20 日，江西省南昌市中级人民法院作出（2000）洪刑一初字第 89 号刑事判决，认定颜某用假房产证作抵押，诈骗银行贷款 650 万元，案发后公安机关共为中国银行江西省分行挽回经济损失 199.5 万元，造成实际损失 450.5 万元，颜某行为已构成诈骗罪，依法判处颜某无期徒刑，剥夺政治权利终身，并处没收个人全部财产。该判决已于同年 11 月 5 日发生法律效力。

【主要法律问题】

1. 国家行政机关实施违法行政行为与其他非行政主体第三人的特定行为共同侵犯公民、法人和其他组织合法权益并造成损害，相应国家行政机关是否应承担行政赔偿责任？

2. 前述情况下，国家行政机关所承担行政赔偿责任的确定应遵循什么原则？

【主要法律依据】

1. 《城市房地产管理法》（1994 年）第 61 条；

2. 《担保法》（1995 年）第 41 条；

3. 《国家赔偿法》（1994 年）第 4 条、第 7 条、第 28 条；

4. 《最高人民法院关于审理行政赔偿案件若干问题的规定》第 29 条。

【理论分析】

1. 多因一果致公民、法人和其他组织合法权益受损害，行政主体应予一定行政赔偿。在此情形下，公民、法人和其他组织合法权益损失的造成往往是由于行政主体和其他主体的混合过错所致，而且往往是由其他主体的侵权行为直接造成。即便如此，只要具备行政主体实施了违法行政行为，公民、法人和其他组织合法权益受到损害且上述违法行政行为与损害后果之间存在行政法上的利害关系等构成要件，行政主体即不能免除行政赔偿责任。本案中，根据当时有效的《城市房地产管理法》和《担保法》有关规定，办理房地产抵押登记是抵押合同生效的前提条件。南昌市房管局作为负责办理房产抵押登记的行政主管部门，对当事人的房产抵押登记申请应以高度负责的态度认真履行必要的注意义务，对抵押房产及其权属证书的真伪加以核对与识别。但南昌市房管局在本案中违反职业规范，未尽必要的注意义务，为持有假房产证实施诈骗的甲公司办理抵押登记手续，并明示信托公司可以办理贷款，其上述抵押登记行为违法。信托公司基于对抵押登记行为的信赖，为甲公司发放贷款并遭受了财产损失。虽然甲公司是造成信托公司财产损失的直接责任人，但是南昌市房管局的违法行为客观上为甲公司骗取贷款提供了条件，其违法出具他项权利证明的行为与信托公司财产损失之间存在法律上的利害关系和因果关系。在甲公司无法偿还贷款的情况下，南昌市房管局对其违法办理抵押登记而酿成信托公司财产损失的后果应当承担相应赔偿责任。鉴于信托公司财产损失实质是由甲公司诈骗行为直接造成，甲公司应当赔偿信托公司的全部财产损失，南昌市房管局承担行政赔偿责任后，有权就其承担的数额向甲公司行使追偿权。

2. 前述情况下，国家行政机关应承担过失赔偿责任。本案中，在登记机关行政赔偿责任的确定问题上，两级法院存在补充赔偿责任和过失赔偿责任的分歧。一审法院确定登记机关承担补充赔偿责任，即由登记机关对直接加害人甲公司应承担而未清偿的全部责任予以赔偿，而不考虑登记机关在致信托公司发生涉案财产损失结果的全部责任人中的过错程度和份额。而最高人民法院则按照登记机关在加害行为中的过错程度确定其承担相应的赔偿份额，这种责任认定原则对各过错方责任的区分和确定更为准确。按照过失责任原则，登记机关仅依据其过错程度和比例承担赔偿份额，即使直接加害人甲公司无力偿还其责任份额也并不能加重登记机关的赔偿责任。但与补充责任情形一致，由于甲公司并未改变其终局责任人的地位，故登记机关在承担过失赔偿责任后仍可就其赔偿份额向甲公司进行追偿。相应地，受害人对甲公司无力偿还的赔偿份额亦可继续索赔。

【思考题】

1. 多因一果情形下，行政机关是否承担行政赔偿责任应考虑哪些因素？

2. 如果行政机关工作人员在履行职责过程中存在个人违法犯罪行为，与其他主体共同导致公民、法人和其他组织遭受合法权益损失，行政机关是否应当承担行政赔偿责任？若行政机关承担一定行政赔偿责任，则予以赔偿后，可如何追偿？

根据《国家赔偿法》第 36 条第 8 项规定，行政机关实施违法行政行为对公民、法人和其他组织的财产权造成损害的，应按照直接损失给予赔偿。但如何准确合理认定"直接损失"一直是司法实践中的难点。直接损失范围的界定不应过于机械，应本着全面救济受害方实际损失的原则进行认定，方能公平充分地弥补受害方的损失。

案例四　罗某等诉三亚市综合行政执法局天涯分局行政赔偿案❶

【基本案情】

2012 年 1 月 4 日，罗某等 5 人成立三亚某养猪农民专业合作社（以下简称某合作社），取得了农民专业合作社法人营业执照，经营范围是生猪饲养、农产品加工及销

---

❶ 海南省三亚市中级人民法院（2018）琼 02 行赔初 3 号行政赔偿判决书；海南省高级人民法院（2019）琼行赔终 56 号行政赔偿判决书；最高人民法院（2020）最高法行赔再 7 号行政赔偿判决书。

售、养殖技术推广及咨询服务。2013 年 3 月 1 日，某合作社与海南省三亚市凤凰镇水
蛟村民委员会某村民小组签订土地租赁协议，租用该小组约 6 亩土地用于建设养殖基
地。后罗某等在租赁地上建造了约 2800m² 的猪栏舍及其他附属设施。2013 年 9 月 17
日，该养猪场因养殖需要，购进 30 台畜禽绿色养殖机。2015 年，罗某等根据相关部门
要求，对养猪场进行整改，建设水污染防治设施并于同年 7 月投入使用。2015 年 8 月
26 日，在未经上述通知整改部门验收的情况下，海南省三亚市天涯区城市管理局（以
下简称天涯区城管局）以涉案养猪场属违法建筑为由，未作出任何处理决定且未告知
罗某等相关权利，便强制拆除了养猪场及相关附属设施。2016 年 1 月 11 日，某合作社
注销登记被核准。2018 年 12 月 20 日，海南省三亚市中级人民法院（以下简称三亚市
中院）作出行政判决，确认天涯区城管局上述强拆行为违法。海南省三亚市天涯区综
合行政执法局（以下简称天涯区执法局）不服提起上诉，海南省高级人民法院（以下
简称海南高院）于 2019 年 5 月 27 日作出行政判决，驳回上诉，维持原判。经罗某等申
请，三亚市中院委托三亚中业勤资产评估事务所，对涉案养猪场及附属设施价值进行
了鉴定，作出《资产评估技术报告》（以下简称《评估报告》）显示，涉案养猪场及
附属设施财产损失价值为 1802439 元，评估基准日为 2015 年 8 月 31 日。《评估报告》
所附的《三亚秋明养猪场固定资产评估明细表》载明：第一项"猪栏"的净值为
837824 元，备注"铁皮顶、角铁搭架、铁柱，内建有生猪栏，现已拆除，每个长 3.7m
×宽 4.7m"；第三项"饲料仓库"净值为 27160 元，备注"铁皮顶、角铁搭架、铁柱，
已部分拆除"。

另外，2015 年 1 月天涯区城管局与天涯区执法局成立，两局属于一套人马两块牌
子。2015 年查处涉案养猪场时，使用的是天涯区城管局的印章，而在 2018 年实施强拆
时，使用的是天涯区执法局的印章。2019 年 2 月 22 日《中共三亚市委办公室三亚市人
民政府办公室关于印发〈天涯区机构改革方案〉的通知》发布后，同年 3 月底三亚市
组建天涯区执法局，不再保留天涯区城管局。

【主要法律问题】

1. 行政机关强制拆除行为造成公民、法人和其他组织合法财产损失，行政赔偿的
范围是什么？

2. 直接财产损失是否应以实际遭受价值减损的财产为限？

【主要法律依据】

1.《国家赔偿法》（2012 年）第 4 条第 4 项、第 36 条第 8 项；

2.《行政诉讼法》第 38 条第 2 款。

【理论分析】

1. 行政机关违法行使职权侵犯公民、法人和其他组织财产权造成损害的，按照直

接损失给予赔偿。根据《国家赔偿法》的规定，行政赔偿以赔偿直接损害为主，原则上不赔偿间接损失。就本案来说，三级法院对于此问题认识一致，均认为涉案行政赔偿义务机关天涯区执法局应对行政赔偿请求人罗某等的直接财产损失予以赔偿，而罗某等提出的涉及银行贷款利息损失、企业解散及廉价处理生猪损失等其他非直接损失的赔偿主张并未得到法院支持。

2. 尽管行政赔偿应按照直接损失给予赔偿是法院审理行政赔偿案件普遍遵循的原则，但如何准确合理认定"直接损失"仍是司法实践中的难点。以本案为例，三级法院对罗某等直接损失的认定各不相同。一审法院支持了《评估报告》评估的全部损失，二审法院改判支持该评估报告中猪栏、饲料仓库两部分损失。从本案的具体案情来看，二审法院仅将强拆对象即猪栏和饲料仓库的价值作为认定直接损失的依据过于机械，不足以弥补当事人的损失。最高人民法院则根据本案实际情况，突破直接损失即为实际发生物理破坏、价值减损的财产损失范围这一机械认识，将无法继续使用而必然产生的价值贬损纳入本案"直接损失"认定标准，将因强拆而造成的部分设备设施因无法继续使用而产生的价值贬损作为直接损失予以适当考虑。据此确定行政赔偿数额能更为全面、准确地认定实际损失，保护当事人的合法权益。

【思考题】

1. 在行政赔偿案件中，赔偿请求人遭受的必得利益损失是否属于直接财产损失范围？

2. 房屋被强拆后，房屋权利人主张赔偿的房屋损失等赔偿金的利息损失是否属于直接财产损失范围？

针对公民、法人和其他组织就其因行政机关侵犯遭受的合法权益损失要求赔偿的情况，《国家赔偿法》第 9 条第 2 款规定了两种途径，即赔偿请求人应当先向行政机关提出赔偿请求或在行政复议或提起行政诉讼时一并提出。至于赔偿请求人先提起行政诉讼，后又提起行政赔偿诉讼的行政赔偿求偿路径是否可行是司法实务中需要明确的问题。

案例五　陈某诉安徽省金寨县人民政府行政赔偿案❶

【基本案情】

陈某曾向法院提起行政诉讼，请求确认安徽省金寨县人民政府非法占用其集体土

---

❶ 安徽省六安市中级人民法院（2016）皖 15 行赔初 17 号行政赔偿裁定书；安徽省高级人民法院（2016）皖行赔终 34 号行政赔偿裁定书；最高人民法院（2016）最高法行申 4758 号行政裁定书。

地的行为违法，且该非法占用集体土地行为已被生效判决确认违法。后陈某未经先向安徽省金寨县人民政府提出赔偿申请，即提出本案行政赔偿诉讼。

【主要法律问题】

相关行政行为已被法院确认违法，行政赔偿请求人是否可不经向赔偿义务机关提出赔偿请求即向法院提起行政赔偿诉讼？

【主要法律依据】

《国家赔偿法》第9条第2款。

【理论分析】

赔偿请求人已通过行政诉讼确认行政行为违法，后提起行政赔偿诉讼，可视为提起行政诉讼时一并提出赔偿请求。具体到本案，一、二审法院均认为赔偿请求人陈某系单独提起行政赔偿诉讼，须以赔偿义务机关先行处理为前提，并据此驳回起诉。从《国家赔偿法》第9条第2款的规定来看，赔偿请求人要求赔偿应当先向赔偿义务机关提出，也可以在行政复议或提起行政诉讼时一并提出。即《国家赔偿法》赋予赔偿请求人对于上述两种求偿途径进行自主选择的权利。陈某先提起行政诉讼确认相关行政行为违法，后又提起本案行政赔偿诉讼，表明陈某没有选择向行政机关直接提出赔偿请求的途径，而是选择由法院解决行政赔偿问题。在此情形下，若机械地要求陈某必须先向赔偿义务机关提出赔偿请求，再提起行政赔偿诉讼，实际上妨碍其行使选择行政赔偿程序的权利，不仅会增加当事人的诉累，加剧赔偿程序的复杂性，也不符合《国家赔偿法》的立法目的。因此，陈某已通过行政诉讼程序确认行政行为违法后，再提起本案行政赔偿诉讼，可以按提起行政诉讼时一并提出赔偿请求的情形予以处理。

【思考题】

在行政行为已经被确认违法后，赔偿请求人有哪些获得赔偿的途径？

第二节　行政补偿

我国的行政补偿制度逐步建立和完善，至今已涉及相当广泛的领域。其中，行政征收领域的补偿是最常见的一种。根据相关法律、法规规定，为了公共利益的需要，国家可以依法收回国有土地使用权，也可征收国有土地上单位、个人的房屋，但实施征收必须以解决补偿为前提。行政机关为征收补偿应当遵循及时补偿原则和公平补偿原则。

案例一　某集团有限公司诉山西省太原市人民政府收回国有土地使用权决定案❶

【基本案情】

山西省某集团有限公司（以下简称某公司）于 2004 年 4 月和 2005 年 10 月先后办理了双塔西街 N 号《国有土地使用证》，并于 2006 年 3 月 1 日办理了《房屋产权证》。山西省太原市人民政府（以下简称太原市政府）为实施改造道路建设，于 2014 年 4 月 4 日发布《太原市人民政府为实施解放南路长治路改造道路建设涉及收回迎泽大街以南，中心街以北部分国有土地使用权的通告》（以下简称《通告》），并公示于 2014 年 4 月 10 日《太原日报》、山西省太原市国土资源局网站收地专栏。该《通告》告知各有关单位和住户，市政府决定收回解放南路长治路道路建设所涉及 87 个单位 776.85 亩的国有土地使用权。涉及的单位和住户自通告发布之日起 15 日内带有关土地手续到太原市国土资源局办理土地使用权注销手续；逾期不交回的，将予以注销。《通告》载明所涉某公司两幅土地的面积分别为 7.77 平方米、741.73 平方米，共 749.5 平方米。该公司对《通告》不服提起诉讼，请求依法撤销太原市政府收回其国有土地使用权的行为。

【主要法律问题】

1. 解决补偿问题是否为实施行政征收行为的前提？
2. 在对行政征收行为进行合法性审查时，补偿问题得到解决的最低限度是什么？
3. 应由谁承担因迟延补偿造成的损失？

【主要法律依据】

1. 《国有土地上房屋征收与补偿条例》第 8 条、第 13 条、第 27 条；
2. 《土地管理法》（2004 年）第 58 条；
3. 《城市房地产管理法》第 6 条。

【理论分析】

1. 有征收必有补偿，无补偿则无征收。国家为了公共利益需要，可以依法收回国有土地使用权，也可以征收国有土地上的房屋，但征收人必须对被征收人给予及时公平的补偿。否则，征收行为可能因未予补偿构成违法行政行为。本案中，因实施道路

---

❶ 最高人民法院. 山西省安业集团有限公司诉山西省太原市人民政府收回国有土地使用权决定案［J/OL］. 中华人民共和国最高人民法院公报，2017（01）. http://gongbao.court.gov.cn/Details/e465cca6b57c84a68dca15bfea6c3f.html?sw=.

建设改造工程，太原市政府与相关职能部门可以依法收回国有土地使用权，但应当遵循法定的程序和步骤，依法及时解决补偿问题。太原市政府作出被诉收回国有土地使用权决定，收回某公司拥有使用权的土地时，没有听取该公司的陈述、申辩，没有对涉案土地的四至范围作出认定，没有对该公司进行任何补偿。因此，太原市政府的行为违反了先补偿、后搬迁等原则，最终被法院确认违法。

2. 作出征收决定时应至少确定被征收人的补偿利益。如前所述，征收人实施征收行为应当以解决补偿问题为前提。征收人作出征收决定时或之后的合理时间内，至少应采取适当方式，使被征收人的补偿利益得以明确、具体，才能视为征收人实施了解决补偿问题的行为。本案中，太原市政府收回某公司拥有使用权的土地时，对涉案土地的四至范围都未作出认定，显然不可能对该公司相关补偿利益作出确定、必然的判断，当然属于补偿问题未予解决的情形。需要说明的是，补偿利益得以确定并不意味着被征收人必须搬迁，是否搬迁仍需尊重被征收人的意愿或有赖于补偿利益实际给予后的法定形式进行，征收人不得采取非法方式迫使被征收人搬迁。

3. 在征收过程中，常因征收人与被征收人之间存在补偿争议而造成补偿行为的迟延，并因此导致新的损失发生。新损失的承担应当区别征收人与被征收人过错情形予以确定。如果因征收人造成不合理迟延且被征收不动产价格明显上涨的，被征收人有权主张以作出征收补偿决定或者签订征收补偿协议时的市场价格作为补偿基准。如果征收人已依法办理提存等相关手续并书面告知被征收人领取补偿款项、使用安置房屋等内容，被征收人无正当理由拒绝领取的，征收人对诉讼期间因被征收财物价格上涨形成的损失等不承担补偿责任。本案中，因太原市政府作出被诉收回国有土地使用权决定时未对某公司相应补偿问题予以解决，且涉案工程亦实际暂缓实施，存在造成该公司新的补偿利益损失的可能，因此最高人民法院作出"今后如因道路建设改造实际使用某公司相应土地，该公司有权主张以实际使用土地时的土地市场价值为基准进行补偿"的认定。

【思考题】

1. 涉案《通告》中明确"收回上述国有土地使用权涉及的拆迁补偿事宜按照有关规定依法进行"是否意味着太原市政府决定收回涉案国有土地使用权时已经解决相应补偿问题？

2. 如果太原市政府后续对某公司作出补偿决定是否可强制该公司进行搬迁？

在集体土地征收过程中，土地所有权人和使用权人享有对涉案土地及地上附着物获得补偿的权利，市、县人民政府亦有义务支付被征收土地的土地补偿款、地上附着物补偿费等款项。土地承租人对所租赁土地享有合法使用权，作为所租赁土地地上附着物的所有人，有权主张应得到的相应补偿，具有提起要求市、县人民政府履行补偿职责之诉的原告资格。

案例二　某养殖专业合作社诉咸丰县人民政府土地行政补偿案❶

【基本案情】

2008 年 2 月 23 日，咸丰县某养殖专业合作社（以下简称某养殖合作社）与咸丰县高乐山镇杨泗坝村委会签订了一份《蛋鸡养殖场协议》，约定某养殖合作社租用该村集体土地 10 亩，租赁期限为 10 年，每年租金 7000 元。经湖北省国土资源厅批准，咸丰县人民政府（以下简称咸丰县政府）于 2012 年底启动工业园土地征收工作，某养殖合作社所租赁土地属于被征地范围。考虑到某养殖合作社因此受到影响，双方经协商同意聘请咸丰县某房地产评估咨询有限公司为第三方评估机构，对该合作社养鸡场的固定资产进行评估，评估价值为 249.7 万元。该合作社不服评估结论，认为评估结果没有包含蛋鸡损失、新选址补偿费、搬迁费及建筑物楼层补偿等。双方当事人于 2016 年 5 月 6 日再次协商未果。湖北咸丰工业园管理委员会于 2016 年 6 月 4 日向咸丰县政府报送了关于养鸡场请求补偿的处理意见。咸丰县政府对该合作社的补偿请求未予处理，该合作社遂提起诉讼，请求确认咸丰县政府征收其养鸡场所租用的集体土地后对地上附着物不予征收及补偿的行政行为违法，要求咸丰县政府向其支付因征收行为而应当支付的地上附着物补偿费。

【主要法律问题】

1. 在土地征收过程中，土地承租人是否可就其租赁土地上的附着物主张行政补偿利益？

2. 租赁土地上附着物的合法性考量是否会影响土地承租人提出行政补偿诉讼的原告主体资格？

【主要法律依据】

《土地管理法实施条例》（2014 年）第 26 条。

【理论分析】

1. 土地承租人享有对所租赁土地上的附着物获得补偿的权利。土地承租人通过订立协议等方式，享有相关集体土地的合法使用权，其土地使用权必然受到集体土地征收行为的实际影响，最主要表现形式即为其所有的租赁土地上的附着物遭受损失。《土地管理法实施条例》（2014 年）第 26 条规定"地上附着物及青苗补偿费归地上附着物及青苗的所有者所有"，赋予土地使用权人享有就土地上的附着物获得补偿的权利，土

---

❶ 最高人民法院（2018）最高法行再 194 号行政裁定书。

地征收主体亦有义务支付被征收土地地上附着物补偿费。本案中，某养殖合作社与咸丰县高乐山镇杨泗坝村委会签订《蛋鸡养殖场协议》，取得涉案集体土地的合法使用权。涉案集体土地被纳入征收范围之后，该合作社作为涉案土地地上附着物的所有人，有权主张相应补偿，具有向土地征收主体即咸丰县政府提起履行补偿职责之诉的原告资格。

2. 土地上附着物的合法性问题不是判断土地承租人是否具有要求履行补偿职责之诉原告资格的考虑因素。土地承租人之所以能够提起履行补偿职责之诉，是基于对地上附着物的所有权与土地征收行为发生了行政法上的利害关系，其因具备利害关系而有权主张获得相应征收补偿。实际能否获得补偿、对其如何补偿还应综合考虑地上附着物是否合法、市场价值等多方因素。但上述因素的考量涉及具体补偿标准、金额等的确定，不能成为剥夺土地承租人原告主体资格的理由。因此，最高人民法院未支持咸丰县政府所提"养殖场没有依法办理审批手续，系违章建筑，依法应不予补偿"的主张。

【思考题】

1. 某公司租用某集体经济组织的土地建设厂房设施，在租用土地被征收时，该公司是否可以自己名义向土地征收主体主张厂房设施补偿利益？

2. 如果土地征收主体就上述厂房设施的补偿金额与土地所有权人签订补偿协议并实际履行，则该公司是否还可向土地征收主体主张厂房设施补偿？

土地征收行为过程中包含发布征地公告、批准相关方案、征收补偿安置、责令交出土地、强制清除地上附着物等一系列相对独立的行政行为，而实施行政机关各不相同。被征收人要求履行相关安置补偿职责，应当首先确定所主张的为何职责、为何主体职责，方能判断是否应履行、怎样履行等。履责主体的判断应根据法律、法规以及征收项目的方案分工等确定。

案例三　苏某诉河北省秦皇岛市海港区人民政府征收补偿案❶

【基本案情】

苏某与河北省秦皇岛市海港区人民政府（以下简称海港区政府）发生安置补偿争议，其以海港区政府为被告提出行政诉讼，请求确认海港区政府不履行征收补偿安置职责的行政不作为违法。秦皇岛市中级人民法院依据《土地管理法实施条例》（2014年）第25条"征地补偿、安置方案报市、县级人民政府批准后，由市、县级人民政府

---

❶ 最高人民法院（2019）最高法行申 12753 号行政裁定书。

土地行政主管部门组织实施"的规定,认为海港区政府不是本案适格被告,苏某未向适格被告主张权利,且变更被告后不属于其管辖,裁定驳回苏某起诉。苏某不服提起上诉,河北省高级人民法院经审理对一审法院上述意见予以认可,并认为苏某如对安置补偿的数额和补偿标准不服,应先向作出安置补偿行政机关的上一级地方人民政府提出复议申请,经复议后才可提起行政诉讼,其直接提起行政诉讼不符合法律规定,故作出裁定,维持一审行政裁定。苏某仍不服,向最高人民法院申请再审,最高人民法院经审查虽驳回了苏某的再审申请,但对一、二审法院认定海港区政府不是本案适格被告的因果关系分析观点予以指正。

【主要法律问题】

1. 依据《土地管理法实施条例》(2014 年)第 25 条第 3 款的规定,是否可直接认定征地补偿、安置方案报市、县级人民政府批准后即仅由"土地行政主管部门"承担征收补偿安置职责?

2. 判断相关主体是否承担征收补偿安置职责的依据是什么?

【主要法律依据】

1.《土地管理法实施条例》(2014 年)第 25 条;
2.《行政诉讼法》第 26 条第 1 款。

【理论分析】

1. 征地补偿、安置方案报市、县级人民政府批准后,并非所有的补偿安置职责一概归属于土地行政主管部门。《土地管理法实施条例》(2014 年)第 25 条第 3 款规定对补偿安置方案实施工作作出了概括授权。土地征收实施行为过程中包含了不同行政主体的一系列相对独立的行政行为。即使相关补偿安置方案经有权市、县人民政府批准后至被征收人最终实现征收补偿利益,仍可能发生签订补偿协议、给付补偿费用、实施行政强制行为等不同类型的行政行为,涉及不同行政主体履职担责的问题。因此,在要求履行某种具体职责或者要求确认未履行某种职责的行为违法时,应当以该项职责的具体承担者为被告。基于此,最高人民法院在本案再审审查过程中对一、二审法院直接依据"征地补偿、安置方案报市、县级人民政府批准后,由市、县级人民政府土地行政主管部门组织实施"之规定,直接认定海港区政府不是本案适格被告的因果关系分析观点予以指正。在此问题上,最高人民法院对本案的处理与《行政诉讼法》第 26 条第 1 款、《最高人民法院关于正确确定县级以上地方人民政府行政诉讼被告资格若干问题的规定》中坚持的"谁行为,谁被告"的原则相一致。

2. 应依据法律、法规以及征收项目的方案分工等确定相关行政主体具体承担的征收补偿安置职责。在实施土地征收过程中,判断相关行政主体是否承担相关补偿安置职责,既要考虑法律、法规的规定,又要结合具体征收项目实践中各不同行政主体的具体分工。除非在实际职责划分确实无法查清，法定职责承担者又无相反证据证明其并非实际职责承担者的情形下，不宜直接按照相关法律、法规规定推定行政主体承担的补偿安置职责。

【思考题】

1. 《土地管理法》第 47 条第 1 款规定，"国家征收土地的，依照法定程序批准后，由县级以上地方人民政府予以公告并组织实施。"在某土地征收项目中，被征收人某甲的土地被强制清表，其是否应直接根据上述法律规定确定所在县人民政府为被告，提出行政诉讼要求确认强制清表行为违法？

2. 被征收人某甲是否可以直接起诉其所在县人民政府，请求法院判决该政府"履行补偿安置职责"？

国有土地上房屋征收过程中应当"先补偿、后搬迁"。在房屋征收部门与被征收人于签约期限内达不成补偿协议的情形下，本应由作出房屋征收决定的市、县政府作出房屋征收补偿决定，但囿于部分行政主体的执法水平和能力，违法强制拆除房屋的行为并不少见。此时，被征收人依法有权选择通过行政补偿程序请求市、县政府依照《国有土地上房屋征收与补偿条例》的相关规定和具体项目的房屋征收补偿方案对其进行补偿，也可以选择通过行政赔偿程序请求相应市、县政府给予行政赔偿。强制拆除被征收房屋的行为被确认违法，并不导致被征收人丧失要求补偿安置前提的后果。当被征收人提出房屋补偿申请时，市、县政府仍应当就该申请尽快、公平作出房屋征收补偿决定，同时可就屋内物品等赔偿问题一并予以处理。

案例四　林某诉河南省郑州市惠济区人民政府行政补偿案❶

【基本案情】

林某系河南省郑州市惠济区南阳路某房屋所有权人。2013 年 11 月 22 日，河南省郑州市惠济区人民政府（以下简称惠济区政府）作出《郑州市惠济区人民政府关于国有土地上房屋征收决定的通告》，对郑州粮机家属院棚户区改造项目规划红线范围内国有土地上的所有建筑物、构筑物及其附属物实施征收。案涉房屋在征收决定范围内。该通告以附件形式发布的《郑州粮机家属院棚户区改造项目房屋征收补偿方案》中第 8 条"征收补偿方式"明确规定："实行货币补偿、产权调换两种方式，由被征收人自行选择其中一种方式进行补偿。"2014 年 12 月，案涉房屋被惠济区政府强制拆除。

---

❶ 郑州铁路运输中级人民法院（2018）豫 71 行赔初 166 号行政判决书；河南省高级人民法院（2019）豫行终 909 号行政判决书；最高人民法院（2020）最高法行再 269 号行政判决书。

2016 年 9 月 28 日，林某以其案涉房屋被惠济区政府强制拆除为由，诉至郑州铁路运输中级人民法院（以下简称郑铁中院），请求确认拆除行为违法。2016 年 11 月 18 日，郑铁中院作出一审判决，确认惠济区政府强制拆除林某案涉房屋的行政行为违法。2017 年 8 月 23 日，林某以邮寄方式向惠济区政府提出《关于要求依法依规、依据郑州粮机家属院棚户区改造项目房屋征收补偿方案给予补偿安置及对屋内毁损物品进行赔偿的申请书》，申请对案涉房屋进行补偿安置及对屋内毁损物品进行赔偿。惠济区政府于 2017 年 10 月 20 日作出行政赔偿决定，决定对林某赔偿人民币 35917.40 元及 52.78 平方米安置房。林某认为惠济区政府应当对其进行补偿安置，于 2018 年 1 月 3 日向郑铁中院提起本案诉讼，请求判令惠济区政府履行补偿与安置义务，并依据法律和征收补偿方案的规定向其支付补偿款。

另外，林某曾于 2018 年 4 月 18 日向郑铁中院提起行政赔偿诉讼，请求撤销惠济区政府作出的行政赔偿决定并赔偿损失。郑铁中院于 2018 年 8 月 10 日以超过起诉期限为由，驳回了林某的起诉。该案经河南省高级人民法院二审予以维持。

【主要法律问题】

1. 强制拆除被征收房屋的行为被确认违法后，被征收人是否有权选择通过正常的行政补偿程序获得弥补？

2. 被征收人因强制拆除房屋行为造成的应予行政赔偿的损失，是否可在行政补偿程序中一并解决？

3. 若房屋征收主体对被征收人分别作出补偿决定和赔偿决定，是否应同时予以执行？

【主要法律依据】

1.《国有土地上房屋征收与补偿条例》第 2 条、第 21 条第 1 款、第 26 条第 1 款、第 27 条第 1 款；

2.《行政诉讼法》第 72 条。

【理论分析】

1. 强制拆除被征收房屋行为被确认违法，被征收人仍有权选择行政补偿程序弥补损失。对国有土地上房屋实施征收时，在房屋征收部门与被征收人已经达成征收补偿协议、被征收人同意拆除或者已就征收补偿问题作出征收补偿决定并经法定程序后，方可对被征收房屋实施拆除行为。在未满足上述条件但房屋被强制拆除时，被征收人依照《国有土地上房屋征收与补偿条例》第 2 条、第 26 条第 1 款、第 27 条第 1 款的规定，有提出行政补偿要求的权利，也有选择行政赔偿途径获得损失填平的权利。当被征收人选择行政补偿时，征收主体对补偿要求仍应通过协商签订补偿协议或者及时、公平作出征收补偿决定等方式处理。在解决补偿问题过程中，被征收人仍享有等同于正常获得补偿的被征收人的权利。本案中，惠济区政府未依法先进行补偿就强拆了林某的房屋，在法院确认强拆行为违法且林某申请房屋补偿及物品赔偿后，惠济区政府应及时履行法定职责，对林某作出补偿决定。在处理林某补偿问题时应同等对待，尊重林某对货币补偿或产权调换的选择权等。因此，惠济区政府认为"案涉房屋拆除行为被确认违法后林某要求补偿安置的前提已不存在，只能通过行政赔偿程序或行政赔偿诉讼要求赔偿"的主张未得到法院支持。

2. 被征收人在房屋被强制拆除后同时提出补偿和赔偿要求的，征收主体可在解决行政补偿问题时一并处理。被征收房屋被强制拆除时，被征收人除会受到房屋损失、过渡损失等征收补偿损失外，还会有因违法强拆造成的室内物品甚至人身损害等本不属于补偿范围的损失。被征收人在提出补偿要求时，可就上述两种不同性质的损失概括主张，征收主体也应当在处理行政补偿问题时一同衡量确定。本案中，最高人民法院的处理也体现了这一观点，对于林某同时申请房屋补偿及物品赔偿，提示惠济区政府在作出补偿决定的同时一并处理屋内物品赔偿问题。

3. 被征收人无论选择行政补偿程序还是行政赔偿程序，均不应重复获得救济。被征收房屋被违法强拆后，被征收人既可通过行政赔偿寻求救济也可选择行政补偿弥补损失。但无论哪种途径，均以消除被征收人因房屋征收行为所受损失为目的，被征收人不应对同一部分损失分别获得补偿和赔偿。因此，在征收主体对同一被征收人分别作出补偿决定和赔偿决定，且其中确定的补偿、赔偿内容存在重合或交叉情形时，被征收人对于重合或交叉的部分只能择一获得。本案中，因为林某在提出房屋补偿申请的同时对室内财产损失等赔偿项目提出主张，正是出于上述问题考虑，最高人民法院在提示惠济区政府作出补偿决定对相关赔偿问题合并解决的同时，要求惠济区政府对在先的行政赔偿决定也一并作出恰当的处理。

【思考题】

1. 在房屋被强制拆除后，被征收人与房屋征收部门签订补偿协议或赔偿协议，被征收人是否还可再通过其他方式向征收主体主张权利，要求弥补损失？

2. 在房屋被强制拆除后，被征收人经与房屋征收部门签订补偿协议或赔偿协议，事后发现对部分损失遗漏解决，被征收人是否还可就遗漏部分向征收主体主张权利，要求行政补偿或者行政赔偿？